행복한 기도

참된 기도를 드리기 위한 6가지 원칙

행복한 기도

최학선 지음

국민북스

서문
기도하면 행복해집니다

행복이란 무엇일까요? 각자마다 행복에 대한 관점과 기준이 있을 것입니다. 세상적으론 재정적인 안정, 건강, 가정의 평화, 성공 등이 행복을 가져다준다는 매개변수들입니다. 물론 그런 것들이 행복의 필요조건일 수 있습니다. 그러나 모든 필요조건들이 충분조건은 되지 않습니다. 돈이 아무리 많아도 행복하지 않을 수 있습니다. 건강은 지켰지만 가정을 지키지 못한 사람은 행복할 수 없습니다. 성공 역시 마찬가지입니다. 누구나 성공의 사다리를 타고 열심히 올라갑니다. 온 힘을 다해 사다리 끝에 올라갔지만 정작 사다리가 목표했던 지점이 아닌 다른 곳에 걸쳐있다면 어떻게 될까요? 이런 경우가 우리 인생에서는 비일비재하게 일어납니다.

그렇다면 무엇이 행복일까요? 어느 날, 컴퓨터 키보드에 '행복'이란 단어를 한타로 치는데 그만 영타를 치게 됐습니다. 'GODQHR' 그 순간, 제 눈에 앞의 'GOD'가 너무나 크게 보였습니다. 순간 깨달음이 왔습니다. '그래, 행복은 하나님(GOD)으로부터 시작되는 것이지. 하나님께 가까이 가는 것이 행복이지.'

그렇습니다. 제 인생 경험을 통해서 말씀드릴 한 가지는 '하나님과 동행하면 모든 환경을 뛰어 넘어 행복해진다'는 사실입니다. 아니 하나님과의 동행 자체가 행복입니다. 피조물 된 우리가 창조주 하나님과 함께 걸어간다는 사실은 놀라운 기적 같은 일입니다. 어떻게 그런 기적 같은 일이 가능할까요? 바로 기도를 통해서입니다. 기도는 하나님과 대화하는 것입니다. 마치 자녀가 부모님과 대화하는 것과 같습니다. 하나님은 우리의 하늘 아버지이십니다.

사실 신자치고 기도하지 않는 사람은 없을 것입니다. 기도는 신앙생활의 기초입니다. "쉬지 말고 기도하라"는 주님의 말씀대로 도처에서 기도가 드려지고 있습니다. 누구나 "예수님의 이름으로 기도드립니다"는 고백으로 기도를 마칩니다. 그런데 여전히 기도가 무엇인지, 어떻게 하는지 모르겠다는 분들이 많은 것이 현실입니다. 기도는 누구나 행하고 있지만 정작 주님께서 가르쳐주신 기도의 참 의미를 알지 못하고 있는 듯합니다. "예수님의 이름으로 기도드립니다"는 참된 의미가 망각된 채 그저 주문처럼 외워지고 있습니다. 홍수 때에는 마실 물이 귀한 법입니다. 지금 우리는 '기도 홍수'시대에 살고 있지만, 여전히 '기도의 가뭄 시대'를 경험하고 있는지 모릅니다.

우리는 지금 코로나 바이러스로 인한 팬데믹의 시대를 지나고 있습니다. 한 번도 경험하지 못한 혼돈과 불안의 시대에서 우리는 기도할 수밖에 없습니다. 이제 우리 모두는 진지하게 과연 하늘의 뜻에 합당한 기도를 하고 있는지 스스로 돌아봐야 합니다. 우리 기도가 하늘에 제대로 상달되고 있는지를 생각해야 한다는 말입니다.

하나님과 동행하는 것이야말로 우리가 누릴 최고의 행복입니다. 하나님과의 동행은 기도로 가능합니다. 그러므로 기도는 우리가 행할 최고로 행복한 일입니다. 그래서 이 책의 제목을 '행복한 기도'로 정했습니다.

부족한 제가 하나님의 뜻에 따라 기도와 관련된 책들을 계속 출간하고 학교에서 기도를 강의하게 되었습니다. 유튜브를 통해서도 불특정 다수의 크리스천들과 기도에 대한 이야기를 나누고 있습니다. 저는 다양한 채널을 통해 기도 이야기를 할 수 있다는 것이 너무나 행복합니다.

부디 이 '행복한 기도' 책을 통해 더욱 많은 분들이 참된 기도의 세계에 들어갈 수 있기 바랍니다. 그래서 혼돈의 시대에도 주님으로 인한 소망과 기쁨, 감사가 충만한 행복한 그리스도인이 되시기를 기대합니다.

이 글이 나오도록 도와준 형근, 재훈, 은아, 사라오 전도사님, 이 소명 교수님, 이상훈 총장님, 국민북스 관계자 분들과 기도로 후원해주신 모든 분들에게 감사를 드립니다.

2021년 가을
LA에서, 최학선

목차

서문 | 기도하면 행복해집니다 • 4

1. 성경적 기도를 드리자 • 11
1) 기도의 정의 • 12
2) 기도의 본질 • 24
3) 기도의 목적 • 36
4) 기도의 자세 • 49
5) 기도의 능력 • 58
6) 기도의 응답 • 68

2. 기도의 삶을 살자 • 79
1) 기도의 삶 • 80
2) 하나님 나라와 뜻을 구하는 기도 • 88
3) 기도의 방향 • 98
4) 중보기도 • 108
5) 새벽기도 • 117

3. 기도의 모범인 '주기도문'을 활용하자 • 131
1) "하늘에 계신 우리 아버지여" • 132

2) "이름이 거룩히 여김을 받으시오며" • 143
3) "뜻이 하늘에서 이루어진 것 같이 땅에서도 이루어지이다" • 153
4) "오늘날 우리에게 일용할 양식을 주시오며" • 159
5) "우리가 우리에게 죄 지은 자를 사하여 준 것 같이 우리 죄를 사하여 주시옵고(1)" • 170
6) "우리가 우리에게 죄 지은 자를 사하여 준 것 같이 우리 죄를 사하여 주시옵고(2)" • 180
7) "우리를 시험에 들게 하지 마시옵고 다만 악에서 구하시옵소서" • 188
8) "대개 나라와 권세와 영광이 아버지께 영원히 있사옵나이다. 아멘." • 199

4. 예수님의 기도를 본받자 • 211

5. 기도의 비유를 주목하자 • 223

1) 바리새인과 세리의 기도 • 224
2) 불의한 재판관과 과부 • 235
3) 밤중에 찾아온 친구 • 242

6. 성경 인물의 기도를 배우자 • 247

1) 욥의 기도 • 248
2) 다윗의 기도 • 259
3) 다니엘의 기도 • 272
4) 히스기야의 기도 • 284
5) 아굴의 기도 • 297
6) 하박국의 기도 • 307
7) 스데반의 기도 • 318
8) 바울의 기도 • 327

행복을 좇지 말고 하나님을 찾으십시오
그것이 모든 묵상의 기본 원리입니다.
주님만 구하고 또 구하면 결국 행복을 얻게 될 것입니다.
그것이 바로 성경의 약속입니다.
—
디트리히 본회퍼

1.
성경적 기도를 드리자

1) 기도의 정의

여러분은 매일 기도하십니까? 왜 기도하십니까? 하루에 얼마나 기도하십니까? 주로 어떤 내용으로 기도하십니까? 기도 응답은 잘 받고 있나요?

우리는 이렇듯 기도에 대해 수많은 질문을 가지고 있습니다. 사실 가장 쉬운 듯하면서도 가장 어렵게 느껴지는 것이 기도라고 해도 과언이 아닐 것입니다. 그리스도인이라면 누구나 매일 수시로 기도합니다. 그리스도인은 기도란 말을 달고 사는 존재라고도 할 수 있습니다.

그런데 정작 제가 가장 많이 받는 질문이 "기도는 어떻게 드려야 하나요?"입니다. 기독 작가 필립 얀시가 쓴 '기도'란 책의 부제가 '기도:하나님께 가는 가장 쉽고도 가장 어려운 길'입니다. 흥미로운 부제입니다. 필립 얀시는 기도라는 주제와 맞닥뜨리면 '죄책감과 열등감'이 생긴다고 솔직하게 말합니다. 우리는 기도의 홍수

시대에 살고 있지만, 또한 기도 가뭄의 시대에 살고 있다고도 말할 수 있습니다. 누구나 기도를 행하고 말하는 시대이지만, 정작 하나님이 원하시는 참 기도는 점점 사라지고 있는 시기이기 때문입니다. 누구나 기도가 더없이 소중하다는 것을 알면서도 정작 기도에 소중한 시간을 투자하는 이들은 드문 것이 현실입니다. 그래서 역으로 기도를 '기쁨이 아니라 짐'으로 여기는 경우가 허다합니다. 그래서 필립 얀시가 "기도에 관해서라면 누구나 초보자"라고 말한 것입니다. 사실 이러한 기도에 관한 물음이 끊이지 않는다는 것이 기이해 보입니다. 성경에 이에 대한 분명한 해답이 이미 제시되어 있기 때문입니다.

성경에는 꼭 우리처럼 예수님의 제자들이 질문하는 장면이 나옵니다. 어느 날 제자들은 예수님께 이렇게 질문합니다. "주님, 저희에게 기도를 가르쳐 주십시오." 그러자 예수님은 제자들의 그 단순하기까지 한 그 질문을 외면하지 않으시고 온전한 기도의 모범을 제시하셨습니다. '기도의 처음과 끝'이라고 불리는 이 근본적인 기도를 우리는 '주의 기도', '주기도', '주기도문'이라 부릅니다. 이렇듯 성경에 하나의 답, 하나의 모범, 하나의 길이 제시되었음에도 질문이 끊이질 않는다는 것은 무엇을 의미할까요? 어쩌면 우리는 '기도를 어떻게 드려야 하는지'를 묻는 것이 아니라, 그러한 기도를 드릴 수 없는 우리 자신, 성경에 제시된 길과는 다른 길을 걸어가고 싶어 하는 우리 자신을 합리화하고 있는지도 모를 일입니다. 성육신한 주님을 거부하고 외면했으며 심지어 십자가에 매달았듯, 주님은 참 기도의 길을 제시하셨지만 우리는 그 제안을 끊임없이 외면하고, 심지어는 부정하고 있는지도 모르겠습니다. 한국 및 미주한인 교회의 성장 정체 현상과 세속화의 원인이 기도 부족 때문은 아닙니다. 기도는 많이 했지만 오히려 잘못된 기도로 인해 교회는 비정상적인 성장을 했으며 세속화와 함께 타락의 길로 접어들었다고 생각합니다. 그리스도인의 기도는 하나님 중심의 기도여야 합니다. 나 중심, 우리 중심의 기도는 잘못된 기도입니다. 즉 내가, 우리가 기도의 내용을 정하고 그 의미를 부여하는 인간중심의 기도가 아니라 하나님의 뜻에 따른 하나님 중심의 기도여야 하는 것입니다.

기도는 언제부터 시작되었을까요?

기도는 하나님으로부터 시작되었습니다. 인간의 필요에 의해 생긴 것이 아닙니다. 기도는 창세전부터 성부, 성자, 성령의 삼위일체 하나님 사이의 대화에서 비롯된 것입니다.

예수님께서 이 땅에 오셔서 습관적으로 반복해서 밤이 맞도록 기도하신 것은, 인간의 몸으로 오셨기 때문에 그 나약함으로 하나님 앞에 기도하신 것이 아니라 창세전부터 이미 아버지 하나님과 나누셨던 대화를 이 땅에서도 이어가신 것입니다. 그래서 기도는 바로 하나님과의 대화입니다. 영원부터 기도하셨던 예수님께서 이 땅에 오셔서 우리의 죄를 대속하시고 우리를 하나님의 자녀로 삼아주셨습니다. 그리고 아버지 하나님과의 대화를 위해 기도라는 선물을 주신 것입니다.

따라서 기도는 하나님과 우리의 부자·부녀관계가 전제되어야 합니다. 하나님과 나의 애틋한 사랑의 관계가 먼저 확인되지 않으면 기도는 출발도 할 수 없습니다. 기도는 우리가 예수님처럼 하나님의 친아들과 친딸이 되었다는 사실로부터 출발합니다. 그래서 주님이 가르쳐주신 기도인 주기도문이 '아빠'로 시작되는 것입니다. 하나님과 인간의 대화, 곧 기도는 하나님이 인간을 창조하심으로써 시작됩니다.

"하나님이 자기 형상 곧 하나님의 형상대로 사람을 창조하시되 남자와 여자를 창조하시고 하나님이 그들에게 복을 주시며 하나님이 그들에게 이르시되 생육하고 번성하여 땅에 충만하라, 땅을 정복하라, 바다의 물고기와 하늘의 새와 땅에 움직이는 모든 생물을 다스리라 하시니라"

창 1:27~28

그러나 인간의 죄로 인해 하나님과의 대화와 교제, 곧 기도가 끊어지게 됩니다. 이때 하나님께서 먼저 구원의 손길을 뻗으셨습니다. 여자를 통해 낳은 한 아들을 통해 하나님과 인간의 화해, 곧 기도의 회복을 언약하신 것입니다. 물론 구약 시대에도 기도가 있었습니다. 그러나 이 기도는 실체가 아닌 기도의 모형이자 그림자였습니다. 구약 성경에 기도에 관한 설명이 전혀 없다는 사실이 이를 입증합니다.

"셋도 아들을 낳고 그의 이름을 에노스라 하였으며 그 때에 사람들이 비로소 여호와의 이름을 불렀더라" 창 4:26

가인이 아벨을 살해한 후 아담과 하와는 셋을 낳습니다. 그리고 셋이 아들을 낳은 후에야 "사람들이 비로소 여호와의 이름을 불렀더라"고 성경은 말합니다. 하나님의 이름이 알려졌다는 사실은 하나님의 백성이 하나님을 친밀하게 부를 수 있게 되었음을 의미합니다. 그로부터 아브라함을 비롯해 모세와 다윗, 그리고 선지자 등 구약의 많은 인물들이 하나님과 대화하며 기도했습니다. 그러나 이들 구약 인물들의 기도는 예수 그리스도의 중보기도의 그림자이며, 동시에 예수 그리스도로 인해 완성된 신약 성도들의 기도의 그림자입니다. 구약의 기도는 그리스도의 오심을 통해 완성된 것입니다.

유대인들은 어떻게 기도했을까요?

유대인들의 기도에 대한 열심은 아주 유별났습니다. 그들은 시간을 정해놓고 기도했습니다. 유대인이라면 누구나 잘 알고 있을 유명한 기도문들이 이미 있었습니다. 그들은 그 기도문들을 주문처럼 외우고 다녔습니다. 그 가운데는 '카디쉬'Kaddish라는 좀 짧은 형태의 기도문과 18번 축복기도라 불리는 '테필라'Tefillah라는 기도문도 있었습니다. 카디쉬는 회당에서 설교 후에 참석자들이 암송하는 기도문으로 다음과 같습니다. "주께서 뜻을 따라 창조하신 세계에서 주의 위대한 이름이 높임을 받으시옵고 거룩히 여김을 받으시오며 주의 나라가 주의 궁정에 모든 이스라엘 집이 생존해 있을 동안에 속히 임하시옵시며 주의 위대한 이름이 영원부터 영원까지 찬송을 받으시리로다. 아멘."

테필라는 아침, 오후, 저녁으로 하루 세 번씩 규칙적으로 암송하는 기도문입니다. 18개로 구성된 기도문으로 처음 3개는 하나님께 대한 기도문이고, 가운데 12개는 청원과 간구이며, 마지막 3개는 하나님께 대한 감사입니다. 이같이 유대인의 기도는 위선적이고, 외식적이며, 믿음이 없는 기도였습니다. 예수님 당시에는 메시아가 곧 와서 하나님 나라를 실현하리라는 기대가 유대인들 사이에 팽배해 있었습니다. 그리고 메시아가 와서 하나님 나라를 이루도록 하려면 그에 앞서 유대인들이 회개하고 하나님께 새롭게 헌신하며 순종하는 일들이 있어야 한다는 생각이 널리 퍼져 있었습니다. 그래서 이러한 부흥운동이 유대인들 안에서 많이 일어났고 단체들도 다수 생겼습니다. 바리새인들의 바리새 운동과 사해 주변 쿰란에 모여 살던 에센파, 바리새파, 열심당 등이 이 부흥운동을 주도했습니다. 그들은 모두 자신들의 슬로건으로 기도문을 만들어서 암송을 했습니다. 그들은 각자 자신들의 신학적인 이해와 이상과 소망 등을 담아 표현하는 특별한 기도문을 작성했습니다. 세례요한도 자신의 신학과 종말론적 소망 등을 담아 기도문을 만들어 제자들에게 가르쳐 날마다 하나님께 기도하도록 했습니다.

그런데 예수님을 따르는 제자들이 "저들은 기도와 관련해 모두 자기 것들이 하나씩 있는데 우리는 그게 없습니다. 그러니 우리도 그거 하나 만들어주세요"라고 한 것입니다. 제자들이 예수님께 기도를 가르쳐 달라고 할 때, 기도의 방법이나 기도의 정의를 물은 것이 아닙니다. "스승님, 이제 우리도 하나의 부흥운동을 이끌어가는 무리가 되었으니 외부에 알릴 뭔가가 있어야 하지 않겠습니까? 우리의 슬로건은 무엇입니까?"라고 물은 것입니다. 그랬더니 예수님께서 "이게 올바른 기도라고 하는 거야"라고 하시며 기도를 가르쳐주셨습니다. 우리는 이를 주님께서 가르쳐 주신 기도라고 해서, '주기도문'이라고 부릅니다.

기도의 근거는 무엇입니까? 우리는 무엇을 근거로 하나님께 나아가 기도할 수 있는 것일까요?

내가 원한다고 해서 하나님과 대화할 수 있는 것이 아닙니다. 하나님께 접근하려고 할 때는 근거가 있어야 합니다. 그래야 하나님을 만나는 것이 가능합니다. 내가 백악관 앞 정문에 가서 무조건 미국 대통령을 만나겠다고 요청한다 해서 대통령을 만날 수 있는 것이 아닙니다. 충분한 이유와 경로를 거쳐 근거가 마련됐을 때라야 대통령을 접견할 수 있습니다. 우리가 하나님과 대화할 수 있는 기도의 근거는 '예수 그리스도의 이름'입니다.

> "너희가 내 이름으로 무엇을 구하든지 내가 행하리니 이는 아버지로 하여금 아들로 말미암아 영광을 받으시게 하려 함이라 내 이름으로 무엇이든지 내게 구하면 내가 행하리라 너희가 나를 사랑하면 나의 계명을 지키리라" 요 14:13~15

우리는 예수님의 이름을 통해서만 하나님께 기도할 수 있습니다. 즉 예수님의 이름으로 하지 않는 기도는 기도가 아닙니다. 왜냐하면 우리는 예수님의 십자가 대속에 힘입어 하나님께 나아갈 수 있게 되었기 때문입니다. 따라서 하나님과 대화할 수 있는 기도의 내용은 '예수 그리스도의 이름'에 합당한 것이어야 합니다.

예수께서 우리에게 당신의 이름을 주며 "내 이름으로 무엇이든지 구하라"고 허락했는데, 이를 이용해 자신의 사리사욕만 채우려고 한다면 어떻게 되겠습니까? 예수님의 이름에 먹칠하는 것인 동시에 그런 기도에 하나님이 응답해 주실 리 없을 것입니다.

"너희가 내 안에 거하고 내 말이 너희 안에 거하면 무엇이든지 원하는 대로 구하라 그리하면 이루리라" 요 15:7

우리 기도의 근거는 또한 '우리가 그리스도 안에 거하고, 그리스도의 말씀이 우리 안에 들어왔을 때'입니다. 왜냐하면 '예수님의 이름'의 내용이 바로 '우리가 그리스도 안에 거하고, 그리스도의 말씀이 우리 안에 들어왔을 때'이기 때문입니다. 그리고 우리의 기도는 그리스도 안에 있어야만 제대로 할 수 있기 때문입니다.

기도를 마칠 때 왜 "예수님의 이름으로 기도합니다"라고 합니까?
예수님은 왜 우리에게 당신의 이름으로 기도하라고 하셨습니까?

우리는 왜 예수님의 이름으로 기도하는 것입니까? 간단합니다. 주님께서 그리하라 하셨기 때문입니다. 예수님은 무엇이든지 당신의 이름으로 기도하라고 말씀하셨습니다. 성경에도 무엇이든지

다 주 예수님의 이름으로 하라고 기록되어 있습니다.

"너희가 내 이름으로 무엇을 구하든지 내가 행하리니 이는 아버지로 하여금 아들로 말미암아 영광을 받으시게 하려 함이라 내 이름으로 무엇이든지 내게 구하면 내가 행하리라" 요 14:13~14
"또 무엇을 하든지 말에나 일에나 다 주 예수의 이름으로 하고 그를 힘입어 하나님 아버지께 감사하라" 골 3:17

예수님은 왜 우리에게 당신의 이름으로 기도하라고 하셨을까요? 그분께서 오직 홀로 하나님과 사람 사이의 '중보자'이시기 때문입니다.

"하나님은 한 분이시요, 또 하나님과 사람 사이에 중보자도 한 분이시니 곧 사람이신 그리스도 예수라" 딤전 2:5

그리고 주님께서는 "내가 곧 길이요 진리요 생명이니 나로 말미암지 않고는 아버지께로 올 자가 없느니라"고 말씀하셨습니다. 하나님은 창조주이시며 너무나 거룩하신 분이기에 피조물인 우리는 그분께 바로 나아갈 수 없습니다. 죄 많고 연약한 인간이 감히 하나님께 직접 나아갈 수 없는 것입니다. 그런데 하나님이시면서 동시에 사람이시고, 또한 죄가 전혀 없으신 예수님을 통해서 우리는 하나님께 나아갈 수 있습니다. 기도도 마찬가지입니다. 감히 하나님께 직접 기도할 수 없는 우리가 예수님을 통해 하나님께 기도할 수 있는 것입니다.

예수님의 이름으로 기도하는 것은 그분에 대한 확실한 믿음이 있을 때만 가능합니다. 그분의 말씀, 그분의 뜻에 순종할 때 정말로 그분의 이름으로 기도하는 것이 된다는 말입니다. 그분만이 하나님과 나 사이의 중보자라는 확신 가운데 그분으로 인해 지금 내가 드리고 있는 기도가 하나님께 상달되어 이루어 주신다는 믿음이 있어야 합니다. 내가 모시고 있는 주인이신 예수 그리스도의 마음으로 기도하는 것이 그분의 이름으로 기도하는 것입니다.

"예수님 이름으로 기도합니다"라는 말로 기도를 마친다고 해서 '예수님의 이름'으로 기도하는 것이 되는 것은 아닙니다. 중요한 것은 그 의미를 담아 기도하느냐에 있지 말 자체에 있는 것이 아니란 뜻입니다. 의미가 실리지 않은 "예수님 이름으로 기도합니다"는 그저 읊조리는 주문呪文에 불과합니다. 기도할 때마다 항상 "예수님 이름으로 기도합니다"로 마치다 보니 그게 습관이 되어 더 중요한 의미는 생각하지 않는 경우가 허다한 것이 사실입니다. 간혹 "주기도문을 암송함으로 예배를 마치겠습니다"라고도 하는데 이는 적절한 표현이 아닙니다. 암송은 기도가 아니기 때문입니다.

"너희 안에 이 마음을 품으라, 곧 그리스도 예수의 마음이니" 빌 2:5

우리가 마음속에 품고 있는 '그리스도 예수의 마음'으로 하는 기도가 바로 '예수님의 이름'으로 하는 기도입니다. 그러면 '예수님의 이름으로 기도를 한다는 것'은 무슨 뜻입니까? 아무 기도나 하고 예수님 이름만 갖다 붙이면 되는 것입니까? 많은 재물을 갖게 된 것을 감사하며 더욱 많은 부를 누리게 해달라는 부자의 기도가 '예수님의 이름으로' 했다고 해서 참된 기도가 될 수 있을까요? 아닙니다. 우리가 예수님의 이름으로 기도한다는 것은 먼저 예수님과 우리와의 친밀한 관계가 전제되어야 합니다. 또 그 기도가 우리의 뜻, 나의 뜻이 아닌 예수님의 뜻이어야 합니다. 그리고 우리에게 예수님의 뜻을 행하고자 하는 적극적인 열정이 있어야 합니다. 그럴 때 우리는 예수님의 이름으로 무엇이든지 구할 수 있게 되고, 하나님은 그 모든 것을 응답해 주실 것입니다.

2) 기도의 본질

그리스도인들이 하나님께 드리는 기도의 본질은 무엇일까요?

많은 사람들이 여러 표현방식으로 기도에 관해 말합니다. 그 가운데 '기도는 하나님과의 대화'라는 말과 '기도는 영혼의 호흡'이란 말이 기도의 본질을 가장 잘 나타내줍니다. 먼저 '기도는 영혼의 호흡'이라고 하는 말의 의미를 되새겨봅니다. 굳이 설명할 필요조차 없지만, 호흡이란 생명을 가진 존재가 자신의 생명을 유지하기 위해서 한순간도 정지해서는 안 되는 것입니다. 그렇다고 생명체가 의식하면서 호흡을 한다거나 혹은 특별한 기간이나 형식을 정해놓고 하는 것은 아닙니다. 그저 살아있기 때문에 호흡하는 것이고 호흡하기 때문에 살아 있는 것입니다. '기도는 영혼의 호흡'이라 할 때, 기도 역시 마찬가지입니다. 기도는 바로 우리 영혼이 죽지 않기 위해 호흡처럼 한순간도 쉬지 않고 행해야 하는 것입니다. 그런데 어떻게 한순간도 빠짐없이 기도할 수 있을까요? 이 말의 진의는 삶 자체가 기도가 되어야 한다는 것입니다. 즉, 특정한 형태만을 기도로 여기고 행할 것이 아니라 하나하나의 일상적 삶 자체가 기도가 될 수 있도록 해야 한다는 뜻입니다. 이는 우리가 '기도'라고 정해놓고 행할 때 갖추는 신실함과 정성을 매순간의 일상적 삶에서도 구현함으로써 가능할 것입니다.

'삶 자체가 기도'라고 해서 특정한 형태의 기도가 불필요하고 무의미한 것은 아닙니다. 우리의 육체적 호흡은 매순간 같은 간격으로 이루어지는 것이 아닙니다. 쉴 때의 호흡이 다르고 일할 때의 호흡이 다르며 긴박한 상태의 호흡이 다릅니다. 특별히 몸의 건강을 위해 특별한 요법으로 심호흡을 해야 하는 경우가 있는가 하면, 숨이 막혔을 때는 인공호흡을 해야 하는 경우도 있습니다.

영혼의 호흡 또한 마찬가지입니다. 삶 자체가 기도이지만 영혼의 건강을 위해서는, 혹은 절박한 상황에 부딪혀서는 특별한 형태의 기도가 필요합니다. 우리가 정기적으로 예배에서 드리는 기도나, 또 나아가 특정한 시간과 공간을 정해놓고 하는 기도가 이러한 형태에 해당됩니다. 이런 점에서 '기도는 영혼의 호흡'이라는 말은 기도의 한 성격을 매우 적절하게 표현해주는 것입니다.

'기도는 영혼의 호흡'이란 표현이 기도의 외적 특성을 나타내준다면, '기도란 하나님과의 대화'라는 말은 기도의 내적 특성 곧 본질적 특성을 나타냅니다. 대화라는 말이 갖는 의미는 기도가 단지 혼자만의 행위로서 이루어지는 것이 아니라 상대와의 관계에서 이루어지는 행위라는 것입니다. 따라서 기도는 일방적일 수 없습니다. 혼자 말하고 외치는 것은 연설이거나 독백입니다. 기도는 그야말로 하나님과 나누는 진지한 대화입니다. 나의 뜻을 말하고 하나님의 뜻을 들어, 자신이 행해야 할 바를 깨닫는 과정이 바로 기도인 것입니다.

예수 그리스도의 십자가 공로로 우리 죄인들의 죄가 말갛게 씻김으로써 우리는 흠 없는 자로 언제든지 지성소를 드나들 수 있는 복된 그리스도인이 되었습니다. 아니, 아예 하나님께서 우리 속으로 들어와 버리셨습니다. 지성소는 일 년에 한 번 대제사장이 제물의 피를 가지고 조심스럽게 이스라엘의 속죄를 구하는 속죄일에만 들어갈 수 있는 곳이었습니다. 그런데 만일 제물에 흠이 있으면 그 대제사장은 그 안에서 즉사했던 무시무시한 곳입니다. 우리가 그런 지성소가 된 것입니다. 그렇게 내 안에 계신 하나님과 수시로 대화를 나누며 나의 삶의 방향을 조명해 주시기를 구하며 서럽고 힘들 때 위로를 구하는 것이 기도인 것입니다.

기도가 영혼의 호흡이자 하나님과의 대화임을 알게 되었습니다. 그렇다면 우리는 보이지 않는 하나님과 어떻게 대화할 수 있을까요?

현실적으로 우리는 기도가 일방적인 독백이라고 생각할 수도 있습니다. 하나님의 음성은 귀에 들리지 않기 때문입니다. 실제로 기도할 때, 하나님은 조용하시기만 한 듯합니다. 그렇다면 기도에서 듣는다는 것은 무엇을 의미할까요? 하나님에게 귀를 기울인다는 것은 하나님을 향해 자신의 마음을 열고, 그분께 주의를 집중하는 것을 뜻합니다. 하나님은 단순히 말을 넘어 다양한 방식으로 당신의 사랑을 우리에게 전하고 싶어 하십니다.

"구하라 그리하면 너희에게 주실 것이요 찾으라 그리하면 찾아낼 것이요 문을 두드리라 그리하면 너희에게 열릴 것이니 구하는 이마다 받을 것이요 찾는 이는 찾아낼 것이요 두드리는 이에게는 열릴 것이니라 너희 중에 누가 아들이 떡을 달라 하는데 돌을 주며 생선을 달라 하는데 뱀을 줄 사람이 있겠느냐 너희가 악한 자라도 좋은 것으로 자식에게 줄 줄 알거든 하물며 하늘에 계신 너희 아버지께서 구하는 자에게 좋은 것으로 주시지 않겠느냐" 마 7:7-11

하나님은 당신의 자녀 된 우리의 기도를 듣기 원하시며, 신실하게 응답하실 것이라고 말씀합니다. 우리가 자녀답게 미주알고주알 이야기하면 아버지 하나님께서는 우리의 속마음을 아시고 우리에게 가장 좋은 것으로 응답해 주실 것입니다. 그리고 우리는 기도, 곧 아버지와의 대화를 통해 하나님을 만나게 됩니다.

기도에는 깨달음의 과정이 있습니다. 우리가 하나님께 일방적으로 말하고 있는 것 같지만 사실은 그렇지 않습니다. 우리는 우리의 말을 전해 받는 하나님의 뜻을 묻는 성찰을 하지 않을 수 없습니다. 그 성찰의 과정이 바로 하나님의 응답을 확인하는 과정입니다. 그리고 그 확인은 기도하는 자의 삶을 통해 최종적으로 확인되는 것입니다. 예수님이 겟세마네 동산에서 행한 기도는 이러한 성격을 잘 보여주고 있습니다. 주님은 "아버지여, 아버지께서는 무엇이든 다 할 수 있으니 이 잔을 나에게서 거두어 주소서"라고 기도합니다. 하지만 곧이어 "그러나 제 뜻대로 마시고 아버지의 뜻대로 하소서"라고 기도합니다. 첫 번째 기도는 눈앞에 닥친 고난을 피하고 싶어 하는 한 개인으로서 인간 예수의 솔직한 심정이었습니다. 그러나 예수님은 그러한 개인적 염원이 하나님의 뜻과 일치하지 않는다는 것을 곧바로 깨닫습니다. 그래서 "아버지의 뜻대로 하소서"라고 기도한 것입니다. 그리고 마침내 십자가 고난의 길을 걸음으로써 주님은 하나님의 응답이 무엇이었는지를 최종적으로 확인합니다.

이 예수님의 기도를 통해 우리는 대화로서 기도가 갖는 본질적 특성을 발견하게 됩니다. 즉 기도란 대화자 상호 간, 나와 하나님, 우리와 하나님이 하나가 되어가는 과정임을 알 수 있습니다. 여기에서 나의 주관성은 사라지고 참 진리 가운데 하나로 합류됩니다. 하나님과 하나가 되는 것입니다. 이 합일을 깨닫는 것이 기도의 응답을 듣는 것입니다. 이러한 상호작용이 일어나지 않는다면 아무리 그럴싸한 미사여구로 장식된 기도라 하더라도 그것은 기도가 될 수 없습니다. 하나님은 언제나, 매 순간 우리를 향해 다가오시기에 언제 어디서든 대화가 일어날 수 있습니다. 우리는 우리를 향해 다가오는 그분에게 좀 더 주의를 집중하고 넌지시 건네는 그분의 말씀에 귀를 기울여야 합니다. 이러한 면에서 기도란 지금 이곳에 함께 하시는 하나님이 역사에 참여하는 것이라고도 할 수 있습니다. 기도를 통해 우리는 하나님에게 시간과 삶의 우선권을 드립니다. 그러기에 삶을 살아가는 와중에 기도는 다양한 방식으로 이루어질 수 있습니다. 다른 무엇보다 기도는 하나님과 함께하는 것입니다.

'듣는다는 것'은 매 순간 우리를 향해 오시는 어떤 소리를 듣는 것이 아닙니다. 그것은 매 순간 우리를 향해 오시는 하나님께 나 자신을 여는 것입니다. 그분께서는 언제나 우리를 향해 다가오고 계시며 대화는 언제든 일어날 수 있습니다.

그렇다면 우리는 어떻게 하나님이 이곳에 함께 계심을 알 수 있을까요? 때로 멈추어 기도할 때 생각이나 신념, 즉 '깊은 생각'이 빚어지게 됩니다. 다른 사람과 대화를 나눌 때, 혹은 우리가 무언가를 읽을 때, 특정한 사건과 마주할 때, 하나님께서 함께하심을 깨닫기도 합니다. 때로 하나님께서는 당신의 특별한 말씀을 담고 있는 성경을 통해 우리와 대화를 나누십니다. 성경에는 하나님의 지혜가 담겨 있으며 그침 없이 우리를 찾고 계시는 그분의 모습을 보여줍니다. 때로 하나님께서는 창조 세계를 빌어 우리에게 말씀하십니다. 그분께서 창조하신 이 세계는 아주 작은 생명체부터 거대한 생명체에 이르기까지 놀라운 아름다움을 지니고 있습니다. 자연은 우리를 경이로움으로 인도하며 그분의 부르심에 응답하는 자리로 우리를 초대합니다.

여러분은 주기도문, 곧 주님께서 가르쳐주신 기도를 어떻게 생각하시나요? 얼마나 자주 주기도문으로 기도하십니까?

우리는 주기도문이야말로 가장 완전한 기도요, 최고의 기도이며, 가장 모범적인 기도라고 알고 있습니다. 그런데 정작 주기도문이 가장 많이 애용(?)되는 때는 축도를 할 수 없을 때입니다. '꿩 대신 닭'입니다. 그것도 모자라 "주기도문을 암송함으로 예배를 마치겠습니다"라고도 합니다. 어느새 주기도문은 기도가 아니라 암송하는 '주문'이 되어버렸습니다.

왜 이렇게까지 되었을까요? 주기도문의 정신을 묵상하거나 실천하는데 힘쓰려는 사람이 적으며, 신앙생활에 있어서 지나치게 형식적으로 주기도문을 사용하기 때문입니다. 한마디로 주기도문이 그다지 나에게 와 닿지 않기 때문입니다. 우선 내가 가장 응답 받고 싶은 주제인 '재물과 건강과 자녀의 복'이 주기도문에는 빠져 있습니다. 그나마 비슷한 것이 '일용할 양식을 주시옵고'인데, 이는 하루의 양식이라 성에 차지 않습니다.

그렇게 주기도문이 외면당하자, 우리 입맛에 맞는 '5만 번 응답받는 기도 비밀', '자녀를 위한 기도', '1700년 동안 숨겨진 절대기도의 비밀', '수험생을 위한 100일 기도', '엄마 아빠의 태교기도', '치유의 기도', '하늘 보좌를 움직이는 기도', '형통의 문을 여는 31가지 선포기도', '능력 대표기도법', '마스터키 기도의 노하우' 등 온갖 기도법이 난무하게 되었습니다.

우루과이의 한 성당 벽에 누군가 써 놓았다는 다음 기도문은 입으로만 의미 없이 주문처럼 주기도문을 하는 사람들에게 경종을 줍니다.

"하늘에 계신"이라고 하지 말라. 세상일에만 관심 두고 있다면.

"우리"라고 말하지 말라. 너 혼자만을 위해 살고 있다면.

"아버지"라고 부르지 말라. 아들딸처럼 살고 있지 않다면.

"아버지의 이름을 거룩하게 하시며"라고 기도하지 말라. 입술로는 하나님을 부르지만 마음은 멀리 있다면.

"아버지의 나라가 오게 하시며"라고 기도하지 말라. 하나님 나라와 세상 나라를 혼동하고 있다면.

"아버지의 뜻이 땅에서도 이루어지게 하소서"라고 기도하지 말라. 그 뜻을 위해 고통 받을 각오가 되어 있지 않다면.

"오늘 우리에게 일용할 양식을 주시고"라고 기도하지 말라. 배고픈 사람들에 대해 아무런 관심이 없다면.

"우리가 우리에게 잘못한 사람을 용서한 것같이 우리 죄를 용서하여 주시고"라고 기도하지 말라. 누구에겐가 아직도 앙심을 품고 있다면.

"우리를 시험에 빠지지 않게 하시고"라고 기도하지 말라. 죄 지을 기회를 찾아다니고 있다면.

"악에서 구하소서"라고 기도하지 말라. 악에 대항해 싸울 마음이 없다면.

"아멘"이라고 말하지 말라. 아버지의 말씀을 심각하게 받을 마음이 없다면.

최근에는 주기도문을 빗댄 나의 기도문이라고 할 수 있는 '아기도문'我祈禱文이 번지고 있다고 합니다. 이 '아기도문'은 주기도문과는 전혀 거리가 먼 오늘의 현실을 적나라하게 보여줍니다.

"하늘에만 계세요 나의 아버지.
제 이름이 유명히 여김을 받게 하옵시며,
나의 나라가 속히 임하게 하시오며
뜻은 하늘에서만 이루어지이다.
오늘날 나에게 3대가 먹어도 남을 만한 양식을 주옵시고,
내가 나에게 죄지은 자를 용서 못 할지라도
나의 죄는 사하여 주옵시며,
시험에 들 때나 악할 지라도 꼭 구하옵소서.

대개 이 땅의 권세와 영광이 나에게 영원히 있사옵니다. 나만!"

이는 하나님께 드리는 기도가 아니라, 나에게 드리는 기도입니다. '아멘' 대신 '나만!'이라고 한 것이 섬뜩합니다. 이 지점에서 "제대로 기도하려면 용기가 필요합니다"라고 한 헨리 나우웬의 말이 생각납니다.

기도는 '하나님과의 관계란 길'을 걷는 여정입니다.

성경은 하나님과 우리 그리스도인들을 신랑과 신부로 비유합니다. 이때 신랑과 신부 사이의 깊은 관계는 기도를 이해하는데 큰 도움을 줍니다. 건강한 결혼생활을 하려면 네 가지 차원의 대화가 필요합니다. 마찬가지로 기도 생활에도 네 가지 차원의 대화가 있습니다.

첫째로 '그냥 지내기'입니다. 결혼생활 중 대부분 시간에 당사자들은 자신을 과도하게 의식하지 않습니다. 이때 결혼생활은 인위적이거나 조작적으로 이어가는 관계가 아니라 기쁨과 슬픔이 자연스럽게 얽힌 관계이며 각자 삶의 배경으로 자연스럽게 자리잡고 있는 관계입니다. 이와 마찬가지로 하나님과 우리의 관계에도 기쁨과 곤경이 얽혀있으며 하나님께서는 우리 삶의 자연스러운 배경으로 계십니다. 그러기에 결혼 생활을 하는 가운데 기쁠 때, 때로는 슬플 때조차 상대방을 향해 미소 지을 수 있듯, 우리는 하나님을 향해 미소 지을 수 있습니다.

둘째로 '소소한 이야기 나누기'입니다. 사소한 주제들, 별것 아닌 것들을 가지고 나누는 소소한 이야기는 결혼생활의 필수 요소입니다. "치과 예약한 것 좀 메모해줘, 그럴 수 있지?", "여보, 오늘 나대신 은행 좀 다녀올 수 있어?", "부엌 벽에 붙어있는 포스터 좀 떼면 안 될까?" 하나님과 나누는 이야기 역시 마찬가지입니다. 이 이야기에서 상당 부분은 소소한 내용일 것입니다. 자녀가 부모에게 말하듯 순간적으로 일어나는 감정과 바람을 하나님께 올리는 짧은 형태의 기도가 그와 같습니다.

셋째로 '속 깊은 이야기'를 나누는 대화입니다. 결혼생활을 하려면 때로는 특정 상황에 걸맞게 대화를 나눠야 합니다. 부부는 하루에 잠시라도 시간을 내어 마음속 깊은 곳에 담긴 생각을 나눌 필요가 있습니다. 하나님과의 관계 역시 마찬가지입니다. 때로 우리는 하나님과 더 깊은 관계를 맺기 위해 특정한 자리와 깊은 이야기를 나눌 수 있는 시간을 마련해야 합니다. 힘든 일이 생길수록 먼저 배우자에게 터놓고 대화를 나누어야 하듯이, 힘든 상황에 있을수록 하나님과 속 깊은 이야기를 나누어야 합니다.

넷째로 '친밀하게 지내기'입니다. 배우자끼리는 문자 그대로 '서로를 매만지며' 살아야 합니다. 이때 '매만지다'는 것은 단순히 말을 나누는 것을 넘어 행동과 감정의 세계를 나누며 살아가는 것을 뜻합니다. 이러한 나눔은 서로가 맞닿는 곳, 사랑과 친밀함이 가득 찬 곳에서 이루어집니다. 어떤 곳에서는 서로 아무런 말도 할 필요가 없을 때도 있습니다. 기도할 때도 마찬가지입니다. 기도를 드리다보면 아무런 말도 하지 않고 그저 기쁨에 겨워 즐거워하거나, 침묵하거나, 묵상할 때가 있습니다.

3) 기도의 목적

기도의 목적은 무엇입니까? 우리는 무엇을 위해 기도해야 하는 것입니까?

첫째로 기도는 예배입니다. 기도의 목적은 하나님께 감사하고 찬양하는 것입니다.

"하나님은 영이시니 예배하는 자가 영과 진리로 예배할지니라" 요 4:24

첫째로 기도는 소원이 나열된 목록과는 거리가 먼, 근본적으로 예배 행위에 해당합니다. 기도는 하나님의 뜻이 이루어지기를 바라고, 모든 필요를 그분께 의지하며, 우리의 무가치함을 고백하고, 하나님을 찬양하는 표현 수단입니다. 따라서 기도는 모든 측면에서 예배 행위인 것입니다.

기도에 요청이 포함되는 이유는 기도와 간구와 감사함으로 아무 걱정 없이 하나님께 우리의 필요를 아뢰어야 하기 때문입니다. 우리는 기도를 통해 하나님의 주권을 인정하고, 우리가 그분의 은혜와 능력에 전적으로 의존해 있다는 사실을 고백하며, 하나님을 우주의 통치자로 바라봅니다. 참된 기도는 간구할 때조차도 순전한 예배의 의미를 지니는 것입니다.

따라서 참된 기도는 예배의 행위이며 모든 것을 알고 계신 자애로우신 아버지 앞에 나아가는 것입니다. 참된 기도를 드릴 때에는 아버지 하나님께 복종하는 마음, 하나님의 영광을 구하는 열정, 그분의 나라가 왕성해져 하나님이 존귀하게 되시기를 바라는 마음이 있어야 합니다.

둘째로 기도는 성령의 은사입니다. 성령 안에서 하나님 아버지께 나아가는 것이 기도의 목적입니다.

"이제는 전에 멀리 있던 너희가 그리스도 예수 안에서 그리스도의 피로 가까워졌느니라; 이는 그로 말미암아 우리 둘이 한 성령 안에서 아버지께 나아감을 얻게 하려 하심이라" 엡 2:13, 18

이 말씀은 우리가 하나님께 나아가기 위해서는 그리스도의 구속 사역에 의지할 뿐만 아니라, 성령의 사역에 의존해야 한다는 의미입니다. 즉 우리가 하나님께 기도할 수 있는 것은 '그리스도의 이름'과 함께 주님께서 보내주신 성령의 역사 때문이라는 것입니다. 성령은 우리 그리스도인으로 하여금 기도하게 하고 기도를 인도하십니다.

"너희가 아들이므로 하나님이 그 아들의 영을 우리 마음 가운데 보내사 아빠 아버지라 부르게 하셨느니라" 갈 4:6

성령은 예수 그리스도로 인하여 구속받은 백성 안에 내재하십니다. 구원의 보증으로 와 계신 것입니다. 그리스도를 나의 구주로 고백한 자에게 임하신 성령은 그때부터 신자를 다양한 방법과 내용으로 이끌어 그 믿음이 그리스도의 장성한 분량에 이르게 하십니다. 성령이 성도들을 인도하시는 한 수단과 방법이 바로 기도입니다. 또 성령은 우리를 위해 중보하십니다.

"이와 같이 성령도 우리의 연약함을 도우시나니 우리는 마땅히 기도할 바를 알지 못하나 오직 성령이 말할 수 없는 탄식으로 우리를 위하여 친히 간구하시느니라 마음을 살피시는 이가 성령의 생각을 아시나니 이는 성령이 하나님의 뜻대로 성도를 위하여 간구하심이니라" 롬 8:26~27

성령은 우리 안에서 우리와 함께 기도하시는 특수한 중보자이십니다. 우리에게 성령의 중보사역이 절대 필요한 이유는 우리가 빌 바를 알지 못하기 때문입니다. 무지몽매한 자들을 위해 끊임없이 기도하시는 성령의 간구는 인간의 언어로 표현되지 않는 탄식이며 절규입니다. 이 탄식은 신자 속에서만 있는 것이며, 또한 신자와 함께하는 탄식입니다. 이 절규의 결과는 성부 하나님의 필연적인 응답입니다. 왜냐하면 성부 하나님은 성령의 마음을 잘 아시며 성령은 성부의 뜻대로 기도하시기 때문입니다. 그러므로 우리는 성령의 중보사역에 필히 의존해야 하고 항상 성령 안에서 기도해야 합니다.

셋째로 기도의 목적은 하나님의 뜻을 깨닫는 것입니다. 하나님의 뜻을 개인적으로 깨달아 받아들이는 것이 기도의 목적입니다. 따라서 기도는 하나님의 뜻을 깨닫는 나의 신앙고백입니다.

"그를 향하여 우리가 가진 바 담대함이 이것이니 그의 뜻대로 무엇을 구하면 들으심이라 우리가 무엇이든지 구하는 바를 들으시는 줄을 안즉 우리가 그에게 구한 그것을 얻은 줄을 또한 아느니라" 요일 5:14~15

기도는 나를 향하신 하나님의 뜻, 바로 사랑을 깨닫는 것입니다. 우리 인간은 피조물입니다. 그런데 피조물이 먼저 자기가 알지 못하는 하나님에게 무엇을 구할 수 있을까요? 하나님이 자신을 계시하기 전에는 인간이 먼저 하나님을 알 수 없습니다. 따라서 창조주 하나님만이 자기가 만든 피조물인 인간을 향하여 "내가 너에게 원하는 것은 이것이야"라고 하실 수 있습니다. 그리고 하나님이 "내가 너에게 주려고 하는 것이 이거야"라고 말씀해 주셨을 때, "네, 하나님 당연히 그것을 받아야죠"라고 반응하는 것을 나의 신앙고백, 또한 기도라고 하는 것입니다.

따라서 기도의 목적은 하나님 아버지의 마음을 내 마음으로 가져서 그 하나님 아버지의 뜻이 내 안에서 이루어지기를 바라고, 그 뜻이 이웃에게도 이루어지기를 원하는 것입니다. 결국 하나님의 뜻을 올바로 깨달아서 그 뜻이 무엇인지를 잘 구하고, 이를 구하는 자에게 흘려주는 것이 기도의 참 목적입니다. 그래서 주님이 가르쳐주신 주기도문에 "뜻이 하늘에서 이루어진 것같이 땅에서도 이루어지게 해주소서"라는 기도가 있는 것입니다. 우리가 계속해서 소망하는 바는 하나님 아버지의 뜻이 무엇인지 구하고, 그리고 그 뜻이 이 땅에서 이뤄지게 해달라고 간구하는 것입니다. 이것이 성숙한 기도입니다.

만일 우리에게 자녀가 있는데, 돈이 필요할 때에만 전화 연락을 하고 집에도 찾아옵니다. '오늘 웬일인가'라고 기대했지만 역시나 돈이 필요해서 찾아온 것입니다. 자녀와 뜻 깊고 친밀한 관계를 기대했던 부모는 실망합니다. 친밀한 대화와 뜻 깊은 관계를 사모하고 있지만, 자녀는 항상 돈 이야기를 합니다. "이거 필요합니다. 도와주십시오." 늘 이렇게만 대화한다면 누가 이것을 부모와 자녀 간의 친밀한 관계라고 할 수 있겠습니까? 만날 때마다, 대화할 때마다 손 내밀고 돈을 달라거나 도와주라고만 한다면, 그 관계는 건강한 것일까요? 내가 자녀라면 먼저 아버지 하나님의 마음을 생각해야 합니다. 하나님의 마음으로 이 세상을 바라보며 하늘 아버지와의 관계 속에서 기도를 시작해야 합니다.

교회가 분란이나 어려움에 처할 때 가장 안타까운 것은 그 어디에도 아버지 하나님의 뜻은 없고 이해당사자의 뜻만 충만하다는 점입니다. 각자의 억울함과 상처만 충만합니다. 하나님의 영광이 가려지는 것을 걱정하기는커녕, 자기의 뜻을 성취하기 위해 수단과 방법을 가리지 않습니다. 이렇게 우리는 하나님의 뜻을 구하기보다 나의 뜻을 구하는 것이 더욱 자연스러운 존재들입니다. 하늘 아버지의 뜻은 하늘에서만 이뤄지고, 나의 뜻은 이 땅에서 이뤄지게 해달라고 기도하는 것이 바로 우리 아닙니까?

우리는 하나님의 뜻을 구하는 훈련을 시작해야 합니다. "이 가정의 문제에서 하나님이 원하시는 해결책은 무엇입니까?" "이 비즈니스의 난관에서 하나님이 원하시는 바는 무엇인가요?" 이렇게 하나님 아버지의 뜻을 계속 구하게 되면 하늘 아버지의 마음을 느끼게 됩니다. 이 부분이 중요합니다.

우리가 어떤 문제에 대해 "하나님의 뜻을 알게 해주십시오"라고 기도하면 하나님은 자신의 뜻을 말씀해 주시기보다 그 문제에 대한 하나님의 마음을 느끼게 해주십니다. 기도자가 자기를 드러내고자 교만한 마음으로 기도하지 않는 이상, 기도하면서 그 문제에 대한 하나님의 슬픔을, 그 문제에 대한 하나님의 눈물을, 그 문

1. 성경적 기도를 드리자

제에 대한 하나님의 괴로워하는 마음을 느끼게 됩니다. 그러면 문제에 대한 해결책이 나옵니다. 기도한다고 하나님의 뜻이 다 이해되는 것이 아닙니다. 나의 가정, 비즈니스, 현재 상황을 부둥켜안고 "아버지 하나님의 뜻이 무엇입니까"하고 기도하다 보면 각각의 문제에 대한 하나님의 마음을 느끼게 됩니다. 하나님의 마음을 느끼게 되면 하나님의 뜻을 구하게 되고, 하나님의 뜻이 이루어지게 해달라고 간구하게 되는 것입니다.

많은 경우 우리가 하나님의 뜻을 저버리게 되는 이유, 하나님의 뜻이 우리 삶 가운데 이뤄지지 않는 이유는 하나님의 뜻을 알게 해달라고, 그 뜻 이뤄지게 해달라고 기도하지 않기 때문입니다. 참 기도를 하지 않아서 하나님 아버지의 뜻을 저버리게 되는 것입니다. 우리는 하나님 아버지의 뜻이 이 땅에, 나에게 이뤄지게 해달라고 기도해야 합니다. 그리고 계속해서 훈련해야 합니다.

기도로 충만한 삶은 그 자체로 전도요 선교입니다. 기도의 삶을 사는 사람들은 사랑하는 사람들입니다. 불평하고 짜증내고 소리 지르면 절대로 전도가 안 됩니다. '저 사람이 믿는 예수를 우리가 믿으면 좀 위험할 것 같다. 저렇게 밤낮 불평과 짜증만 내고 있으니…' 이렇게 생각하지 않겠습니까? 결국 기도의 삶은 사랑의 삶입니다. 참 기도는 참 사랑으로 나타납니다. 그래서 기도는 그리스도인의 사명이라고 말할 수 있는 것입니다.

기도는 하나님께 나의 뜻을 구하는 것일까요, 아니면 하나님의 뜻을 구하는 것일까요?

나의 뜻도 구하고 하나님의 뜻도 구하면 된다고요? 아니면 자식 이기는 부모 없다고, 못 이기는 척 하나님 아버지가 나의 바람을 들어주면 좋겠다고요? 그건 기도가 아니라 '요구, 강청, 떼쓰기'입니다. 마치 어린 자녀들이 아버지의 상황과 형편을 고려하지 않고 이것저것 사달라고 떼쓰는 것과 같습니다. 그것을 성숙한 그리스도인의 기도라고 하지는 않습니다.

사실 우리는 나의 뜻 나의 바람이 중요하지, 하나님의 뜻에는 별 관심이 없는 경우가 많습니다. 실제로 많은 교회와 목회자들이 "내가, 우리가 소망하는 바를 구하라"고 부추기기도 합니다. 참 기도는 나의 뜻을 포기하고 하나님 아버지의 뜻을 신뢰하는 것입니다. 한마디로 나의 뜻을 포기하는 것이 하나님의 뜻입니다.

"나라가 임하시오며 뜻이 하늘에서 이루어진 것 같이 땅에서도 이루어지이다" 마 6:10

여기서 하늘과 땅이 대조되고 있습니다. 하나님 아버지의 뜻은 하늘에서는 잘 이루어지고 있습니다. 당연합니다. 하나님의 통치가 온전하고 충만하기 때문입니다. 그런데 이 땅에서는 하나님 아버지의 뜻이 잘 이루어지지 않습니다. 왜 그렇습니까? 이 땅에는 우리의 생각, 우리의 뜻, 우리의 정욕이 더 충만하기 때문입니다. 그래서 하늘처럼 이 땅에서도 하나님 아버지의 뜻, 통치가 온전하고 충만하게 해달라고 기도하는 것입니다. 하나님의 뜻이 이 땅에서 이뤄지게 해달라는 기도는 바로 이 땅에서 나의 뜻을 포기하게 해달라는 기도입니다.

"조금 나아가사 얼굴을 땅에 대시고 엎드려 기도하여 이르시되 내 아버지여 만일 할 만하시거든 이 잔을 내게서 지나가게 하옵소서 그러나 나의 원대로 마시옵고 아버지의 원대로 하옵소서 하시고" 마 26:39

주님의 이 기도는 나의 뜻을 포기하게 해달라는 기도입니다. "나의 원대로 마옵시고 아버지의 원대로 되기를 원하나이다." 주님은 아버지의 뜻대로 되게 해달라고 기도하면서 당신의 뜻을 포기하셨습니다. 그래서 십자가를 지셨습니다. 우리는 하나님의 뜻을 알기만 하면 곧 순종할 것처럼 이야기합니다. 내 삶 속에서 하나님의 뜻이 이뤄지지 않는 이유는 내가 하나님의 뜻을 모르기 때문이라고 합니다. 그래서 하나님의 뜻을 먼저 알게 해달라고 기도합니다. 그런데 우리는 몰라서 하나님의 뜻을 저버리는 것이 아닙니다. 우리의 성정 자체가 하나님의 뜻에는 관심조차 없고, 또 알아도 하나님의 뜻을 싫어하기 때문에 핑계를 대고 거부하는 것입니다.

미국에서 남북전쟁이 한창 치열할 때의 일입니다. 당시 노예해방이란 기치를 내건 에이브러햄 링컨 대통령은 북군을 이끌고 남군과 대치했습니다. 하지만 남군을 쉽게 굴복시키지 못하고 오히려 남군에 의해 북군이 치명타를 입고 있었습니다.

죽어가는 병사들을 바라보며 가슴 아파하던 링컨은 사람의 힘으로는 전쟁을 종식시킬 수 없다는 사실을 절감하고 하루에도 몇 시간씩 하나님께 기도를 드렸습니다. 그러자 각료들이 링컨에게 이렇게 말했습니다. "우리도 마음을 모아 하나님이 우리 편이 되어달라고 기도하겠습니다." 그러자 링컨은 정색을 하면서 대답했습니다. "그런 기도는 아예 하지 마시오."

대통령이 흔쾌히 승낙할 줄 알았던 각료들은 어리둥절하여 링컨에게 물었습니다. "그러면 어떻게 기도하기를 원하십니까?" 링컨이 대답했습니다. "하나님이 우리 편이 되어달라고 기도하지 말고, 우리가 하나님 편이 되게 해달라고 기도하십시오."

우리는 사는 날 동안 하나님을 내편으로 만드는 것이 아니라 우리가 하나님 편에 서야 합니다. 그리스도인들은 나의 유익을 위해서 하나님을 끌어들이는 것이 아니라 하나님의 영광을 위해서 하나님의 일을 해야 합니다.

"그를 향하여 우리가 가진 바 담대함이 이것이니 그의 뜻대로 무엇을 구하면 들으심이라 우리가 무엇이든지 구하는 바를 들으시는 줄을 안즉

우리가 그에게 구한 그것을 얻은 줄을 또한 아느니라" 요일 5:14~15

나의 바람과 소원이 이루어지기를 소망하는 것은 하나님의 뜻을 변개시켜 달라고 하는 것과 같습니다. 인간의 욕심으로 이루어진 기도를 내뱉는 자는 아직도 주님의 겸손을 느껴보지 못한 자입니다. 나의 뜻대로 이루어지는 것이 아니라 오직 주님의 뜻에 따라 이루어지는 것입니다. 이것은 어떤 인간도 변형시킬 수 없는 일입니다. 자기의 요구를 기도하는 자는 그 기도가 이루어지지 않았을 때 실망을 금치 못하는 나약한 존재입니다. 그러나 오직 주님의 뜻대로만 이루어지기를 정말로 기도한 자는 절대 실망하지 않습니다. 하나님의 뜻대로 이루어진 것에 대한 감사만이 넘치는 것입니다. 이겨도 기쁘고 져도 기쁜, 그저 하나님의 은혜 속에서 감사가 넘칩니다. 주님 뜻대로 사는 자는 죽어도 기쁘고, 가난해도 좋고, 어떠한 불행이 와도 좋은 것입니다.

우리는 기도의 가장 중요한 목적 중 하나가 하나님의 뜻을 깨닫고 이를 이웃에게 전하는 것임을 알았습니다. 그렇다면 우리를 향한 하나님 아버지의 근본적인 뜻은 무엇일까요?

우리를 향한 하나님의 뜻은 두 가지입니다. 첫째로 하나님 아버지의 뜻은 우리를 구원하시는 것입니다. 세상을 구원하고 구원 받은 자녀들로 하여금 영생을 얻게 하는 것입니다. 하나님 아버지의 우리를 향한 가장 간절한 소망과 뜻은 잃어버린 모든 영혼이 하나님 아버지께로 돌아오는 것, 바로 구원을 받는 것입니다. 이를 가장 잘 보여주는 것이 누가복음 15장의 잃은 양을 찾은 목자 비유, 잃은 드라크마를 찾은 비유, 잃은 아들을 되찾은 아버지 곧 탕자의 비유입니다.

"내가 너희에게 이르노니 이와 같이 죄인 한 사람이 회개하면 하늘에서는 회개할 것 없는 의인 아흔아홉으로 말미암아 기뻐하는 것보다 더하리라" 눅 15:7

주님은 한 영혼이 회개하고 돌아오면 제일 기쁘고 즐겁다고 말씀하십니다. 한 영혼이 죄를 회개하고 주님 앞으로 돌아오면 그리스도를 믿게 되기 때문입니다. 하나님께서 이 땅에서 가장 원하는 바는 영혼 구원입니다. 하늘 아버지는 한 영혼을 구원할 때마다 잔치를 베풀며 기뻐합니다.

둘째로 하나님 아버지의 뜻은 구원받은 자녀들이 거룩하게 사는 것입니다. 즉 하나님의 자녀들이 아버지의 뜻대로 사는 것과 함께 우리가 하나님의 뜻을 이루는 도구로 사는 것입니다. 구원받은 우리가 하나님의 뜻대로 거룩하게 살기 위해서는 날마다 말씀과 기도로 우리 삶을 수정해 나가야 합니다. 우리의 인생 방향을 하나님 중심에 초점을 맞추어야 한다는 말입니다. 항상 기쁜 마음으로 하나님께 순종하고, 하나님의 뜻이 어디에 있는지 확인해야 합니다.

"사랑하는 자들아 너희는 너희의 지극히 거룩한 믿음 위에 자신을 세우며 성령으로 기도하며 하나님의 사랑 안에서 자신을 지키며 영생에 이르도록 우리 주 예수 그리스도의 긍휼을 기다리라" 유 1:20~21

4) 기도의 자세

기도가 중요하다는 것, 기도해야 한다는 것은 알지만 어떻게 기도해야 하는지 잘 모르겠다는 사람들이 적지 않습니다. 그렇다면 바람직한 기도의 자세는 어떤 것일까요?

기도의 자세와 관련해 가장 중요한 것은 기도의 삶을 습관화해야 한다는 것입니다. 습관이라는 말 속에는 '언제든지 할 수 있다', 또는 '즐긴다'는 의미가 들어있습니다. 따라서 기도의 습관이란 언제든지 기도할 수 있는 준비가 되어 있으며, 또한 기도를 즐거워하는 태도를 말합니다. 가끔 기도하면 더 기도하기 어렵습니다. 그러나 쉬지 않고 모든 삶에 대해 하나님께 물으면 할 말이 더 많아지게 됩니다. 아버지와 자식의 관계가 시간이 지나면서 멀어지는 것은 대화가 끊어지기 때문입니다. 예수님도 습관적으로 감람산에 가서서 기도하셨습니다.

"예수께서 나가사 습관을 따라 감람산에 가시매 제자들도 따라갔더니 그 곳에 이르러 그들에게 이르시되 유혹에 빠지지 않게 기도하라 하시고 그들을 떠나 돌 던질 만큼 가서 무릎을 꿇고 기도하여" 눅 22:39~41

우리는 하나님과 대화를 나누는 기도의 시간을 매일 확보해야 합니다. 하나님과 깊은 관계를 맺기 위해 일정한 시간을 마련하지 않는다면 관계가 일그러지기 쉽습니다. 습관적으로 꾸준히 기도한다면 언제 기도하는지는 별다른 문제가 되지 않습니다. 자신이 처한 상황에 따라 새벽에 기도를 드릴 수도, 자동차 안에서 드릴 수도, 아이들을 학교에 보낸 다음 드릴 수도 있습니다. 점심을 마치고 근처 공원에서 드릴 수도, 교회에 찾아가 드릴 수도 있습니다. 저녁 식사를 마치고 나서 드릴 수도, 늦은 밤 하루를 마무리하기 전에 드릴 수도 있습니다. 다만 기도는 우리가 곧잘 잊어버리는 일과에 부가되는 활동이 아니라 다른 중요한 일과처럼 우리 삶에서 일정하게 반복하는 일이 되어야 합니다.

우리에게는 '기도'라는 말을 들을 때 자연스럽게 떠올릴 수 있는 공간이 필요합니다. 나만의 기도 공간 말입니다. 그곳은 창가나 부엌에 있는 의자가 될 수도, 방 모서리가 될 수도, 특별한 예배당이 될 수도 있습니다. 자동차의 좌석일 수도, 산책을 하는 와중에 마주치는 곳일 수도 있습니다. 우리 한 사람 한 사람은 나름의 특별한 장소를 갖고 있으며 그 가치는 생각 이상으로 중요합니다. 특별한 순간을 누리게 해주는 그곳이 바로 특별한 곳이자 기도의 공간입니다.

둘째로 바람직한 기도의 자세는 겸손입니다. 기도할 때에 우선적으로 요청되는 자세는 겸손입니다. 겸손은 기도의 초석이며 기도의 선물을 은혜로 받기 위한 마음가짐입니다. 겸손한 사람은 하나님을 주님으로 받아들이며 자신은 피조물에 불과하다는 것을 인정합니다. 오만한 사람은 자신의 뜻을 하나님의 뜻보다 위에 두지만 겸손한 사람은 언제나 자신의 뜻보다 하나님의 뜻을 더 위에 둡니다. 자신의 뜻을 하나님 뜻에 맞추고자 하는 것이 기도입니다.

또 겸손한 사람은 자신의 뜻을 하나님 뜻에 맞추지 못한 것을 가슴 아파하고 뉘우칩니다. 그래서 겸손한 마음은 회개하는 마음입니다. 회개는 잘못을 뉘우치는 것으로 그치지 않습니다. 회개하는 마음은 용서하고 화해하는 마음입니다. 그래서 회개는 마음을 깨끗이 하여 하나님 앞에 나아가게 합니다. 기도의 겸손한 자세와 관련해 성경에 '바리새인과 세리의 비유'가 나옵니다.

"두 사람이 기도하러 성전에 올라가니 하나는 바리새인이요 하나는 세리라 바리새인은 서서 따로 기도하여 이르되 하나님이여 나는 다른 사람들 곧 토색, 불의, 간음을 하는 자들과 같지 아니하고 이 세리와도 같지 아니함을 감사하나이다 나는 이레에 두 번씩 금식하고 또 소득의 십일조를 드리나이다 하고 세리는 멀리 서서 감히 눈을 들어 하늘을 쳐다

보지도 못하고 다만 가슴을 치며 이르되 하나님이여 나는 죄인이로소이다 하였느니라 내가 너희에게 이르노니 이에 저 바리새인이 아니고 이 사람이 의롭다 하심을 받고 그의 집으로 내려갔느니라 무릇 자기를 높이는 자는 낮아지고 자기를 낮추는 자는 높아지리라 하시니라" 눅 18:10~14

가슴을 치며 "오 하나님! 이 죄인을 불쌍히 여겨주십시오"라고 드리는 세리의 기도는 겸손한 마음, 회개하는 마음의 좋은 본보기입니다. 주님께서는 바리새인의 오만한 기도를 '회칠한 무덤'이라 하시고, 세리의 겸손한 기도를 '참 그리스도인의 기도'라 칭하셨습니다.

우리는 두 손을 겸하여 기도드릴 때 겸손해질 수 있습니다. 나의 도움을 필요로 하는 사람의 손에 나의 손을 겸할 때 겸손한 사람이 될 수 있습니다. 또 내가 도움이 필요할 때 다른 사람의 손에 나의 손을 겸하고 도움을 받을 때 겸손할 수 있습니다. 겸손은 상대방을 향한 배려와 상호 이해 존중을 기반으로 하는 의사소통의 자세이며 미덕입니다.

기도는 내가 하나님 앞에서 겸손해지기 위해서 하는 것입니다. 기도는 내가 낮아지는 행위입니다. 나의 눈을 감고 하나님의 눈으로 모든 것을 보는 것이며 나의 발걸음을 멈추고 무릎 꿇는 행위입니다. 나를 하나님이 원하시는 곳으로 옮겨 주시기 바라는 것입니다. 나의 손을 내려놓고 나의 손을 모음으로써 하나님께서 나의 욕심으로 가득 찬 손을 사랑의 끈으로 묶어 인도하시길 기도해야 합니다. 하나님의 손이 나의 손 대신에 움직이시고 역사하시기를 기대하는 것이 참된 기도입니다.

셋째로 기도할 때에 요청되는 또 한 가지 바람직한 자세는 신뢰, 곧 믿음입니다. 믿음은 하나님의 말씀을 믿을 때 하나님이 주시는 선물입니다. 믿음은 하나님을 주님으로 받아들이는 것입니다. 우리가 하나님을 참 아버지 하나님으로 믿고 고백한다면 하나님을 신뢰하는 믿음을 갖게 됩니다. 그리스도인은 모든 일에 하나님을 신뢰하는 믿음을 지녀야 하지만 기도할 때 특히 믿음을 필요로 합니다. 믿음이 없는 기도는 성령이 없는 교회, 예수님이 없는 종교, 회개 없는 구원과 마찬가지로 전혀 무의미한 읊조림에 지나지 않습니다. 하나님을 신뢰하지 않는, 믿음이 없는 기도는 무능력자의 넋두리요, 지혜 없는 자의 요행수요, 뿌리 없는 나무처럼 시드는 그런 것입니다. 성경은 믿음이 없이는 하나님께 나아갈 수 없다고 분명하게 말씀합니다.

"믿음이 없이는 하나님을 기쁘시게 하지 못하나니 하나님께 나아가는 자는 반드시 그가 계신 것과 또한 그가 자기를 찾는 자들에게 상 주시는 이심을 믿어야 할지니라" 히 11:6

여기서 '하나님께 나아가는 것'은 기도를 말합니다. 기도의 다른 표현이 '하나님께 나아가는 것, 은혜의 보좌로 나아가는 것'입니다.

"그러므로 우리는 궁휼하심을 받고 때를 따라 돕는 은혜를 얻기 위하여 은혜의 보좌 앞에 담대히 나아갈 것이니라" 히 4:16

주님은 제자들에게 "너희가 기도할 때에 무엇이든지 믿고 구하는 것은 다 받으리라"(마 21:22)고 말씀하셨습니다. 이는 우리가 기도할 때 그냥 기도하는 것이 아니라 무엇인가를 믿고 구해야 한다는 사실을 분명히 말해 줍니다.

우리는 기도할 때에 무엇을 믿고 구해야 합니까? "병이 나을 것을 믿습니다. 부자가 되게 해주실 것을 믿습니다. 저희 가정에 복을 주실 것을 믿습니다. 내 자식이 일류대학에 합격할 것을 믿습니다." 이런 기도는 무속적 행위요, 기복 신앙이지 성경적 믿음이 아닙니다. 많은 사람이 무턱대고 하늘의 보좌를 움직이는 기도, 혹은 하나님을 굴복시키려는 듯이 떼를 쓰는 기도를 하는 것을 믿음인 줄 잘못 알고 구함으로 응답도 받지 못하고, 기도를 한 후에 도리어 낙담과 실망을 합니다.

어느 기독교 월간지가 독자들에게 '기독교인이 기도를 하지 않거나 적게 하는 이유가 무엇이라고 생각합니까?'란 질문을 했는데, '기도한다고 문제가 해결된다고 생각하지 않기 때문'이란 답이 가장 많았습니다. 기도하는 사람조차 자신이 하는 기도에 대한 응답을 확신하지 못한다는 것입니다. 이는 하나님을 신뢰하지 않는다는 뜻입니다. 하나님을 신뢰하지 않는데 기도할 힘이 날 리가 없고, 기도에 대한 열정이 솟아날 리가 없습니다. "내가 너희에게 이르노니, 너희가 기도할 때에 무엇을 원하든지 받는 줄로 믿으라 그리하면 받으리라"는 말씀에서, 우리가 받을 줄을 알게 된 근거는 무엇입니까? 바로 믿음입니다. 하나님에 대한 신뢰입니다.

기도하려고만 하면 다른 급한 일들이 생각나 기도를 제대로 하지 못하는 경우가 있습니다. 세상 걱정 때문에 기도에 집중하지 못하는 것입니다. 이는 하나님께 대한 신뢰가 부족하다는 표시일 수 있습니다. 참된 기도를 드리기 위해선 무엇보다 하나님께 대한 굳건한 신뢰와 믿음이 필요합니다.

"마리아가 이르되 주의 여종이오니 말씀대로 내게 이루어지이다 하매 천사가 떠나가니라" 눅 1:38

우리는 매사에 마리아와 같은 자세를 유지해야 합니다. 그런 신뢰와 믿음의 자세로 기도해야 합니다. 그저 "주님"이라고 부른다고 믿음의 기도가 되는 것이 아닙니다. 하나님을 신뢰하고 하나님의 뜻을 실천할 마음을 가져야 믿음의 기도가 됩니다. 그러면 모든 것을 다 알고 계시는 하나님 아버지께서 우리의 기도를 들어주실 것입니다.

넷째로 기도할 때에 요청되는 또 한 가지 바람직한 자세는 감사입니다. 성경이 우리에게 기도를 권면할 때마다 반복해서 이야기하는 것이 있습니다. 그것은 계속해서 기도하라는 것과 감사하면서 기도하라는 것입니다. 그러니까 기도는 습관처럼 계속해서, 그리고 감사와 함께 드려져야 한다는 사실을 말씀하고 있는 것입니다.

"기도를 계속하고 기도에 감사함으로 깨어 있으라" 골 4:2

하나님은 왜 계속해서 감사하며 기도하라고 하신 것일까요? 감사는 세상 유혹에 취해있는 우리의 영혼을 깨어나게 하기 때문입니다. 성경의 감사는 그저 고맙다는 표현이 아닙니다. 하나님을 향한 신뢰와 경외와 찬양의 표현입니다. 성경은 또한 "쉬지 말고 기도하라 범사에 감사하라 이것이 그리스도 예수 안에서 너희를 향하신 하나님의 뜻이니라"(살전 5:17~18)고 말씀합니다. 우리가 어떻게 쉬지 않고 기도하며 모든 일에 감사할 수 있습니까? 현실적으로는 불가능합니다. 그렇지만 우리가 하나님의 선하심과 완전하심을 믿는다면 우리는 계속해서 습관처럼 감사하며 기도할 수 있게 됩니다. 하나님 아버지께서 우리 삶에 주시는 것은 우리의 느낌과는 달리 부족함도 없고 실수도 없다는 것을 믿을 수 있기 때문입니다. 그러면 우리는 감사하며 기도할 수 있게 됩니다. 하나님의 선하심과 완전하심을 신뢰하는 믿음이 강하면 강할수록 그 사람은 하나님께 그만큼 더 온전한 감사를 드릴 수 있게 됩니다.

감사란 만족의 표시입니다. 원래 감사란 만족에서 나오기 때문입니다. 우리는 가끔 누군가에게 선물을 받고도 진정으로 감사하는 마음을 품지 못할 때가 있습니다. 왜 선물을 받고도 감사하지 못할까요? 그것은 그 선물이 나를 만족시키지 못하기 때문입니다. 그 선물이 만족스럽지 못하니 그걸 준 사람에게도 감사를 느낄 수가 없는 것입니다. 그래서 범사에 감사한다는 것은 하나님께서 나의 삶에 허락하신 것들이 충분하고 완전하다는 것을 믿고, 또 실제로 그렇게 누리고 있기 때문에 진정으로 감사할 수 있는 것입니다.

그리고 이런 믿음과 만족에서 나오는 감사는 우리를 깨어있게 합니다. 우리를 잠들게 하려는 세속적인 사고방식과 이 땅의 헛된 유혹과 집착에서 벗어나게 해줄 수 있기 때문입니다. 이 세상을 움직이는 모든 유행하는 원리들은 결국 그 속에 욕심이라는 동기를 품고 있습니다. 그 욕심을 부리고, 그 욕심을 채우라는 것이 세상의 사고방식이며, 이 땅에 속한 것들의 유혹이기 때문입니다.

그런데 하나님의 은혜로 만족하고 있다면, 그래서 하나님께 진정으로 감사하고 있다면, 기도할 때마다 그 사실을 하나님께 고백하며 산다면 이런 유혹들은 얼마든지 이겨낼 수 있습니다. 그래서 감사는 기도자를 깨우는 역할을 하는 것입니다. 그래서 기도에는 믿음에서 나오는 참된 감사가 항상 동반되어야 합니다.

5) 기도의 능력

하나님이 우리의 기도를 들으신다는 사실을 믿으십니까? 기도의 능력을 믿으십니까?

옛날에 매일 아침마다 기도하러 성당에 오던 어느 주교가 있었습니다. 그는 그 기도의 습관을 30년 동안 하루도 빠짐없이 반복했습니다. 나중에는 세수하고 양치질하듯이 아주 기계적으로 기도를 하게 되어버렸습니다. 그러던 어느 날, 그가 여느 때와 다름없이 성당에 와서 "하늘에 계신 아버지"하면서 기도를 시작하는데, 갑자기 웅장한 소리가 들려왔습니다. "그래 내 아들아, 무슨 일이냐?" 그 순간, 이 주교는 소스라치게 놀랐습니다. "주님, 정말 거기 계시는군요." 그리고 그는 즉시 심장마비로 죽었습니다.

너무나 많은 크리스천들이 항상 기도는 하지만, 마치 이 주교처럼 하나님이 정말 살아계셔서 자신들의 기도를 듣고 계시다는 사실을 믿지 않고 있는 것 같습니다. 그러나 성경은 분명히 말합니다. 하나님의 백성이 겸손히, 회개하는 마음으로 신실하게 기도하면 반드시 하나님이 그 기도를 들으실 것이라고 말입니다. 하나님이 우리의 기도를 들으신다는 가장 확실한 이유는 기도가 하나님이 시작하신 것이기 때문입니다. 하나님이 우리의 기도를 들으시는 이유는 무엇보다도 당신의 자녀들을 축복하기 원하는 하늘 아버지의 마음 때문입니다. 성경을 읽을 때마다 우리를 향한 하나님의 마음을 발견하고 감동을 받습니다. 우리는 하나님을 사랑한다며, 하나님께 헌신했다고 고백하지만 사실 하나님을 향한 우리의 마음보다 우리를 향한 하나님의 마음이 훨씬 뜨겁고 애틋합니다.

"여호와께서 모세에게 말씀하여 이르시되 아론과 그의 아들들에게 말하여 이르기를 너희는 이스라엘 자손을 위하여 이렇게 축복하여 이르되 여호와는 네게 복을 주시고 너를 지키시기를 원하며 여호와는 그의 얼굴을 네게 비추사 은혜 베푸시기를 원하며 여호와는 그 얼굴을 네게로 향하여 드사 평강 주시기를 원하노라 할지니라 하라 그들은 이같이 내 이름으로 이스라엘 자손에게 축복할지니 내가 그들에게 복을 주리라" 민 6:22~27

여러분은 정말 기도의 능력을 믿으십니까? 이 세상을 살아가는 데 있어서 하나님을 믿는 사람들과 안 믿는 사람들의 가장 확실한 차이점은 기도입니다. 세상에는 하나님께 기도하지 않고 자기 힘만 믿고 살아가는 사람들이 있고, 늘 기도하며 하나님의 힘으로 사는 사람들이 있습니다. 자기 힘만으로 사는 사람들은 자기 수준만큼 삽니다. 그러나 기도하는 사람은 하나님의 수준으로 쭉쭉 올라갑니다. 왜냐하면 하나님이 주시는 기도의 능력으로 살아가기 때문입니다.

미국의 어느 농촌에 오랫동안 비가 내리지 않자 그 지역 주민들은 교회에 모여 비를 내려주십사 기도를 하게 되었습니다. 기도가 끝나 집으로 가려는데 밖에서는 이미 비가 내리고 있었습니다. 모두 약속이나 한 듯이 쏟아지는 장대비 속에서 춤을 추며 환호했습니다. 그런데 가만히 보니까 한 소녀가 우산을 쓰고 서 있는 것이었습니다. 모두 그 아이를 보면서 할 말을 잃었습니다. 비를 내려달라고 기도할 믿음은 있었지만, 정작 하나님이 비를 주실 거라 믿고 우산을 준비한 사람은 그 아이뿐이었기 때문입니다. 그 소녀는 기도의 힘을 믿었기 때문에 미리 우산을 준비했던 것입니다.

기도의 능력이란 어떤 기적 같은 것을 말하는 것일까요?

많은 사람이 기도의 능력하면 어떤 기적이 일어나는 것으로 생각합니다. 안수기도를 받고 오랜 지병이 나았다든가, 돈이 급히 필요한데 기도했더니 전혀 예기치 않던 기적 같은 일이 일어나서 꼭 필요한 만큼 돈이 채워졌다는 이야기 등등 말입니다. 하지만 기도의 능력이란 병을 고치고, 부자 되게 하고, 자녀를 일류대학에 합격시키는 것이 아닙니다. 기도의 능력이란 하나님이 기도의 응답으로 부어 주시는 하나님의 능력을 말합니다. 하나님이 주시는 최고의 기도의 능력은 성령입니다.

"너희가 악할지라도 좋은 것을 자식에게 줄 줄 알거든 하물며 너희 하늘 아버지께서 구하는 자에게 성령을 주시지 않겠느냐 하시니라" 눅 11:13

성령은 성도들의 기도 응답으로 왔습니다. 성령이 누구십니까? 바로 하나님 자신이요, 예수님 자신입니다. 최고의 기도의 힘은 하나님이 자기 자신을 주시는 것입니다. 성령은 하나님의 권능이요 능력입니다. 예수님은 "오직 성령이 너희에게 임하면 너희가 권능을 받을 것"이라고 하셨습니다. 기도의 능력으로 성령이 임하면, 원수를 용서하고 사랑할 수 있는 힘을 갖게 될 것입니다. 성령이 내 안에 들어오면, 마음속의 열등감과 증오, 질투, 분노, 우울증, 더러움, 부정적인 생각들이 다 치유될 것입니다. 성령이 임하면서 영혼의 상처들이 치유되기 시작합니다. 성령은 상처가 치유된 그 자리에 사랑과 평안, 기쁨과 감사를 심어 놓으실 것입니다.

기도의 능력이란 또한 하나님의 뜻을 깨닫는 것입니다. 하나님의 뜻을 구하는 것이 기도라면, 그 하나님의 뜻을 깨닫는 것이 바로 기도의 능력입니다. 오직 하나님의 의와 뜻을 구하고 하나님의 뜻을 깨달아 그 뜻대로 행하는 것이 기도의 능력인 것입니다. 주님의 인도하심을 구하는 기도 자체가 바로 기도의 능력입니다. 성령께서 우리로 하여금 주님의 인도하심을 구하는 기도를 할 수 있도록 인도하셨기 때문입니다. 그리고 그 기도는 우리를 거룩, 즉 하나님의 거룩한 백성으로 인도하기 때문입니다. 바로 이것이야말로 기도의 능력이 아니겠습니까? 이보다 더 큰 기도의 능력이 어디에 있습니까? 하나님의 거룩한 백성이 되는 것이야말로, 이 땅에서 병 고침을 받고 부자 되는 것보다 수십 억 배 이상 가치가 있습니다. 아니 그 무엇과도 비교할 수 없는 엄청난 은혜와 복이 아니겠습니까? 우리는 하나님의 뜻을 알기 위해 기도해야 합니다. 하나님이 하실 수 있는 모든 일을 이루는 통로가 바로 기도임을 가슴 깊이 새겨야 할 것입니다. 하나님의 뜻은 우리 성도들이 거룩한 하나님의 백성으로 지어져 가는 것입니다. 성도는 자신의 기도로 하나님의 뜻이 이뤄져 가는 것을 보며 참된 하늘의 행복과 기쁨을 맛보게 됩니다. 또 기도를 통해 그런 일들이 반복되면서 성도는 자발적으로 더 깊은 기도의 자리를 사모하게 되는 것입니다. 기도를 통해 우리는 하나님의 뜻을 헤아리게 되고 자신을 다시 돌아보게 됩니다. 그리고 하늘 아버지께서 주시지 않는 것에 대해 포기할 수 있고 감사하게 됩니다. 우리는 기도를 통해 성숙되어 갑니다.

우리는 구원을 받았음에도 여전히 육신을 입고 있습니다. 그렇기 때문에 우리가 구하는 것은 하나님의 뜻에 어긋나는 것이 많기 마련입니다. 절대로 우리가 필요한 것을 얻어내는 것만이 축복이 아닙니다. 얼마나 많은 기도의 응답을 받았는가가 올바른 기도의 척도가 되어서는 안 됩니다. 기도를 통해 얼마나 하나님의 사람으로 변화되었는가가 올바른 기도생활을 가늠하는 척도가 되어야 할 것입니다.

이 땅에서 하나님의 일이 이루어지려면 반드시 기도가 필요합니다. 그래서 하나님께서 당신의 백성들에게 기도할 것을 절대적으로 요구하시는 것입니다. 기도하지 않는 사람은 하나님의 준엄한 명령에 불순종하는 것입니다. 기도는 하나님의 큰일을 이루는데 필요한 크고 보편적인 동력입니다. 기도는 하나님의 이름을 거룩하게 하는 정의의 행동입니다. 하나님의 뜻을 행하는 능력입니다.

기도의 능력을 갖기 위해 그리스도인들이 갖춰야 할 자세는 무엇입니까?

성도는 기도의 사람이어야 합니다. 기도는 성도의 가장 강력한 무기입니다. 강력한 능력은 기도에서 나옵니다. 성도는 기도의 힘으로 모든 것을 감당하며 살아갈 수 있습니다. 우리가 원하는 거룩하고 능력 있는 삶은 하나님과의 비밀스러운 만남을 통해서만 이루어질 수 있습니다. 하나님과 단 둘이 있으면서 영혼의 타는 듯한 고통과 눈물을 경험할 때, 가장 능력 있고 경건한 삶의 모습이 나오게 되는 것입니다. 기도는 하나님의 사람을 만드는 도구입니다. 기도야말로 성도를 온전케 하고 능력 있게 만듭니다.

안타깝게도 이 시대 그리스도의 제자들은 기도가 너무 약합니다. 자신의 지식이나 이성에 의지하는 사람들이 많은데, 교만한 생각은 하나님을 의지하는 겸손한 기도와 대비된다는 점을 기억해야 합니다.

종종 예배 때에만 기도하는 사람들이 있습니다. 그들의 기도는 세상을 변화시켰던 바울의 삶과 사역에서처럼 능력을 발휘하지 못합니다. 자신의 삶에서 능력 있는 기도를 하지 못하는 성도는 하나님의 사역을 할 때도 그 능력을 발휘하지 못합니다. 그들은 결국 세상을 변화시키고자 하는 하나님의 뜻을 제대로 펼치지 못하는 무기력한 사람으로 전락하고 맙니다.

"내가 그리스도와 함께 십자가에 못 박혔나니 그런즉 이제는 내가 사는 것이 아니요 오직 내 안에 그리스도께서 사시는 것이라 이제 내가 육체 가운데 사는 것은 나를 사랑하사 나를 위하여 자기 자신을 버리신 하나님의 아들을 믿는 믿음 안에서 사는 것이라" 갈 2:20

기도하지 않는 사람은 참 그리스도인이 아닙니다. 기도를 게을리 하면 하나님으로부터 우리 마음도 멀어집니다. 일상적으로 늘 치르는 수행이나 단순한 습관처럼 드리는 기도는 죽은 것입니다. 그런 기도는 우리가 정말로 간구하려는 것과 아무런 연관이 없습니다. 당연히 기도의 능력도 발휘되지 않습니다.

우리는 흔히 아주 지적이며 수려한 기도를 잘하는 기도라고 생각합니다. 하지만 그런 기도는 보여주기 위한 기도가 되기 십상입니다. 회개하는 마음과 진심이 결여된 기도는 건조하고 공허하기 짝이 없습니다. 그런 기도가 나올 때마다 경건의 흔적들은 모두 사라지고 맙니다. 역설적이게도 죽은 기도일수록 더 길어집니다. 간구가 있는 간결한 기도, 살아있는 기도, 진심이 실린 기도, 성령의 이끌림을 받는 기도, 즉 직접적이고 구체적이며 열정적이고 단순하며 감사가 있는 기도야말로 올바르고 능력 있는 기도입니다.

온 세상의 창조자이며 모든 인류의 심판자이신 위대하신 하나님께 경건함과 단순함과 신실함으로 기도드리십시오. 내면에서 우러나오는 진심으로 기도드리십시오. 그런 기도를 드린다면 우리는 하나님 앞에서 참되고 능력 있는 그리스도인이 될 것입니다. 진실한 기도는 우리의 하나님께 바치는 가장 고귀한 것입니다. 인간이 할 수 있는 가장 숭고한 노력이며 가장 진실한 사업이 바로 기도입니다. 그런 기도는 땅과 하늘을 움직이는 놀라운 능력을 발휘합니다.

"주야로 심히 간구함은 너희 얼굴을 보고 너희 믿음이 부족한 것을 보충하게 하려 함이라" 살전 3:10

하나님은 기도를 귀한 일로 여기고 자신의 주된 업무로 생각하며 그것에 시간을 바치는 사람들에게 천국의 열쇠를 맡기시며, 그들을 통해 놀라운 기적을 행하십니다. 위대한 기도는 그 기도를 드리는 사람이 하나님의 위대한 일꾼임을 표시하는 인장과도 같습니다. 하나님이 앞으로 주신 면류관에 대한 보증인 셈입니다.

기도는 우리에게 분별력과 지혜를 주고, 지성을 더 키워주며 힘을 줍니다. 우리의 사상은 기도를 통해 명료해집니다. 그러므로 모든 생각이 기도에서 비롯되어야 합니다. 우리는 기도를 통해 많은 것들을 배울 수 있습니다. 서재에서 몇 시간씩 연구하는 것보다 한 시간의 진정한 기도를 통해 더 많은 것을 배울 수 있습니다.

"또한 우리를 위하여 기도하되 하나님이 전도할 문을 우리에게 열어 주사 그리스도의 비밀을 말하게 하시기를 구하라 내가 이 일 때문에 매임을 당하였노라 그리하면 내가 마땅히 할 말로써 이 비밀을 나타내리라"

골 4:3~4

기도는 우리 그리스도인들이 할 수 있는 가장 위대한 일입니다. 기도를 잘하기 위해서는 시간을 정해 은밀한 장소에서 깊은 묵상에 잠길 수 있어야 합니다. 그런 진지함과 헌신이 없는 기도는 의미 없는 천박한 행위로 전락해버리고 맙니다. 참된 기도는 가장 크고 놀라운 선한 열매를 맺습니다.

"우리의 씨름은 혈과 육을 상대하는 것이 아니요 통치자들과 권세들과 이 어둠의 세상 주관자들과 하늘에 있는 악의 영들을 상대함이라 그러므로 하나님의 전신 갑주를 취하라 이는 악한 날에 너희가 능히 대적하고 모든 일을 행한 후에 서기 위함이라 그런즉 서서 진리로 너희 허리띠를 띠고 의의 호심경을 붙이고 평안의 복음이 준비한 것으로 신을 신고 모든 것 위에 믿음의 방패를 가지고 이로써 능히 악한 자의 모든 불화살을 소멸하고 구원의 투구와 성령의 검 곧 하나님의 말씀을 가지라 모든 기도와 간구를 하되 항상 성령 안에서 기도하고 이를 위하여 깨어 구하기를 항상 힘쓰며 여러 성도를 위하여 구하라" 엡 6:12~18

6) 기도의 응답

기도의 응답이란 무엇을 말하는 것입니까?

기도 응답이란 하나님께서 우리의 기도를 들으시고 그 청원에 응하여 답하시는 것을 말합니다. 기도는 하나님과의 대화이므로 기도 응답을 받는 것은 당연합니다. 하지만 그 응답이 무조건 'Yes' 라고 생각하는 것은 큰 착각입니다.

그리스도인 중에 하나님이 기도를 무조건 들어주신다고 믿는 사람들이 상당히 많습니다. 믿음으로 끈질기게 기도하면 하나님이 반드시 그 기도에 응답하신다고 성경에 기록되어 있다는 것입니다. 실제로 성경에는 기도 응답에 확신을 주는 구절들이 있습니다.

"그러므로 내가 너희에게 말하노니 무엇이든지 기도하고 구하는 것은 받은 줄로 믿으라 그리하면 너희에게 그대로 되리라" 막 11:24

"그를 향하여 우리가 가진 바 담대함이 이것이니 그의 뜻대로 무엇을 구하면 들으심이라 우리가 무엇이든지 구하는 바를 들으시는 줄을 안즉 우리가 그에게 구한 그것을 얻은 줄을 또한 아느니라" 요일 5:14~15
"너희가 내 안에 거하고 내 말이 너희 안에 거하면 무엇이든지 원하는 대로 구하라 그리하면 이루리라" 요 15:7
"구하라 그리하면 너희에게 주실 것이요 찾으라 그리하면 찾아낼 것이요 문을 두드리라 그리하면 너희에게 열릴 것이니 구하는 이마다 받을 것이요 찾는 이는 찾아낼 것이요 두드리는 이에게는 열릴 것이니라" 마 7:7~8
"믿음이 없이는 하나님을 기쁘시게 하지 못하나니 하나님께 나아가는 자는 반드시 그가 계신 것과 또한 그가 자기를 찾는 자들에게 상 주시는 이심을 믿어야 할지니라" 히 11:6
"또 여호와를 기뻐하라 그가 네 마음의 소원을 네게 이루어 주시리로다" 시 37:4
"그 날에는 너희가 아무 것도 내게 묻지 아니하리라 내가 진실로 진실로 너희에게 이르노니 너희가 무엇이든지 아버지께 구하는 것을 내 이름으로 주시리라 지금까지는 너희가 내 이름으로 아무 것도 구하지 아니하였으나 구하라 그리하면 받으리니 너희 기쁨이 충만하리라" 요 16:23~24
"진실로 다시 너희에게 이르노니 너희 중의 두 사람이 땅에서 합심하여 무엇이든지 구하면 하늘에 계신 내 아버지께서 그들을 위하여 이루게 하시리라" 마 18:19
"아무 것도 염려하지 말고 다만 모든 일에 기도와 간구로, 너희 구할 것을 감사함으로 하나님께 아뢰라 그리하면 모든 지각에 뛰어난 하나님

의 평강이 그리스도 예수 안에서 너희 마음과 생각을 지키시리라" 빌 4:6

이들 성경 구절들은 모두 기도 응답에 대한 확신을 줍니다. 그런데 '무조건' 응답을 받는 것은 아닙니다. 이 구절들을 자세히 보면, 전제 조건이 있습니다. '받은 줄로 믿으라, 그의 뜻대로 무엇을 구하면, 너희가 내 안에 거하고 내 말이 너희 안에 거하면, 구하라 찾으라 문을 두드리라, 하나님께 나아가는 자, 여호와를 기뻐하라, 너희가 내 이름으로 구하면, 두 사람이 합심하여 구하면, 감사함으로 하나님께 아뢰라' 등입니다. 이런 전제들을 한마디로 요약하면 '하나님의 뜻대로'입니다. 성경이 기도 응답에 대해 말하는 바는 '우리가 믿음으로 기도에 전념할 때, 하나님의 뜻 안에서 다양한 환경과 방법으로 응답을 받게 된다는 것'입니다.

"모든 기도와 간구를 하되 항상 성령 안에서 기도하고 이를 위하여 깨어 구하기를 항상 힘쓰며 여러 성도를 위하여 구하라" 엡 6:18

성경을 보면 하나님께서 다양하게 기도 응답을 해주셨음을 알 수 있습니다. 당신 백성의 기도를 즉각적으로 들어주신 때도 상당수 있지만, 거부하신 때도 많습니다. 솔로몬이 지혜를 구했는데 부와 명예도 함께 주신 것과 같이 기도한 것 이상 응답하신 경우도 있습니다. 또 하나님이 먼저 약속한 일이지만 회개와 연단을 통과한 후에 받게 되는 응답도 있습니다. 사도 바울이 복음을 전하러 아시아로 가고자 기도했지만 유럽으로 인도된 응답도 있습니다. 우리가 기도할 때 가장 중요한 점은 기도를 하나님과의 거래 관계로 여겨서는 안 된다는 것입니다. '거래'가 아니라 먼저 '올바른 관계'가 되어야 한다는 원칙을 기억해야 합니다. 종교개혁자 장 칼뱅은 '기독교 강요'에서 기도 응답에 대해 이렇게 언급하고 있습니다.

"기도하라는 하나님의 동일한 명령으로 우리가 무장되고, 또 응답받을 것이라는 하나님의 동일한 약속으로 우리가 갖추어져 있을 때, 우리의 기도는 반드시 하나님의 응답을 받을 것입니다. 하나님은 오직 믿음으로, 즉 하나님의 명령을 얼마나 순종하고 하나님의 약속을 얼마나 신뢰하는지에 따라 우리 기도의 가치를 평가하십니다."

왜 기도가 응답되지 않을까요? 하나님은 왜 우리의 기도에 침묵하시는 것일까요?

열심히 기도했는데도 원하는 바가 이뤄지지 않을 때, 우리는 기도 응답이 없다고 생각합니다. 이럴 때 우리는 기도의 정성이 부족하다고 생각하고 더욱 기도에 매달리게 됩니다. 금식도 불사합니다.

그리고 응답받을 때까지 매달려야 한다고 생각합니다. 왜냐하면 하나님은 전능하신 분이기에 응답해 주실 때까지 뿌리를 뽑는 기도를 해야 한다고 생각합니다. 그러나 시간이 가도 응답이 없다면 하나님을 설득하기 시작합니다. 차근차근 자신의 마음을 토해냅니다. "하나님, 당신은 불가능이 없으십니다. 죽은 자를 살리기도 하시고 해를 멈추기도 하시는 전지전능하신 분이십니다. 저의 기도에 응답하는 것이 하나님께는 식은 죽 먹기보다 더 쉬운 일이십니다. 그러니까 응답해 주십시오."

그래도 응답이 없습니다. 이젠 하나님께 하소연합니다. "하나님, 하나님은 하실 수 있으시면서 왜 안 하십니까? 당신의 아들이 이렇게 간절히 원하는데 들어주시지 않는 이유가 뭡니까?" 그리곤 혼자 시험에 빠집니다. 하나님이 응답하지 않는 이유가 하나님이 나를 사랑하지 않기 때문이라고 생각합니다. 이제는 원망하며 불만을 터트립니다. "하나님, 도대체 나한테 왜 이러십니까? 얼마나 열심히 예배드리고 헌금하고 봉사했는데 이렇게 나를 무시하십니까? 내가 잘못한 게 뭡니까?" 이런 생각들이 보통 사람들이 경험하는 기도의 메커니즘입니다.

여기서 우리가 먼저 알아야 할 것은 하나님께서 다양한 방법으로 기도 응답을 하신다는 것입니다. 하나님은 내가 원하는 방법이 아닌 다른 방법으로 나에게 더 좋은 것을 주실 지도 모릅니다. 기도 응답이 없다면 먼저 나에게 어떤 문제가 있는지를 살펴야 합니다.

첫째로 우리의 많은 기도가 응답되지 않은 것은 잘못된 동기로 구한 결과일 가능성이 큽니다. 야고보서 4장 3절에는 "구하여도 받지 못함은 정욕으로 쓰려고 잘못 구하기 때문"이라고 기록되어 있습니다. 우리의 기도가 올바른 것인지를 평가하는 한 가지 방법은 하나님 아버지를 향한 우리의 요구사항을 살펴보는 것입니다. '내가 구하는 것 중 얼마나 많은 것이 단지 남들에게 뒤지지 않기 위한 것인가? 또 얼마나 많은 간구가 체면을 유지하고, 내 삶의 영역에서 편안하게 지내며, 남들보다 더 혜택을 받고, 남들 앞에서 자랑거리를 얻기 위한 것인가?'라는 식으로 말입니다. 이렇게 근본적으로 세상 풍조를 따르는 것은 전능하신 하나님과의 관계를 악화시키고 기도생활을 악화시켜 영적 분별력을 상실하게 만듭니다.

둘째로 기도 응답을 받지 못하는 다른 원인은 하나님 앞에 처리하지 않는 나의 죄 때문일 수 있습니다. 그 죄는 오래 지속되어온 것이거나 최근의 것일 수 있습니다.

"여호와의 손이 짧아 구원하지 못하심도 아니요 귀가 둔하여 듣지 못하심도 아니라 오직 너희 죄악이 너희와 너희 하나님 사이를 갈라놓았고 너희 죄가 그의 얼굴을 가리어서 너희에게서 듣지 않으시게 함이니라 이는 너희 손이 피에, 너희 손가락이 죄악에 더러워졌으며 너희 입술은 거짓을 말하며 너희 혀는 악독을 냄이라" 사 59:1~3

하나님 말씀에 순종하는 행위가 기도 응답을 받는 데 매우 중요하다는 뜻입니다. 하나님의 응답을 받으려면 내 안에 있는 죄라는 돌들을 치워야 합니다. 자백하지 않고, 드러내지 않고, 회개하지 않은 죄들이 쌓이면 상상을 초월할 정도로 우리 마음을 답답하게 하고 탈진시킵니다. 하나님은 우리를 정죄하려고 회개하라는 것이 아닙니다. 용서하고 새로운 삶을 주기 위해서입니다.

셋째로 기도 응답이 없는 것은 때로 아무런 결과도 주어지지 않을 때에도 내가 여전히 하나님을 의지하는 지를 알아보기 위한 하나님의 의도적인 행동일 수 있습니다.

"그런데 내가 앞으로 가도 그가 아니 계시고 뒤로 가도 보이지 아니하며 그가 왼쪽에서 일하시나 내가 만날 수 없고 그가 오른쪽으로 돌이키시나 뵈올 수 없구나 그러나 내가 가는 길을 그가 아시나니 그가 나를 단련하신 후에는 내가 순금 같이 되어 나오리라 내 발이 그의 걸음을 바로 따랐으며 내가 그의 길을 지켜 치우치지 아니하였고 내가 그의 입술의 명령을 어기지 아니하고 정한 음식보다 그의 입의 말씀을 귀히 여겼도다" 욥 23:8~12

오랫동안 기도 응답을 받지 못할 경우, 우리는 자신의 마음과 동기를 살펴 깨끗하지 못한 부분들을 드러내 달라고 하나님께 간구해야 합니다. 하나님이 죄를 드러내셨으면 우리는 회개하고 그분의 용서를 구하며, 그분의 뜻 안에서 앞으로 나아가는 노력을 해야 합니다. 그렇게 하지 못하면 기도 응답을 받지 못하는 경우가 더 많아지고 절망과 불신은 더 쌓여갈 것입니다.

하나님이 기도에 응답해 주시기를 간청하며 나아갈 때, 우리가 충족시켜야 할 조건은 무엇입니까?

첫째로 우리는 하나님의 뜻 안에서 기도해야 합니다. 우리를 위한 하나님의 뜻은 무엇입니까? 우리의 모든 행위와 생각이 거룩해지는 것, 자신을 섬기지 않고 순수하게 하나님만 섬기는 것, 어두움 가운데서 빛이 되는 것, 그리고 그리스도 안에서 복음을 전하고 제자들을 키워내는 것입니다. 이를 한마디로 말하면 우리의 구원입니다.

하나님이 계시하신 목적들과 정반대되는 것을 해달라고 간구하는 것은 소용없는 일입니다. 확신을 가지고 기도하려면 자신이 구하는 것이 하나님의 사람들을 위한 그분의 넓은 뜻 안에 있다는 것을 인식해야 합니다.

둘째로 우리는 하나님을 기쁘게 해드리는 삶을 살아야만 합니다. 하나님은 세상적이고 육신적이며 불순종하는 그리스도인들의 간청을 들어주시지 않습니다. 그분은 오직 그분의 뜻대로 행하는 자들의 기도만 들으시고 응답해 주십니다.

"사랑하는 자들아 만일 우리 마음이 우리를 책망할 것이 없으면 하나님 앞에서 담대함을 얻고 무엇이든지 구하는 바를 그에게서 받나니 이는 우리가 그의 계명을 지키고 그 앞에서 기뻐하시는 것을 행함이라" 요일 3:21~22

기도하는 사람이 순종적이고 진실할 때 하나님은 항상 성경에 나와 있는 대로 그분의 뜻에 일치하는 기도에 반드시 응답해 주십니다. 우리는 이를 명심해야 합니다.
셋째로 기도로 구해야 할 것과 구하지 말아야 할 것이 있습니다.

"오직 성령의 열매는 사랑과 희락과 화평과 오래 참음과 자비와 양선과 충성과 온유와 절제니 이 같은 것을 금지할 법이 없느니라 그리스도 예수의 사람들은 육체와 함께 그 정욕과 탐심을 십자가에 못 박았느니라 만일 우리가 성령으로 살면 또한 성령으로 행할지니 헛된 영광을 구하여 서로 노엽게 하거나 서로 투기하지 말지니라" 갈 5:22~26

우리 그리스도인들은 육체와 함께 정욕과 탐심을 십자가에 못 박았습니다. 따라서 헛된 영광을 구하며 서로 노엽게 하거나 서로 투기하지 말아야 합니다. 헛된 영광을 구하는 것은 하나님을 떠난 자들이 스스로 자신을 보호하고 자신을 자랑하기 위해 정욕과 탐심, 세상의 힘으로 구하는 것들입니다. 바로 재물과 권력, 명예와 외모, 자녀와 건강 등입니다.

우리가 하나님의 백성이 되면 죄에 대한 자각이 생기고 회개가 이루어지며 하나님의 뜻에 맞게 살려는 욕구가 생기게 됩니다. 그러면 우리는 성령으로 살기 위한 성령의 열매를 하나님께 구하게 되는 것입니다. 성령의 열매는 사랑과 희락과 화평과 오래 참음과 자비와 양선과 충성과 온유와 절제입니다.

우리의 기도에 대한 하나님의 가장 큰 응답은 바로 '나를 변화시키는 것'입니다.

우리는 우리의 원대로 기적이 일어나는 것을 기도의 큰 응답이라고 생각합니다. 기도의 응답이란 하나님의 결심이 실행되는 것을 말합니다. 따라서 우리의 원대로 기적이 일어나는 것이 하나님의 결심이면, 그것은 기도의 응답이 될 것입니다. 하지만 우리의 간구를 들어주지 않는 것이 하나님의 결심이라면, 이를 믿음으로 받아들이는 것 또한 기도의 응답이 됩니다.

하나님이 하지 않기로 결심한 것을 끝까지 밀어붙이는 식의 기도는 건강한 기도가 아닙니다. 그런 기도는 우리의 삶을 피폐하게 만듭니다. 오랫동안 응답받지 못한 기도 제목을 가지고 매일 볼멘

소리로 기도하는 데 에너지를 다 소진해 버리고 정작 삶에는 기쁨이 없다면 잘못된 기도의 삶을 사는 것입니다.

사도 바울은 자신의 심각한 병을 고쳐 달라고 하나님께 간절히 기도로 매달렸습니다. 하지만 하나님은 "네 은혜가 네게 족하다"는 말로 거절하셨습니다. 바울은 바로 그 순간부터 그 기도 제목을 철회했습니다. 다윗도 죽어가는 아들을 살려 달라고 식음을 전폐하고 기도했습니다. 그러나 정작 아들이 죽은 후에는 더 이상 슬퍼하지 않았습니다. 하나님은 우리에게 별 유익이 없는 것들에 대해서 "노"No하십니다. 그때는 거절하신 것에 감사하며 살아야 합니다.

우리가 필요한 것들을 얼마나 많이 얻어내고, 얼마나 많이 기도의 응답을 받았는지가 올바른 기도의 척도가 되어서는 절대로 안 됩니다. 그건 하나님의 뜻이 아니기 때문입니다. 올바른 기도 응답의 척도는 '내가 얼마나 많이 하나님의 백성으로 변화되었는가'입니다.

기도는 하나님이 아니라 기도하는 사람을 변화시킵니다. 하나님과의 사귐 속에서 우리의 인격은 근본적으로 바뀌게 됩니다. 기도 속에서 우리의 삶은 송두리째 바뀌는 것입니다. 기도는 나와 나의 가족을 변화시킵니다. 우리의 기도에 대한 하나님의 가장 큰 응답은 바로 '나를 하나님의 거룩한 백성으로 변화시키는 것'입니다.

2.
기도의 삶을 살자

1) 기도의 삶

기도의 삶이란 어떤 삶을 말하는 것입니까?

기도의 삶이란 일상의 모든 부분이 기도가 되는 삶을 말합니다. 기도의 마지막 목표는 결국 기도자의 온 삶이 기도가 되는 것입니다. 이는 꼭 삶의 모든 순간을 기도로 채워야 함을 뜻하지 않습니다. 온 삶이 기도가 된다는 것은 삶을 이루는 매 순간을 하나님 앞에 있는 것처럼 사려 깊게 살아냄을 뜻합니다. 그러므로 기도의 궁극적인 목표는 우리의 삶 전체를 하나의 기도로 빚어내 우리와 함께하시는 하나님께 머무르고 그분께 감사하며 살아가는 것입니다.

"기도를 계속하고 기도에 감사함으로 깨어 있으라" 골 4:2

우리가 하나님께, 그리고 그분의 사랑에 온전히 머무른다면 얼마나 좋겠습니까? 어떠한 표현도 담아내지 못할 만큼 삶의 모든 순간이 그분이 보내시는 빛과 사랑으로 채워지고 그것을 우리가 온전히 받아들일 때, 우리의 모든 삶은 기도가 될 것입니다.

오늘을 가장 아름답게, 그리고 하나님의 자녀답게 살아가기 위해 경건해야 합니다. 경건은 삶이 다하는 날까지 달려갈 목표입니다. 경건한 그리스도인은 삶이 하나님의 은총이요 선물임을 알기에 늘 하나님을 경외하며 겸손하게 살아갑니다. 감사의 삶은 이웃을 복되게 하는 일로 나타납니다. 경건한 사람은 자신에게 맡겨진 소명을 잘 감당하기 위해 늘 부지런합니다. 영적인 게으름에 빠지지 않기 위해 쾌락을 멀리합니다. '나의 뜻'과 '하나님의 뜻'이 부딪칠 때 기꺼이 하나님의 뜻을 따릅니다.

이 경건한 삶을 가능케 하는 토대가 바로 기도입니다. 예수님을 예수님 되게 한 것은 기도입니다. 분주함 가운데서도 한적한 곳을 찾아가 기도하는 예수님의 모습이야말로 우리 삶의 모범입니다. 예수님의 모든 행적을 거슬러 올라가 보면 모두 기도의 골방에 이르게 됩니다. 그렇습니다. 기도는 하나님의 능력이 우리에게 전달되는 통로입니다.

기도는 무너진 우리 마음의 토대를 수리하는 일입니다. 기도하지 않으면 평생 남의 장단에 춤추다 생을 마치게 됩니다. 그래서 기도는 우리 생의 중추입니다. 기도의 삶이야말로 경건한 그리스도인의 삶인 것입니다. 그리스도인들이 기도의 삶을 통해 얻는 유익은 첫째로 하나님을 아는 지식이 증가되는 것입니다.

"이로써 우리도 듣던 날부터 너희를 위하여 기도하기를 그치지 아니하고 구하노니 너희로 하여금 모든 신령한 지혜와 총명에 하나님의 뜻을 아는 것으로 채우게 하시고 주께 합당하게 행하여 범사에 기쁘시게 하고 모든 선한 일에 열매를 맺게 하시며 하나님을 아는 것에 자라게 하시고" 골 1:9~10

하나님을 기쁘게 하는 삶의 출발점은 '하나님을 아는 지식'을 지니는 것이며 하나님을 기쁘시게 하는 삶을 살기 위해서는 '하나님을 아는 지식 속'에서 자라야 한다는 말입니다. 그러므로 하나님을 기쁘시게 하려면 기도를 통한 하나님을 아는 지식의 증가가 꼭 필요합니다.

둘째로 기도의 삶은 선한 열매를 맺도록 인도합니다. 악한 행실로 하나님을 떠나 살았던 이전의 삶을 돌이켜 선한 열매를 맺는 것입니다. 기도를 통해 성령이 역사하심으로 그리스도와 생명력 있는 교제를 나눔으로써 선한 열매가 맺혀집니다.

셋째로 기도의 삶은 인내의 삶을 살게 합니다. 그리스도인의 삶의 특징은 '모든 견딤과 오래 참음'입니다. 특히 견딤과 오래 참음의 정신은 위험하고 유혹 많은 이 세상에서 그리스도인이 생명력 있게 살아가는 데 꼭 필요한 덕목입니다.

"그의 영광의 힘을 따라 모든 능력으로 능하게 하시며 기쁨으로 모든 견딤과 오래 참음에 이르게 하시고" 골 1:11

'견딤'은 견디어 나가는 은혜로 모든 역경과 시련에도 불구하고 하나님이 주신 자신의 사역을 실행하는 용기이며 절망이나 비겁함에 굴복하는 것을 거부하는 것입니다. 오래 참음은 자신을 반대하고 괴롭히는 사람과의 관계에서 인내하는 것입니다. 오래 참음은 친절, 자비, 사랑, 양선, 긍휼, 온유, 겸손, 관용, 용서의 정신을 발휘하는 것입니다. 성령의 열매는 기도하는 사람의 증거이기도 합니다.

넷째로 기도의 삶은 감사의 삶을 살게 합니다.

"우리로 하여금 빛 가운데서 성도의 기업의 부분을 얻기에 합당하게 하신 아버지께 감사하게 하시기를 원하노라 그가 우리를 흑암의 권세에서 건져내사 그의 사랑의 아들의 나라로 옮기셨으니" 골 1:12~13

우리 그리스도인이 하나님과 만나는 기도의 삶을 살기 위해서는 기도로 하루를 시작해야 합니다.

하루의 첫 시간을 누구와 함께 시작하느냐는 아주 중요한 일입니다. 아침을 깨워 기도하는 사람은 하루의 첫 시간을 하나님과 함께 시작합니다. 관건은 규칙성에 있습니다. 하루를 시작하며 하나님과 짧은 인사를 나누는지, 속 깊은 대화를 나누는지는 큰 문제가 아닙니다. 중요한 것은 기도를 아침 안부의 일부로 삼는 것입니다. 아침에 일어나 이를 닦을지 말지 심각하게 고민하는 사람은 없습니다. 그러한 행위는 일상의 일부이기 때문입니다. 기도도 마찬가지입니다.

하나님과 하루를 시작할 때 짧은 만남의 시간을 가질 수도, 긴 만남의 시간을 가질 수도 있습니다. 어린아이를 키우고 있다거나 아침 일찍 일하러 가야 할 때는 잠시 시간을 내어 하나님의 손에 하루를 맡기는 기도를 할 수 있습니다. 이와 달리 하루를 온전히 자신을 위해 사용할 수 있을 때나 충분한 여유가 있다면 많은 시간을 기도와 영성을 깊게 하는데 보낼 수 있을 것입니다.

아침에 일정한 기도 시간을 마련해 두십시오. 가족 구성원과 식사를 하기 전 부엌이나 방에서 15분 정도 기도할 수도 있고 식사를 마치고 기도할 수도 있습니다. 중요한 건 하루에 일어나는 모든 일, 대화, 감정을 하나님의 손에 맡기는 것입니다. 그러면 그날 어떤 일이 일어나든 하나님이 우리와 함께하심을 잊지 않게 될 것입니다.

"여호와여 아침에 주께서 나의 소리를 들으시리니 아침에 내가 주께 기

도하고 바라리이다" 시 5:3

우리는 아침기도를 시작할 때, 나와 가정과 교회, 직장을 보호하는 기도로 시작할 수 있을 것입니다. 직장 생활가운데 나를 통해 하나님의 영광과 뜻이 드러나기를 기도합니다. 나의 모든 일을 주님께 맡기며 내가 만나는 사람들과 동료들을 위해 기도합니다. 그리고 내가 사랑하는 가족과 교회를 위해 기도하는 시간을 갖습니다. 나를 두렵게 하고 힘들게 하는 환경과 사람, 생각이 있다면 모두 주님 앞에 내려놓고 그것이 만만해지고 평강이 올 때까지 기도하며, 나의 삶을 주님께 맡기며 의뢰하는 시간을 갖습니다. 그리고 오늘 직장에서 내가 해야 할 일을 두고 지혜와 주님의 역사하심을 간구합니다. 아침기도를 통해 오늘 하루의 삶을 주님께 맡기고 출근하는 출근길은 기쁨으로 충만하며 발걸음이 가볍게 될 것입니다.

기도의 삶을 살기 위한 좋은 방법 중 하나가 '기도일기'를 쓰는 것입니다.

기도일기는 '글로 드리는 기도'입니다. 일기를 쓰듯 그날그날의 기도 제목과 기도하면서 깨달은 점과 말씀, 그리고 응답 과정을 꼼꼼히 기록하는 것입니다. 이 '기도일기'는 기도하는 과정에서 얻은 생각을 적는다는 점에서 보통의 일기와 다릅니다.

기도일기에는 하나님이 나를 만나주신 아름다운 흔적을 기록합니다. 기도일기를 쓰다보면 하나님과 더 친밀해지는 것을 경험합니다. 하나님과 동행하며 더 깊고 친밀한 사귐을 경험할 수 있게 됩니다. 또 시간이 흐른 후에도 우리 삶을 인도하신 하나님의 흔적을 되새겨볼 수 있습니다.

하나님과 친밀한 시간을 갖고 싶다면, 자신의 기도 생활을 점검하고 싶다면, 매일 기도해도 여전히 마음에 평안보다 불안이 많고 삶이 변화되지 않는다면 날마다 기도일기를 써보십시오. 기도일기를 기록하다 보면 불과 몇 달 지나지 않아 표정이 바뀌고 삶에 기쁨과 평안이 찾아오는 변화를 체험하게 될 것입니다. 훗날 기도일기를 읽어보면 지나온 삶의 모든 부분에서 하나님의 사랑과 응답이 가득하다는 사실을 깨닫게 될 것입니다.

기도일기를 쓰면 단지 생각에 그치거나 말로 표현할 때보다 사고가 훨씬 더 명료하게 정리됩니다. 기도하는 중에 어떤 영감이 떠오르면 기도 후에 적어 둡니다. 하루를 지내면서 기도했던 제목과 떠올랐던 생각을 정리하고 그 의미를 계속 묵상합니다. 이렇게 기록하는 과정에서 생각이 명료하고 또렷하게 정리되는 경험을 하게 됩니다. 뿐만 아니라 기록하는 과정에서 새로운 영감이 떠오르기도 합니다.

틈틈이 지나간 기도일기를 다시 읽는 것은 아주 좋은 묵상 방법입니다. 과거의 기도일기를 읽노라면 분명히 내가 쓴 글인데도 한 번도 그런 생각을 한 적이 없는 것 같은 내용과 접하게 됩니다. 그 생각이 매우 낯설게 느껴지는 때도 있습니다. 그렇다면 그 생각과 사상은 어디에서 왔을까요? 하나님이 주신 것입니다! 자신의 영감의 기록을 읽는 것은 다른 좋은 신앙 서적을 읽는 것과 비슷한 깨달음을 던져 줍니다. 헨리 나우웬은 '영혼의 양식'에서 이렇게 말합니다.

"글을 쓰는 것은 영적인 훈련입니다. 글을 씀으로써 우리는 주의를 집중할 수 있으며, 용솟음치는 우리의 마음과 접할 수 있으며, 우리의 생각을 정화할 수 있으며, 혼란스런 감정을 정리할 수 있으며, 과거의 경험을 되새길 수 있으며, 우리가 살고 있는 삶을 정교하게 표현할 수 있으며, 주요한 일들을 우리의 기억 속에 간직할 수 있습니다."

기도는 기록을 통해 명료해지고 그 기록은 다시금 기도를 북돋웁니다. 이런 경험을 하면 기도일기는 결코 포기할 수 없는 매우 중요한 습관으로 자리 잡게 될 것입니다.

2) 하나님 나라와 뜻을 구하는 기도

하나님의 나라는 어떤 나라를 말하는 것입니까? 하나님 나라는 어디에 있는 것입니까?

국가가 존재하려면 무엇이 있어야 합니까? 국가의 3요소, 곧 영토가 있어야 하고, 거기에 사는 국민이 있어야 하며, 그 나라의 권력을 의미하는 주권이 있어야 합니다. 하나님 나라의 영토는 어디에 있습니까? 우주 만물의 모든 곳이 다 하나님 나라의 영토입니다. 하나님이 온 우주 만물을 창조하셨으므로 모든 피조세계가 다 하나님의 것이기 때문입니다. 그렇다면 하나님 나라의 국민은 누구입니까? 하나님을 주님으로 믿고 경외하며 예배하는 하나님의 백성이 바로 하나님 나라의 국민입니다.

국가의 3요소 중 가장 중요한 것이 주권입니다. 흔히 나라를 빼앗기면 주권을 잃었다고 표현합니다. 주권이란 통치권을 말합니다. 민주공화국은 주권이 국민에게 있으므로 국민의 대표인 국회의원들이 나라를 이끕니다. 왕국의 주권은 왕에게 있습니다. 그렇다면 하나님 나라의 주권은 누구에게 있습니까? 하나님께 있습니다. 하나님이라는 왕이 다스리는 하나님 나라의 주권은 하나님께 있는 것입니다. 하나님의 통치력이 바로 주권입니다. 결국 하나님의 나라란 하나님을 믿는 자들이 하나님의 통치, 곧 하나님의 다스리심을 인정하는 곳입니다. 하나님의 나라는 전적으로 하나님에 의해 건설된 나라입니다. 따라서 하나님 나라의 백성은 오직 하나님께로부터 난 자들인 하나님의 자녀만이 될 수 있는 것입니다.

"영접하는 자 곧 그 이름을 믿는 자들에게는 하나님의 자녀가 되는 권세를 주셨으니 이는 혈통으로나 육정으로나 사람의 뜻으로 나지 아니하고 오직 하나님께로부터 난 자들이니라" 요 1:12~13

성경은 하나님의 나라가 이미 이 땅에 와있다고 말합니다.

"요한이 잡힌 후 예수께서 갈릴리에 오셔서 하나님의 복음을 전파하여 이르시되 때가 찼고 하나님의 나라가 가까이 왔으니 회개하고 복음을 믿으라 하시더라" 막 1:14~15

성경은 또한 하나님의 나라가 우리 믿는 자들의 마음과 삶 속에 있다고 말합니다. 하나님을 믿는 성도들의 마음속에는 어디에서

나 하나님의 나라가 존재한다는 것입니다.

"바리새인들이 하나님의 나라가 어느 때에 임하나이까 묻거늘 예수께서 대답하여 이르시되 하나님의 나라는 볼 수 있게 임하는 것이 아니요 또 여기 있다 저기 있다고도 못하리니 하나님의 나라는 너희 안에 있느니라" 눅 17:20~21

예수 그리스도로 말미암아 우리는 그리스도인으로 거듭나고, 하나님의 통치를 즐거워하는 하나님의 백성이 되었습니다. 하나님의 다스리심이 있고, 하나님의 백성이 있는 그곳이 바로 하나님의 나라인 것입니다. 하나님의 나라는 이미 이 땅에 와있지만 already, 아직 완성된 것은 아닙니다 not yet. 하나님 나라는 이미 임했으며, 임하고 있고, 반드시 임할 것입니다. 예수님이 다시 이 땅에 오시는 날, 하나님의 나라는 완전하게 이루어질 것입니다. 요한계시록 21장 1~7절에서는 예수님의 재림과 함께 이 땅에 이루어질 하나님 나라를 '새 하늘과 새 땅'으로 표현하고 있습니다.

하나님의 뜻이란 무엇을 말하는 것일까요? 우리는 하나님의 뜻을
어떻게 알 수 있습니까?

하나님은 당신의 기쁘신 뜻대로 세상을 만드셨습니다.

"찬송하리로다 하나님 곧 우리 주 예수 그리스도의 아버지께서 그리스
도 안에서 하늘에 속한 모든 신령한 복을 우리에게 주시되 곧 창세 전에
그리스도 안에서 우리를 택하사 우리로 사랑 안에서 그 앞에 거룩하고
흠이 없게 하시려고 그 기쁘신 뜻대로 우리를 예정하사 예수 그리스도
로 말미암아 자기의 아들들이 되게 하셨으니" 엡 1:3-5

이 세상의 모든 피조물은 하나님의 뜻대로 이 땅에 존재하게 되
었습니다. 그러나 인간들은 하나님을 기뻐하지 않고 하나님을 기
쁘시게 하지도 않았습니다.

"하나님을 알되 하나님을 영화롭게도 아니하며 감사하지도 아니하고
오히려 그 생각이 허망하여지며 미련한 마음이 어두워졌나니 스스로
지혜 있다 하나 어리석게 되어 썩어지지 아니하는 하나님의 영광을 썩
어질 사람과 새와 짐승과 기어다니는 동물 모양의 우상으로 바꾸었느
니라" 롬 1:21~23

그래서 하나님은 예수 그리스도를 통해 이 땅을 구원할 계획을 세우셨습니다. 그러므로 하나님의 뜻은 하나님 백성의 구원입니다. 성경 복음서들을 보면 이 땅을 향한 하늘 아버지의 가장 강력한 바람은 모든 잃어버린 영혼들이 하나님 아버지께로 돌아와 구원을 받는 것입니다. 이를 가장 잘 보여주는 것이 잃은 양과 잃은 드라크마, 탕자의 비유들입니다.

"예수께서 그들에게 이 비유로 이르시되 너희 중에 어떤 사람이 양 백 마리가 있는데 그 중의 하나를 잃으면 아흔아홉 마리를 들에 두고 그 잃은 것을 찾아내기까지 찾아다니지 아니하겠느냐 또 찾아낸즉 즐거워 어깨에 메고 집에 와서 그 벗과 이웃을 불러 모으고 말하되 나와 함께 즐기자 나의 잃은 양을 찾아내었노라 하리라 내가 너희에게 이르노니 이와 같이 죄인 한 사람이 회개하면 하늘에서는 회개할 것 없는 의인 아흔아홉으로 말미암아 기뻐하는 것보다 더하리라" 눅 15:3~7

이 세상을 향한 하나님이 가장 원하시는 뜻은 영혼의 구원입니다. 탕자의 비유에서도 아버지는 탕자가 돌아올 때에 멀리까지 달려가 마중하고 잔치를 베풀며 기뻐합니다. 이는 누가복음 15장 20~24절에 잘 나타나 있습니다. 이 탕자의 비유는 한 영혼이 구원을 받을 때, 하늘 아버지의 마음이 어떠한지를 잘 알려주고 있습니다. "하나님은 모든 사람이 구원을 받으며 진리를 아는 데에 이르기를 원하시느니라"는 디모데전서 2장 4절 말씀과 같이 하나님은 모든 사람이 구원받기를 원하십니다. 우리 그리스도인의 입장에서 보면, 하나님의 뜻은 하나님의 구원계획에 순종하여 믿음으로 구원에 이르는 것입니다.

"예수께서 대답하여 이르시되 하나님께서 보내신 이를 믿는 것이 하나님의 일이니라 하시니" 요 6:29

"내 아버지의 뜻은 아들을 보고 믿는 자마다 영생을 얻는 이것이니 마지막 날에 내가 이를 다시 살리리라 하시니라" 요 6:40

하나님의 뜻과 하나님의 일은 예수를 믿어 구원에 이르는 일이라는 것이 성경에 명백히 기록되어 있습니다. 나아가 예수를 믿어 구원에 이른 당신의 백성들과 영원히 함께 사는 하나님 나라를 이루는 것, 곧 하나님 나라의 완성이 바로 하나님의 뜻인 것입니다.

하나님의 뜻을 구하는 기도란 어떤 기도를 말하는 것일까요?
───────────────────────────────────────

자신이 필요한 것을 달라고 하나님께 강요하며 떼쓰는 것을 기도로 착각하는 사람들이 있습니다. 그래서 "이것을 꼭 주세요, 주시지 않으면 안 됩니다"라는 식으로 기도하는 사람이 있습니다. 이는 '나의 뜻을 구하는' 잘못된 기도입니다.

기도란 하나님의 뜻을 찾기 위해 하나님께 묻는 것으로 요청, 혹은 간구라고 말할 수 있습니다. 기도할 때 우리는 하나님의 뜻이 무엇인지를 알아야 하며, 그 뜻이 이뤄지기를 소망해야 합니다. 무엇보다 하나님의 뜻을 구하는 것이 진정한 기도입니다. 겟세마네 동산에서의 예수님의 기도가 바로 그러한 기도였습니다.

"이르시되 아빠 아버지여 아버지께서는 모든 것이 가능하오니 이 잔을 내게서 옮기시옵소서 그러나 나의 원대로 마시옵고 아버지의 원대로 하옵소서 하시고" 막 14:36

여기서 예수님의 뜻은 '이 잔을 내게서 옮기시옵소서'였습니다. 반면에 하나님의 뜻은 무엇입니까? '십자가에 달림으로써 하나님의 백성들을 죄로부터 구해내는 것'입니다. 예수님은 아버지의 뜻대로 되게 해달라고 기도하면서 결국 자신의 뜻을 포기하신 것입니다. 이렇듯 하나님의 뜻을 구하는 기도는 '나의 뜻을 포기하는 것'입니다.

"… 뜻이 하늘에서 이루어진 것 같이 땅에서도 이루어지이다" 마 6:10

하나님의 뜻은 하늘에서는 잘 이루어지지만 이 땅에서는 잘 이루어지지 않습니다. 왜 그렇습니까? 하늘에서는 하나님의 통치가 온전하지만 이 땅에서는 나의 이익과 나의 정욕, 나의 뜻을 구하는 것이 더욱 자연스럽기 때문입니다. C.S. 루이스는 세상에는 두 종류의 사람들이 있는데 한 종류는 "하나님의 뜻이 이 땅에서 이루어지이다"라고 기도하는 사람들이고, 다른 하나는 "너희의 뜻이 이뤄질지어다"라고 하나님께서 방치하는 사람들이라고 말합니다. 로마서 1장 28~32절에 기록된 대로 하나님의 뜻이 이 땅에서 이루어지게 해달라는 기도는 나의 뜻을 포기하게 해달라는 기도인 것입니다.

우리는 왜 하나님의 나라와 하나님의 뜻을 구하는 기도를 해야 합니까?

그것이 기도의 궁극적인 목표이자 목적이기 때문입니다. 하나님의 뜻과 하나님의 나라가 이 땅 위에 이루어지고 건설되도록 간구하는 것이야말로 우리 그리스도인이 기도하는 궁극적인 목적임을 기억하십시오.
  하나님의 나라는 이 세상의 나라와 계속해서 충돌하고 있습니다. 하나님의 나라는 하나님의 뜻에 따라 우리를 죄악에서 구원해 영원한 하나님의 백성으로 인도하지만, 이 세상 나라는 사탄의 뜻에 따라 우리를 흔들고 유혹해서 영원한 멸망의 지옥으로 인도합니다. 따라서 우리 그리스도인은 하나님의 나라와 하나님의 뜻이 이 땅에서 이루어지기를 간절히 기도해야 합니다. 하나님의 통치가 온전히 실현됨으로 하나님의 뜻이 이루어지는 하나님 나라처럼, 하나님의 뜻이 사탄의 유혹과 공격으로 어지러운 이 땅에서도 온전히 이루어지도록 계속 기도해야 한다는 것입니다.

"이로써 우리도 듣던 날부터 너희를 위하여 기도하기를 그치지 아니하고 구하노니 너희로 하여금 모든 신령한 지혜와 총명에 하나님의 뜻을 아는 것으로 채우게 하시고 주께 합당하게 행하여 범사에 기쁘시게 하고 모든 선한 일에 열매를 맺게 하시며 하나님을 아는 것에 자라게 하시고 그의 영광의 힘을 따라 모든 능력으로 능하게 하시며 기쁨으로 모든 견딤과 오래 참음에 이르게 하시고 우리로 하여금 빛 가운데서 성도의 기업의 부분을 얻기에 합당하게 하신 아버지께 감사하게 하시기를 원하노라" 골 1:9~12

이 기도가 바로 하나님 나라와 하나님의 뜻을 구하는 기도입니다. 우리가 하나님 나라 백성으로 잘 자라날 수 있도록 지혜와 총명을 주시기를 구하고, 주님의 뜻에 합당한 삶과 함께 선한 열매를 맺을 수 있기를 구하며, 이 세상에서 그리스도인으로 살아가는 데 기쁨으로 모든 견딤과 오래 참음에 이르게 해주시기를 기도하는 것입니다. 코로나 바이러스로 인해 직장을 잃었거나 사업이 힘들어지셨습니까? 그럴 때 "하나님 아버지, 많이 힘듭니다. 왜 이렇게 된 것입니까?"하고 아버지의 뜻을 물어보십시오. 그렇게 기도하면서 그 일들을 통해 아버지께서 나에게 가르치시고자 하는 것이 무엇인지를 깨달아 가는 것이 기도입니다. 우리가 믿지 않는 불신자를 위해 "하나님의 뜻이 이루어지게 하옵소서"라고 기도하는 것은 선교대상자가 예수 그리스도를 믿어 구원에 이르는 하나님의 백성이 되게 해달라는 기도인 것입니다.

우리가 나 자신을 위해 "하나님의 나라가 임하게 하옵소서"라고 기도하는 것은, 하나님의 다스리심에 나를 온전히 맡기게 해달라는 기도입니다. 또한 우리의 가정과 일터와 이웃과의 관계 속에서 하나님의 통치를 더욱 경험하고 충만하게 해달라는 기도입니다. 우리가 이 세상을 위해 "하나님의 나라가 임하시오며, 하나님의 뜻이 이 땅에 이루어지게 하옵소서"라고 기도하는 것은 이 세상이 하나님의 통치와 다스리심을 더욱 인정하고 한 사람이라도 더 구원하기 원하시는 하나님의 뜻이 이루어지게 해달라고 기도하는 것입니다.

하나님의 뜻을 알아가는 것이 바로 신앙생활이며 거기에 필요한 것이 기도생활입니다. 기도를 통해 우리는 하나님의 뜻을 헤아리게 되고, 우리를 다시 돌아보게 되며, 나를 포기할 수 있게 됨으로써 감사하게 됩니다. 우리는 하나님의 나라와 하나님의 뜻을 구하는 기도를 계속함으로써 하나님의 백성으로 더욱 성숙되어 가는 것입니다.

3) 기도의 방향

우리가 기도해야 하는 이유는 무엇일까요?

첫째로 하나님의 뜻에 나를 복종시키고 나를 변화시키기 위해 기도하는 것입니다. 한마디로 나의 것을 포기하기 위해 기도하는 것입니다. 이전에는 나의 뜻을 관철하고 내게 필요한 것을 가지기 위해 기도했습니다. 내 생각이나 나의 뜻으로 하나님을 설득하기 위해 오랜 시간의 기도가 필요했습니다. 그러나 이제는 하나님의 뜻이 무엇인지 찾아서 그 뜻에 나를 복종시키고 나를 포기하며 나를 변화시키기 위하여 기도합니다. 욕심을 버리기 위해 기도하고, 나를 하나님 앞에서 바꾸기 위해 기도하는 것입니다. 우리가 기도하지 않으면 절대로 나의 것을 포기하지 못합니다. 예수님이 어떻게 기도하셨는지를 주목하십시오.

"아버지여 만일 아버지의 뜻이거든 이 잔을 내게서 옮기시옵소서 그러

나 내 원대로 마옵시고 아버지의 원대로 되기를 원하나이다" 눅 22:42

둘째로 우리가 기도해야 할 이유는 이웃의 구원을 위해서입니다. 우리는 예수 그리스도의 십자가 대속의 은혜로 하나님의 자녀가 되었습니다. 그러나 아직 하나님께 나아갈 수 있는 길을 몰라 사망의 길로 치닫고 있는 우리의 이웃들이 너무나 많습니다. 우리는 그들을 위해 기도하고 영원한 생명의 길로 인도해야 할 것입니다.

셋째로 우리는 나의 죄를 회개하며 내 안이 성령으로 채워지기를 위해 기도해야 합니다. 우리 안에 있는 성령의 은혜는 지속적이지 않습니다. 기도하지 않으면 고갈됩니다. 우리에게 성령의 은혜가 고갈되면 바로 사탄이 틈을 타고 육체의 정욕에 사로잡히게 됩니다. 우리가 성령으로 충만하지 않으면 죄를 짓는데 빨라집니다. 어느 한순간에 죄에 빠지게 될지 모릅니다. 다른 사람의 허물에 예민해지고, 자꾸 짜증을 내며 자기 자신에 대해서도 화를 내게 됩니다. 죄에 빠지면 성령이 주시는 기쁨을 잊어버리고 구원받지 못한 사람과 같은 불안한 느낌이 우리를 지배하게 됩니다. 그럴 때 조용히 하나님 앞에 나아가 연약해 넘어졌으며 부끄러운 죄에 빠졌음을 진심으로 고백하면 다시 성령의 은혜가 회복됩니다. 그러다보면 우리는 하나님과 더욱더 가까이 교제하기를 원해 더 기도하게 됩니다.

이적을 구하는 기도를 어떻게 봐야 하나요?

이적을 구하는 기도는 잘못된 기도의 전형입니다. 이적을 구하는 기도는 잘 응답되지 않습니다. 이적만을 구하다 보면 실망하고 낙담하기 쉽습니다. 이적은 구한다고 주어지는 것이 아니라 하나님께서 원하실 때 일어나는 것입니다.

이적을 구하는 사람들은 또 영적 사기꾼에게 속아 넘어가기 쉽습니다. 이는 지난 2천 년의 기독교 역사가 증명하는 사실입니다. 허황된 꿈을 꾸는 사람들이 사기꾼의 밥이 되는 것과 동일한 이치가 영적인 면에서도 적용됩니다. 설사 이적을 경험했다 하더라도 그것이 자동적으로 마음에 변화를 일으키는 것이 아닙니다. 기도 생활의 결과가 무엇이어야 하겠습니까? 기도를 통해 병을 치료받는 것입니까? 방언이나 신유와 같은 신기한 경험을 해 보는 것입니까? 돈을 많이 버는 것입니까? 자식이 잘되는 것입니까? 그것들이 우리의 기도와 믿음의 목적이 된다면 우리는 아주 불쌍한 사람들입니다. 하나님께서는 고작 그 정도를 위해 우리를 부르신 것이 아니기 때문입니다.

기도는 우리로 하여금 예수 그리스도를 통해 살아계신 참된 하나님과 만나고, 그 하나님 안에서 새롭고 참된 삶을 찾고, 그 삶을 통해 하나님 나라와 그분의 의를 위해 헌신하게 만들어 주는 것입니다. 그것이 진정한 기도요 믿음입니다. 그리고 이것이야말로 우리의 마음에 변화가 일어날 때 생기는 이적입니다. 마음에 변화를 받아 하나님을 참되게 만난 사람은 결코 이적을 좇지 않습니다. 오직 하나님의 나라와 그 의만을 구합니다.

잘못된 기도의 모습에는 어떤 것들이 있을까요?

기도는 단순한 의식이 되어서는 안 되며, 어떤 책에 담긴 기도문을 읽는 것이어도 안 되며, 반복적인 기도가 더 효과적일 것으로 생각하며 반복적인 문구를 포함한 기도를 해서도 안 됩니다. 무엇보다 기도가 남에게 보이기 위한, 혹은 다른 사람을 감동시키기 위한 '연기'가 되어서는 안 됩니다. 예수님께서는 우리의 기도가 어떤 형태가 되어야 하며, 어떤 기도를 피해야 하는지에 대해 가르쳐주셨습니다.

"또 너희는 기도할 때에 외식하는 자와 같이 하지 말라 그들은 사람에게 보이려고 회당과 큰 거리 어귀에 서서 기도하기를 좋아하느니라 내가 진실로 너희에게 이르노니 그들은 자기 상을 이미 받았느니라 너는 기도할 때에 네 골방에 들어가 문을 닫고 은밀한 중에 계신 네 아버지께 기도하라 은밀한 중에 보시는 네 아버지께서 갚으시리라 또 기도할 때에 이방인과 같이 중언부언하지 말라 그들은 말을 많이 하여야 들으실 줄 생각하느니라 그러므로 그들을 본받지 말라 구하기 전에 너희에게 있어야 할 것을 하나님 너희 아버지께서 아시느니라" 마 6:5~8

주님은 먼저 기도할 때 사람에게 보이려고 외식하는 자와 같이 하지 말라고 말씀하십니다. 외식하는 자들은 사람에게 보이려고 기도한다는 것입니다. 하나님께 드리는 기도의 진정한 의미를 모른 채, 연기자의 대사처럼 남의 말을 그냥 대사 읊조리듯이 해서는 안 됩니다. 외식하는 자란 육신과 그 육신의 원함을 기도라는 것으로 내어놓는 이들을 말합니다.

예수님은 또한 외식하는 자들의 유형을 '회당과 큰 거리 어귀에 서서 기도하는 자들'이라고 규정합니다. 그들은 사람들에게 잘 보이려고 기도하는 자들입니다. 여러분은 하나님과 사람 중에 누구를 더 의식하며 기도합니까? 훈계하는 기도, 설교하듯 하는 기도, 가르치려는 기도는 하나님보다 사람을 더 의식하는 기도입니다. 기도의 대상이 잘못된 것입니다. 그래서 우리는 늘 하나님을 향하는 기도가 아니라 사람을 향하는 기도가 되지 않도록 주의해야 합니다.

하나님이 응답하시는 기도가 되기 위해서 어떤 특정한 신체적 자세가 요구되는 것은 아닙니다. 그러나 기도하는 사람은 기도하는 자세 및 사용하는 말을 통해 겸손과 존중을 보여야 합니다.

또한 반드시 소리 내어 기도해야만 하는 것도 아닙니다. 예수님 당시 사람들은 시간만 되면 어느 때건 그 자리에서 소리 내어 기도를 했습니다. 그들은 소리 내어 하지 않는 기도는 기도라고 인정하지 않았습니다. 자신의 기도를 방해받지 않기 위해 누구나 알 수 있도록 기도하는 자세를 취했습니다. 기도한다는 좋은 동기와 경건한 습관에도 불구하고 예수님은 그 틈을 비집고 나오는 인간의 마음, 즉 사람에게 보여 경건한 사람으로 인정받으며 종교적 지도력을 확보, 지속하려는 의도를 간파하시고 그것을 위선적 행동으로 규정하신 것입니다.

진실한 기도는 누군가에게 들려주기 위한 행위가 아니기에 모든 진실한 기도에는 힘이 있습니다. 마음이 담기지 않은 채 화려하기만 한 기도에는 생명력이 없습니다. 결코 물 흐르듯 유창하게 전개되는 기도를 부러워하지 마십시오. 유창한 기도가 나쁠 것은 없지만 더듬거리더라도 진정이 담긴 기도만이 하늘을 움직인다는 사실을 기억하십시오. 사람들이 많이 꾸며 기도하는 까닭은 기도가 하나님을 향한 것이라는 점을 망각하고 그 기도에 동참하고 있는 사람들에게 자신의 기도를 들려주고 싶은 욕구가 있기 때문입니다. 유창하건, 더듬거리건 오직 진정이 담긴 기도만이 하늘에 상달되는 기도임을 알아야 합니다. 따라서 남들처럼 유창하게 기도하지 못하는 것을 부끄러워 할 것이 아니라 진정한 기도를 드리지 못함을 부끄러워해야 합니다. 하나님께서 가장 기뻐하시는 기도는 우리의 진실이 남김없이 드러나는 기도입니다!

기도에서 중요한 것은 시간과 장소가 아닙니다. 기도하는 자가 세상을 다스리시는 보이지 않는 하나님 앞에 온전하고 진실하게 서는 마음과 자세가 중요합니다. 예수님은 "골방에 들어가 문을 닫고 기도하라"고 하셨습니다. 예수님은 몰래 기도할 수 있는 곳이란 의미를 심어주시기 위해 '골방'이란 단어를 선택하신 것 같습니다. 그래서 이를 따르려고 굳이 '기도방'을 따로 만드는 것은 바람직하지 않습니다. 사람들에게 보이려는 위선적 행동이 되기 쉽기 때문입니다.

기도는 은밀하게 해야 합니다. 예수님이 "골방에 들어가라"고 말씀하신 까닭은 그곳에서라야 누구의 눈길도 의식하지 않고 '하나님 앞에 선 단독자'가 될 수 있기 때문입니다. 물론 골방에 들어가서도 스스로의 '자아'를 의식하는 불쌍한 사람들이 있기는 합니다. 결국 여기서 말하는 골방은 특정한 장소가 아니라 우리의 마음자리임을 알 수 있습니다. 복잡다기한 세상사를 잊고 오직 한 분의 청중이신 하나님과 하나 되기를 소망하는 마음자리가 곧 기도의 골방입니다.

주님은 이방인과 같이 중언부언하는 기도를 하지 말라고 가르치셨습니다.

"또 기도할 때에 이방인과 같이 중언부언하지 말라 그들은 말을 많이 하여야 들으실 줄 생각하느니라 그러므로 그들을 본받지 말라 구하기 전에 너희에게 있어야 할 것을 하나님 너희 아버지께서 아시느니라"마 6:7-8

중언부언이란 같은 말을 반복해서 많이 하는 것을 말합니다. 당시 이방 신에게 기도하는 자들의 기도문에는 이방 신들의 이름이 적힌 긴 목록이 있었습니다. 기도 가운데 신들의 이름을 부르다 보면 그중에 자신을 도울 신이 있을 것이라 생각한 것입니다. 예수님은 단지 기도의 길이가 긴 것을 책망하신 것이 아니라 이처럼 믿음 없이, 의미 없이 말을 늘어놓는 것을 경계하신 것입니다. 물론 같은 말을 의미 없이 반복하는 것도 주의해야 할 것입니다. 기도는 가급적 단순하고 명확한 것이 좋습니다.

주님이 가르쳐주신 주기도를 보십시오. 단순하고 진실한 기도 내용을 담고 있습니다. 누가복음의 주기도문은 더 짧습니다. 중요한 것은 기도 시간의 많고 적음이 아닙니다. 미사여구로 한자적인 표현을 써가며 장황하게 기도하는 것이 기도를 잘하는 것이 아닙니다. 우리에게 필요한 것은 길고 장황하고 반복하는 기도가 아니라 단순하고 진실한 기도입니다.

중언부언하며 기도해서는 안 됩니다. 기도의 시간이 길어야 효과도 만점이라는 생각을 버리십시오. 공부 못하는 아이들의 답안은 길고 장황합니다. 핵심을 알 수 없으니까 그물을 넓게 치는 것이지요. 어느 한 대목이라도 걸리기를 바라면서 말입니다. 앞을

못 보는 사람이 다가왔을 때 주님은 "내가 무엇을 해주기를 원하느냐?"고 물으셨습니다. 그러자 그는 간결하게 대답했습니다. "보기를 원하나이다." 이게 핵심입니다. 그 한마디면 됩니다. 그 속에 진정성과 간절함이 담겨있다면 말입니다.

우리는 여기서 중요한 두 가지 교훈을 얻을 수 있습니다. 하나는 기도가 말이 아니라 믿음이라는 사실입니다. 그리고 또 다른 하나는 했던 말을 되풀이하면서 기도하는 것은 불신앙으로 인해 나타나는 현상일 수 있다는 것입니다.

중언부언 기도하는 이유는 하나님을 신뢰하지 못하기에 동일한 요구를 되풀이하는 것입니다. 기도하면서 말을 많이 하는 것은 하나님께조차 자신이 기도를 많이 하는 자요 의로운 자임을 보여주려는 목적을 가지고 있기 때문입니다. 그러므로 중언부언하는 기도나 유창한 언술로 하나님을 설득하려는 기도의 자세는 하나님 앞에서 지극히 오만한 태도입니다. 인간의 유창하고 많은 말로 하나님의 귀를 자극하면 그로부터 무언가를 얻어낼 수 있다고 믿으며 사람을 설득하듯이 하나님을 설득하려는 자세는 잘못된 것입니다.

지금 우리의 기도가 많이 천박해졌습니다. 청원기도가 주된 기도의 형태가 되고 있습니다. 청원기도가 중요하다는 사실을 부정하지 않습니다. 하지만 기도의 중심은 청원이 아니라 감사여야 하며 우리가 진정으로 소망해야 하는 것은 하나님과의 일치입니다.

물론 구색을 갖추기 위해 감사도 드리고 잘못을 뉘우치기도 합니다. 하지만 그것은 인사치레에 불과하고 진짜 속셈은 청원에 있을 때가 많습니다.

주님은 우리가 당신을 진정으로 사랑하기를 원하십니다. 주님은 우리에게 필요한 것도 채워주십니다. 그러나 정말 주님이 우리에게 주고 싶으신 것은 당신 자신입니다.

"또 너희가 하나님 앞에 나아갈 때도 연극을 하지 마라. 그렇게 하는 사람들은 다 스타가 되기를 꿈꾸며 기도할 때마다 쇼를 일삼는다! 하나님께서 극장 객석에 앉아 계시다는 말이냐? 너희는 이렇게 하여라. 하나님 앞에서 연극하고 싶은 유혹이 들지 않도록, 조용하고 한적한 곳을 찾아라. 할 수 있는 한 단순하고 솔직하게 그 자리에 있어라. 그러면 초점이 너희에게서 하나님께로 옮겨지고, 그때 그분의 은혜가 느껴지기 시작할 것이다. 세상에는 이른바 기도의 용사들이 가득하다. 그들은 기도를 모른다. 그들은 공식과 프로그램과 비결을 잔뜩 가지고서, 너희가 바라는 것을 하나님에게서 얻어 내는 방법들을 퍼뜨리고 있다. 그 허튼소리에 속지 마라. 너희가 상대하는 분은 너희 하나님이시며, 그분은 너희에게 무엇이 필요한지 너희보다 더 잘 아신다. 이토록 너희를 사랑하시는 하나님 앞에서 그저 단순하게 기도하면 된다." 마 6:5~9, 메시지성경

4) 중보기도

중보기도란 무엇인가요?

우리는 흔히 이웃을 위해 기도할 때 '중보기도'란 표현을 사용합니다. 자기 자신을 위한 기도가 아니라 타인을 위한 중재의 기도를 우리는 중보기도라고 말합니다. 여기서 '중보'仲保란 적대적 관계나 시시비비가 있는 양자 사이에서 화해와 일치를 도모하는 일을 말합니다.

> "나는 제비 같이, 학 같이 지저귀며 비둘기 같이 슬피 울며 내 눈이 쇠하도록 앙망하나이다 여호와여 내가 압제를 받사오니 나의 중보가 되옵소서" 사 38:14

성경에서 중보란 말은 하나님과 인간 사이를 화목케 하고 화평을 가져다주신 예수 그리스도에게 사용되었습니다. 예수 그리스도의 중보가 가장 분명하게 드러난 곳은 바로 구속의 십자가에서였습니다. 거기서 예수님은 죄인 된 인간과 성부 하나님 사이에 막힌 담을 허시고, 하나님과 인간 사이에 유일한 중보자가 되셨습니다. 이렇게 그리스도의 십자가 구속 사역이 중보의 중심이 된다면 모든 '중보적 사역'은 오직 예수님에게만 적용될 것입니다. 실제로 성경은 예수 그리스도 한 분만이 하나님과 인간 사이의 유일한 중보자시라고 말합니다.

> "하나님은 한 분이시요 또 하나님과 사람 사이에 중보자도 한 분이시니 곧 사람이신 그리스도 예수라" 딤전 2:5

이처럼 예수께서 유일한 중보자가 되신 것은 신성으로는 성부 하나님과 동일 본질이시고 인성으로는 인간과 같으시되 죄가 없으신 하나님의 독생자이시기 때문입니다. 그래서 예수님은 '언약의 중보자'(히 8:6; 9:15; 12:24)로도 불립니다. 예수 그리스도의 중보 사역은 십자가 사역으로 종료된 것이 아닙니다. 부활·승천하신 예수님은 지금도 하나님의 보좌 우편에 계시면서 성도의 기도를 도우시고 세상 마지막 날까지 성도를 위해 중보기도 하십니다.

> "누가 정죄하리요 죽으실 뿐 아니라 다시 살아나신 이는 그리스도 예수시니 그는 하나님 우편에 계신 자요 우리를 위하여 간구하시는 자시니라" 롬 8:34

2. 기도의 삶을 살자

인간은 절대로 중보자가 되지 못합니다. 그러므로 '중보기도'란 말을 사람에게 함부로 사용하는 것은 성경적으로 맞지 않습니다. 이는 자칫 유일한 중보자이신 예수 그리스도의 영광을 훼손하는 행위가 될 수 있습니다. 따라서 중보기도라는 말 대신에 '이웃을 위한 기도', 혹은 '도고'라는 표현을 쓰는 것이 바람직합니다. 아니면 '중재기도'나 '중보적 기도'라고 표현하는 것이 적절합니다. 부득이 중보기도라는 표현을 사용하더라도 그것을 이웃을 위한 기도로 생각해야 합니다.

예수님의 중보기도 사역에 대해 좀 더 살펴보겠습니다.

예수님은 성도들의 중보자로 성육신하셨습니다. 예수님은 지상의 공생애 기간 중에 특히 자기 제자들을 위해서, 그리고 보편적으로는 교회들을 위해서 중보기도를 하셨으며 중보의 길을 가셨습니다. 요한복음 17장의 대제사장으로 드린 기도는 우리 주님의 중보기도 사역의 상세한 국면을 가장 풍성하게 드러내 줍니다. 그것은 다시 말하면 성도들을 위한 예수님의 중보기도입니다.
 첫째, 예수님은 성도들로 하여금 주님께서 제공하는 기쁨을 소유하도록 하기 위해 중보기도하십니다.

"지금 내가 아버지께로 가오니 내가 세상에서 이 말을 하옵는 것은 그들로 내 기쁨을 그들 안에 충만히 가지게 하려 함이니이다" 요 17:13

성도들은 구속의 기쁨을 삶으로 나타내야 합니다. 예수님은 성도들이 기쁨의 삶을 살 수 있도록 그 근거와 방법과 원동력을 제공해 주십니다.

둘째, 예수님은 성도들이 세상으로부터 구별되도록 중보기도하십니다.

"내가 아버지의 말씀을 그들에게 주었사오매 세상이 그들을 미워하였사오니 이는 내가 세상에 속하지 아니함 같이 그들도 세상에 속하지 아니함으로 인함이니이다 내가 비옵는 것은 그들을 세상에서 데려가시기를 위함이 아니요 다만 악에 빠지지 않게 보전하시기를 위함이니이다"
요 17:14~15

예수님은 십자가를 통해 자신을 구별하여 하나님 아버지의 뜻을 이루는 것처럼 주님에게 속한 자들도 세상으로부터 성별되어 하나님 자녀의 삶을 살 수 있게 해 달라고 중보기도하신 것입니다.

셋째, 예수님은 성도들이 진리에 기초할 수 있도록 중보기도하십니다.

"그들을 진리로 거룩하게 하옵소서 아버지의 말씀은 진리니이다" 요 17:17

진리는 하나님 아버지의 말씀을 가리킵니다. 예수님은 말씀을 성취하기 위해 고난을 당하시고 십자가를 지십니다. 예수님의 지상에서의 33년 삶은 아버지 하나님의 진리의 말씀을 이루는 삶이었습니다. 예수님은 성도들이 하나님의 말씀을 순간순간 구현하는 삶을 살게 해 달라고 중보기도하신 것입니다.

넷째, 예수님께서는 "아버지께서 나를 세상에 보내신 것같이 나도 그들을 세상에 보내었고"(요 17:18)라고 중보기도하십니다. 예수님은 하늘 보좌를 마다하시고 하나님의 뜻을 이루기 위해 성육신하셨습니다. 예수님은 세상에서 아버지 하나님이 주신 사명을 감당하셨습니다. 성도들은 세상에서 살지만 세상에 속한 사람들은 아닙니다. 세상에 파송된 성도들은 이 땅에서 소금과 빛의 역할을 감당하고 하나님의 구속적 복음을 땅 끝까지 전파할 사명을 부여받았습니다. 예수님은 우리가 이 사명을 잘 감당할 수 있도록 중보기도하시는 것입니다.

다섯째, 예수님은 성도 상호 간의 일치와 연합을 위해 중보기도하십니다.

"내가 비옵는 것은 이 사람들만 위함이 아니요 또 그들의 말로 말미암아 나를 믿는 사람들도 위함이니 아버지여, 아버지께서 내 안에, 내가 아버지 안에 있는 것 같이 그들도 다 하나가 되어 우리 안에 있게 하사 세상으로 아버지께서 나를 보내신 것을 믿게 하옵소서 내게 주신 영광을 내가 그들에게 주었사오니 이는 우리가 하나가 된 것 같이 그들도 하나가 되게 하려 함이니이다 곧 내가 그들 안에 있고 아버지께서 내 안에 계시어 그들로 온전함을 이루어 하나가 되게 하려 함은 아버지께서 나를 보내신 것과 또 나를 사랑하심 같이 그들도 사랑하신 것을 세상으로 알게 하려 함이로소이다" 요 17:20~23

예수님은 성도들이 뜻과 목적과 방향에서 하나가 되기를 원하십니다. 그래서 주님은 성도들이 한마음을 품고 헌신의 목적과 과정에서 하나 되기를 위해 기도하신 것입니다.

여섯째, 예수님은 성도들이 이 모든 것 위에 사랑으로 무장되기를 위해 중보기도하십니다.

"아버지여 내게 주신 자도 나 있는 곳에 나와 함께 있어 아버지께서 창세 전부터 나를 사랑하시므로 내게 주신 나의 영광을 그들로 보게 하시기를 원하옵나이다 의로우신 아버지여 세상이 아버지를 알지 못하여도 나는 아버지를 알았사옵고 그들도 아버지께서 나를 보내신 줄 알았사옵나이다 내가 아버지의 이름을 그들에게 알게 하였고 또 알게 하리니 이는 나를 사랑하신 사랑이 그들 안에 있고 나도 그들 안에 있게 하려 함이니이다" 요 17:24~26

우리는 이웃을 위한 중보기도를 어떻게 해야 할까요?

중보기도, 이웃을 위한 기도의 핵심은 이웃 사랑입니다. 중보기도는 어려움에 빠진 이웃을 위해 하나님의 자비를 간구하는 행위입니다. 이는 우리의 무게 중심을 우리 자신의 필요에서 이웃의 필요와 관심사로 옮기는 것입니다. 따라서 중보기도는 이기심이 없는 기도이며, 심지어 자신을 내어주는 기도입니다.

"그러므로 내가 첫째로 권하노니 모든 사람을 위하여 간구와 기도와 도고와 감사를 하되 임금들과 높은 지위에 있는 모든 사람을 위하여 하라 이는 우리가 모든 경건과 단정한 중에 고요하고 평안한 생활을 하려 함이니라" 딤전 2:1~2

나를 제외한 모든 사람을 위하여 간구와 기도와 도고와 감사를 하는 것이 바로 성도들의 중보기도인 것입니다. 중보기도는 사랑의 기도입니다. 사랑을 담은 기도입니다. 가족을 위한 기도, 때로는 원수를 위한 기도도 중보기도입니다.

"나는 너희에게 이르노니 너희 원수를 사랑하며 너희를 박해하는 자를 위하여 기도하라" 마 5:44

우리 그리스도인은 성전입니다. 성전은 하나님이 임재하시는 곳으로 마가복음 11장 17절에 기록된 대로 '만민이 기도하는 집' 입니다. 우리는 만민을 위하여 기도하도록 부르심 받았습니다. 그러므로 내 가족과 이웃에서부터 사회, 민족 전체와 전 세계를 향한 하나님의 뜻을 구하는 모든 것이 중보기도에 포함됩니다.

중보기도의 또 하나의 핵심 개념은 서로를 위해, 두 세 사람이 합심하여 기도하는 것입니다.

"모든 기도와 간구를 하되 항상 성령 안에서 기도하고 이를 위하여 깨어 구하기를 항상 힘쓰며 여러 성도를 위하여 구하라" 엡 6:18

"진실로 다시 너희에게 이르노니 너희 중에 두 사람이 땅에서 합심하여 무엇이든지 구하면 하늘에 계신 내 아버지께서 저희를 위하여 이루게 하시리라 두 세 사람이 내 이름으로 모인 곳에는 나도 그들 중에 있느니라" 마 18:19-20

중보기도는 가능하면 가까운 순서부터 하는 것이 좋습니다. 먼저 배우자와 자녀, 부모 등 가족을 위한 기도로 하나님의 은혜와 인도, 보호하심과 재앙이나 질병의 회복 등을 위해 기도합니다.

"사랑하는 자여 네 영혼이 잘 됨같이 네가 범사에 잘되고 강건하기를 내가 간구하노라" 요삼 1:2

다음으로 가까운 이웃 불신자를 위해 기도합니다. '자비와 긍휼을 베풀어 주시기를'(롬 9:18), '마음 문을 열어 예수 그리스도를 구세주로 영접하게 해주시기를' (행 16:14), '하나님을 알면서도 하나님께 영광과 감사를 드리지 않고 자신과 우상을 섬긴 죄를 용서해주시기를'(롬 1:21), '흑암의 세력들을 물리쳐 주시기를'(고후 4:4) 기도하는 것입니다.

오늘날은 특별히 영적 전쟁의 선봉에 서있는 교회 목회자와 리더를 위한 기도가 절실합니다. 목회자는 영적·육체적으로 건강한 상태를 유지해야 함에도 불구하고 오히려 더 쉽게 지치거나 유혹에 빠질 확률이 높습니다. 사탄의 1차 공격대상은 단연 교회 지도자이기 때문입니다. 또한 우리는 열방을 위해 중보기도 해야 합니다.

"내게 구하라 내가 이방 나라를 네 유업으로 주리니 네 소유가 땅끝까지 이르리로다" 시 2:8

그렇다면 우리는 열방을 위해서 어떻게 기도해야 합니까? 우리는 가본 적이 없는 땅일지라도 중보기도를 통해서 갈 수 있습니다. 우리는 먼저 특정 국가를 위해 기도할 수 있습니다. 특별히 복음을 한 번도 듣지 못한 2만 4천여 미전도종족과 명목상으로만 교회가 있는 북한과 중국과 러시아 등 공산권, 모슬렘권, 불교와 힌두권, 가난하고 소외된 사람들을 위해 기도해야 합니다.

5) 새벽기도

여러분은 새벽기도를 드리고 있습니까?

새벽은 하루의 첫 시간입니다. 하루의 첫 시간을 누구와 함께 시작하느냐는 아주 중요한 일입니다. 새벽을 깨워 기도하는 사람들은 하루의 첫 시간을 하나님과 함께 시작하게 됩니다. 새벽기도는 하나님과 깊이 교제하기에 매우 좋은 시간입니다. 잠에서 깨어 하루의 첫 시간에 주님 앞으로 나아가 그분께 나의 새 하루를 맡기는 것은 참으로 중요한 일입니다.

새벽기도는 하루의 첫 시간을 하나님께 드리는 것입니다. 먼동이 트기 전에 맑은 정신으로 하나님께 드리는 기도입니다. 이는 재물과 소산물의 처음 익은 열매로 하나님을 공경하는 것과 같습니다.

"네 재물과 네 소산물의 처음 익은 열매로 여호와를 공경하라" 잠 3:9

새벽 기도자는 첫 시간을 하나님께 드리는 경건한 사람입니다. 성경에서 첫 번째라는 것은 소중한 의미를 지닙니다. 첫 열매와 첫째 아들이 그렇습니다. 일반적으로도 첫 번째 것은 각별한 의미를 지닙니다. 그렇기에 우리는 새해 첫날을 특별하게 보냅니다. 그런데 일 년만이 아니라 매일의 첫 시간을 하나님께 드린다는 점에서 새벽에 기도하는 사람은 귀할 수밖에 없습니다. 매일 첫 것을 하나님께 드리면서 살기 때문입니다.

새벽기도는 신앙생활을 깊고 올바로 하는 중요한 영적 훈련이지만 실천하기에는 매우 어려운 것이 사실입니다. 목회자들조차도 각종 사역에 지쳐 새벽에 일어나 기도하는 것이 부담스러울 때가 있습니다. 하물며 생업에 종사하는 평신도들은 바쁘고 힘든 생활 가운데서 새벽기도를 드리는 것이니 더욱 힘든 일이 아닐 수 없습니다.

그러나 새벽기도는 우리 신앙생활에서 큰 의미와 중요성을 지니고 있습니다. 새벽을 깨워 기도하는 것은 하나님을 향한 사랑의 표시이자 헌신과 믿음의 표시입니다. 또한 하나님을 향한 성실과 근면의 표시이기도 합니다.

새벽기도는 하루를 시작하기 전 하나님 앞에서 자신을 비추어 보는 거울입니다. 그리스도인에게 새벽 시간은 하나님의 복을 담는 그릇과 같습니다. 새벽이라는 빈 그릇을 준비하는 사람마다 그 안에 하나님의 복의 기름이 차고 넘치는 것을 경험할 것입니다.

새벽은 하루를 위한 씨앗입니다. 새벽을 심어야 하루의 열매를 추수할 수 있습니다. 새벽은 인생의 깊이를 측량할 수 있는 지혜의 지팡이를 붙드는 시간입니다.

주일예배는 꼭 챙겨도 바쁘고 피곤하다는 이유로 새벽기도는 뒷전으로 생각하기 쉽습니다. 물론 새벽은 바쁜 시간입니다. 물 한잔 제대로 마시지 못하고 출근하는 직장인도 많을 것입니다. 그러나 하루에도 몇 번씩 중요한 선택을 해야 하는 책임의 자리에 있는 현대인들이야말로 새벽기도를 통해 하루 종일 올바른 방향으로 나아가기를 구하는 것이 필요합니다. 새벽기도는 하루의 안전한 항해를 위한 나침반이자 모든 시작을 위한 첫걸음인 것입니다.

예수님은 새벽에 한적한 곳으로 가서서 기도하시곤 하셨는데(막 1:35), 우리는 이러한 주님의 새벽기도의 모범을 본받아야 합니다. 예수님처럼 새벽기도를 계속하게 되면 영적·육적으로 건강해져 날마다 승리하는 삶을 살아갈 수 있게 될 것입니다. 우리는 언제 어디서나 기도할 수 있습니다. 하지만 새벽에 기도하는 습관은 특히 거룩한 습관입니다.

예수님의 새벽기도는 어떤 모습이었나요?

예수님의 기도는 특별히 새벽에 일어나 한적한 곳에서 하루의 삶을 시작하는 것으로 특징 지어집니다.

> "새벽 아직도 밝기 전에 예수께서 일어나 한적한 곳으로 가사 거기서 기도하시더니" 막 1:35

이 구절은 예수님이 새벽 일찍 기도하셨다는 것을 확실하게 보여줍니다. 누가복음 22장 39~41절을 통해 예수님의 새벽기도는 습관이었음을 알 수 있습니다. 예수님은 늘 '습관을 따라 감람산에 올라' 제자들과 기도하셨습니다. 새벽 일찍 일어나 하나님과 나누는 기도를 통해 예수님은 하루 종일 하나님의 뜻을 찾고 그 뜻을 이뤄드리기 위해 사실 수 있었습니다. 예수님은 하나님과의 영적 교제를 위해 이른 새벽에 한적한 곳으로 기도하러 가셨던 것입니다.

예수님은 왜 새벽에 기도하셨을까요? 새벽 시간이 밤보다 거룩해서입니까? 아닙니다. 새벽 시간이 하나님과 대화하는 기도를 하기에 가장 적절했기 때문입니다. 만일 예수님이 낮에 기도하셨다면 그 수많은 병든 사람들, 진리를 듣기 원하는 사람들, 상처받은 사람들은 누가 돌보았겠습니까?

사실 예수님은 기도를 하실 필요가 없으신 분입니다. 그분은 사람의 몸을 입고 이 세상에 오시기 전에도 하나님이셨고, 오신 후에도 하나님이셨기 때문입니다. 무언가 필요한 것이 있는 사람은 하나님이실 수 없습니다. 하나님은 스스로 충족하시고, 완전하신 분이기 때문입니다. 그런 하나님의 속성을 예수님도 가지고 계셨기에 예수님은 전혀 기도할 필요가 없으신 분이었습니다. 그럼에도 불구하고 그분이 이 세상을 사는 동안 기도의 삶을 사신 것은 자기를 낮추는 겸손 때문이었습니다. 즉 하나님이신 예수님은 하나님의 성품을 사람의 성품 아래 감추시고 스스로 그것을 행사하시는 대신 사람처럼 살기를 원하셨습니다. 그리고 기도의 헌신을 통해 당신 스스로 하나님 아버지를 의존하면서 살지 않으면 안 되는 지극히 연약한 인간들에게 모범을 보이신 것입니다.

주님도 육신으로는 사람의 몸을 가지고 계셨습니다. 그분도 늦잠을 자는 것이 편하고, 금식하며 주리는 것은 본성과 어울리지 않았습니다. 예수님의 새벽기도는 치열한 삶 속에서 이루어진 것입니다. 새벽 미명에 예수님이 홀로 일어나셨습니다. 제자들은 피곤해서 골아 떨어졌을 때 예수님이 홀로 새벽에 나오셨습니다. 예수님은 죄는 없으셨지만 우리와 같이 육체는 매우 피곤하고 힘드셨을 것입니다. 그래도 예수님께서는 아직 어두운 새벽 시간에 일어나셔서 한적한 곳에서 하나님 앞에 자신을 다 바치는 기도에 헌신하셨습니다.

많은 사람들이 예수님처럼 새벽 기도를 통해 하나님 앞에 마음을 쏟는 삶을 살고 싶어 합니다. 왜냐하면 새벽기도 생활 속에서 맛보는 영혼의 희열을 알기 때문입니다. 그러나 이런 마음의 소원을 가지고 있어도 하나님을 향한 갈망이 없고 성실하지 못하다면 새벽기도는 드리기 어렵습니다. 오늘날 이런 새벽기도가 점점 약해지는 이유는 하나님을 향한 치열한 갈망이 없기 때문입니다.

한국교회의 새벽기도는 어떠한가요?

새벽기도는 한국교회를 대표하는 기도의 모습입니다. 지금 50대 중반을 넘은 분들은 어렸을 때 새벽을 깨우는 종소리를 들으며 일어나 교회에 나간 아름다운 추억들이 있을 것입니다. 한국교회에서 새벽기도회가 처음 시작되었을 당시 한국에서 사역하던 데이비스 선교사는 한국인들이 너무나 진지하고 열심히 새벽기도를 드려 그 기도의 모습을 보고 부끄러움을 느낄 정도였다고 고백했습니다.

길선주 목사가 평양에서 처음 시작했던 새벽기도는 부흥운동과 함께 한국교회에 뿌리를 내려갔고, 이로 인해 한국교회는 영적으로도, 수적으로도 놀라운 부흥을 이룰 수 있었습니다. 한국교회 최초의 새벽기도회 소식을 '코리아 미션 필드'(1909년 11월호)에 상세히 소개한 분은 평양신학교 교수로 길선주 목사와 함께 사역하던 스왈론 선교사였습니다. 이 잡지에 실린 한국교회 최초의 새벽기도회 기사를 소개합니다.

"1909년, 평양 장대현교회 길선주 목사님은 자신의 마음이 차갑게 되었다고 느꼈다. 이웃에 대한 사랑이 식어지고, 열정이 감퇴됐다고 생각했다. 그는 1907년 1월 15일부터 일어난 평양대부흥운동의 현장에서 모든 사람들이 눈물로 죄를 회개하는 성령의 감동을 체험했었다. 그래서 늘 가슴을 쥐어짜며 통회 자복하던 놀라운 현장을 그리워하게 되었다. 당시 장대현교회는 출석교인이 3천 명에 도달할 정도로 대부흥을 경험하고 있었다. 하지만 길 목사는 마음에 사랑이 식어버렸다는 절망감에 사로잡혀서, 새벽 미명에 교회에 나가 기도를 드렸다. 장로 한명과 함께 열심히 은혜의 회복을 위해서 기도하였다. 두어 달 동안 기도하는 중에 소문이 퍼져 나가 다른 사람들이 모여들었다. 그래서 아예 새벽 4시 30분에 모두 교회에 모이라는 종을 쳤다. 그러자 매일 무려 7백 명의 성도들이 참여했다. 이렇게 한국교회에서 새벽기도가 시작된 것이다. 매일같이 드려지는 기도를 통해 한국교회는 새 힘을 얻었고, 성령의 역사는 지속되었다."

장대현교회의 새벽기도회는 황해도와 서울 등 전국으로 확산되었지만, 사경회와 부흥회 기간 중에 특별히 드려졌을 뿐 매일 새벽기도회로 모이는 교회는 없었습니다. 그러다가 1919년 3·1운동을 지나며 한국교회에서 새벽기도회가 매일 드리는 일상의 기도로 자리 잡기 시작했습니다. 이는 식민지 치하에서 더욱 기도가 간절했으며, 기도하지 않고는 하루를 살 수 없는 가난한 교인들이 많았기 때문이었습니다.

1910년 전후 일제 총독부는 도로 확장과 신작로 개설이라는 명목으로 서울과 다른 도시들의 성벽을 다 허물었습니다. 성벽이 없는 경성의 보신각은 무용지물이라 폐쇄되었습니다. 서울은 영혼의 종소리를 잃어버렸습니다. 이러한 때 도시와 시민들에게 다시 종소리를 찾아 준 곳이 교회와 성당이었습니다. 명동성당에서는 아침 6시와 정오 12시, 저녁 6시 등 하루 3번 종소리가 퍼졌습니다. 각 교회들도 새벽에 종을 쳤습니다. 여러 교회에서 퍼져 나간 종소리는 사람들과 도시의 새벽을 깨웠습니다. 새벽 종소리와 함께 드려지는 새벽기도는 어려운 시간 속에서도 한국교회의 영성을 유지하게 한 동력이었습니다.

새벽을 깨워 기도한 성경의 인물과 새벽기도를 강조한 우리 신앙 선배들의 모습을 살펴봅니다.

아브라함과 야곱, 모세와 다윗, 기드온과 한나, 베드로 등 많은 성경의 인물이 새벽에 기도했습니다. 아브라함은 언제나 아침 일찍 일어나서 기도하고 하나님의 말씀에 순종하는 삶을 살았습니다.

"아브라함이 그 아침에 일찍이 일어나 여호와 앞에 서 있던 곳에 이르러" 창 19:27

아브라함은 소돔과 고모라에 대한 중보기도를 드리고 새벽에 일찍 일어나 여호와 앞에 섰던 곳에 다시 이르렀습니다. 계속 기도를 드리고자 다시 새벽에 하나님 앞에 나아갔던 것입니다. 아브라함은 하나님이 새벽에 소돔과 고모라의 성들을 멸하실 때도 그 자리에 서서 그 광경을 목도하며 기도했습니다. 하나님께서 독자 이삭을 번제물로 바치라는 명령을 주셨을 때도 아브라함은 지체하지 않고 아침 일찍 일어나 행동했습니다. 이는 아브라함이 이전부터 새벽에 일찍 일어나 하나님께 간구하는 삶을 살았음을 여실히 보여줍니다.

형 에서로부터 도망하여 삼촌 라반의 집으로 향하던 야곱은 광야에서 돌을 베고 자던 중에 하나님의 사자가 사닥다리를 통해 하늘에 오르내리는 환상을 보게 됩니다. 환상 중에 야곱은 "내가 너와 함께 있어 네가 어디로 가든지 너를 지키며 너를 이끌어 이 땅으로 돌아오게 할지라 내가 네게 허락한 것을 다 이루기까지 너를 떠나지 아니하리라"(창 28:15)는 축복의 말씀을 듣게 되었습니다.

아침 일찍 일어난 야곱은 베개 삼았던 돌을 가져다 기둥으로 세우고 그 위에 기름을 붓고 서원기도를 드립니다.

"야곱이 서원하여 이르되 하나님이 나와 함께 계셔서 내가 가는 이 길에서 나를 지키시고 먹을 떡과 입을 옷을 주시어 내가 평안히 아버지 집으로 돌아가게 하시오면 여호와께서 나의 하나님이 되실 것이요 내가 기둥으로 세운 이 돌이 하나님의 집이 될 것이요 하나님께서 내게 주신 모든 것에서 십분의 일을 내가 반드시 하나님께 드리겠나이다 하였더라"

창 28:20~22

모세는 모범적인 새벽기도자였습니다. 하나님께서 시내산에서 십계명을 주실 때, 모세는 여호와의 말씀을 기록하고 이른 아침에 일어나 제단을 쌓고 하나님께 기도드렸습니다.

"모세가 여호와의 모든 말씀을 기록하고 이른 아침에 일어나 산 아래에 제단을 쌓고 이스라엘 열두 지파대로 열두 기둥을 세우고" 출 24:4

모세는 새벽기도에 응답하시고, 역사하시고, 도우시는 하나님을 늘 체험했습니다. 출애굽기 14장에 보면 새벽에 여호와께서 불기둥과 구름기둥 가운데서 애굽 군대를 어지럽게 하시고 갈라진 홍해바다를 다시 원 상태로 돌리셔서 애굽 군대를 모두 몰살시키신 것이 나옵니다. 또 여리고 성을 무너뜨리기 위해 여호수아를 비롯한 이스라엘 백성들이 성을 일곱 번 돌아 성을 무너뜨린 때도 칠일 째 되는 새벽이었습니다.

"일곱째 날 새벽에 그들이 일찍이 일어나서 전과 같은 방식으로 그 성을 일곱 번 도니 그 성을 일곱 번 돌기는 그 날뿐이었더라" 수 6:15

다윗은 늘 새벽에 깨어 찬양과 함께 기도를 드렸습니다.

"하나님이여 내 마음이 확정되었고 내 마음이 확정되었사오니 내가 노래하고 내가 찬송하리이다 내 영광아 깰지어다 비파야, 수금아, 깰지어다 내가 새벽을 깨우리로다" 시 57:7~8
"여호와여 아침에 주께서 나의 소리를 들으시니 아침에 내가 주께 기도하고 바라리이다" 시 5:3

예수님의 새벽기도의 모습을 보고 영향 받은 제자로 베드로를 들 수 있습니다. 세 번이나 주님을 모른다고 부인했던 베드로는 새벽에 닭 우는 시간에 밖에 나가서 심히 통곡하며 회개의 기도를 드렸습니다. 그리고 계속해서 기도에 힘씀으로써 다시 하나님의 능력으로 충만해져 한 번에 삼천 명을 회개시키는 위대한 전도자가 되었던 것입니다.

"그들이 듣고 새벽에 성전에 들어가서 가르치더니…" 행 5:21

우리 신앙의 선배들도 새벽에 기도했으며, 사람들에게 새벽기도 드릴 것을 권면했습니다. 종교개혁자 마틴 루터는 매일 새벽기도를 드리고 이후 십계명과 주기도 및 시편을 차례로 묵상했습니다. 그는 "만약 내가 매일 새벽 두 시간을 기도로 보내지 않는다면 그날의 승리는 마귀에게로 돌아갈 것이다. 나는 할 일이 너무 많기 때문에 매일 3시간씩 기도하지 않는다면 결코 일을 제대로 해나갈 수 없다"며 새벽기도를 강조했습니다.

장 칼뱅도 대학시절부터 매일 새벽에 일어나 기도하고 경건훈련을 쌓았습니다. 감리교 창시자 존 웨슬리는 누구보다도 새벽기도를 강조했습니다. 그는 "매일 성경을 읽고 매일 기도하는 습관을 가져야 한다"며 스스로 매일 새벽 4시에 일어나 두 시간씩 기도했습니다. 웨슬리는 겨울에 춥다고 새벽기도에 나오지 않은 사람들을 "처음 사랑을 잃어버린 자들"이라고 말할 만큼 새벽기도를 강조했습니다.

찰스 시므온은 새벽 4시부터 8시까지를 하나님께 기도하는 시간으로 드렸고, 에즈버리 감독은 새벽 4시에 일어나 두 시간 동안 기도와 묵상을 했습니다. 찰스 스펄전도 매일 새벽에 규칙적인 기도를 드렸으며 허드슨 테일러 선교사도 새벽에 기도한 후에야 일상을 시작했습니다.

'기도의 선지자'로 불리는 E.M 바운즈는 "새벽기도를 한 사람치고 잘못된 사람이 없고, 세계적으로 위대한 일을 했던 인물들은 모두 새벽기도의 사람이었다"고 말했습니다. 조지 뮬러는 "뇌신경병으로 새벽기도가 건강에 나쁘다는 의사의 진단을 받았지만 새벽기도를 결코 포기할 수 없었다. 그러자 오히려 뇌신경이 회복되고 건강해졌다"고 고백하며 새벽기도의 중요성을 강조했습니다.

우리는 새벽기도를 어떻게 실천해야 할까요? 새벽기도를 습관화하기 위한 방법은 무엇일까요?

새벽기도를 습관화하기 위해선 무엇보다 기도하지 않고는 단 한 순간도 살 수 없음을 절절하게 인식해야 합니다. 우리 조상들은 이른 아침에 일어나 부모님께 문안을 드렸습니다. 그러므로 하나님의 자녀 된 우리가 하루 중 첫 시간을 아버지 하나님께 드리는 것은 당연한 일입니다. 하루의 성패는 자신을 맨 먼저 하나님께 드리느냐 못 드리느냐, 성령께 선점 당하느냐 육체에 선점 당하느냐에 달려 있습니다.

　잠자리에 들기 전에 하나님께 감사기도를 드릴 때, 새벽 4시 30분에 깨워 주실 것을 간구하십시오. 일어나자마자 "하나님, 감사합니다"하면서 미소 지으며 즐겨 부르는 찬송가를 부르는 것을

2. 기도의 삶을 살자　129

습관화하는 것이 좋습니다.

새벽기도를 습관화하기 위해선 새벽기도 시간을 염두에 둔 하루 스케줄을 작성해야 합니다. 하루의 모든 시간을 새벽기도 시간을 염두에 두고 재배치하는 것입니다. 또 새벽기도를 위해 모든 것을 용서하고 이웃과 화평을 이루며 범사에 감사하는 것도 중요합니다.

새벽기도자는 성실하며 부지런한 사람입니다. 게으른 사람은 새벽기도를 할 수 없기 때문입니다. 또한 새벽기도자는 절제할 줄 아는 사람입니다. TV에서는 매일 재미있는 볼거리들을 쏟아져 나오며, 인터넷만 접속하면 시간 가는 줄 모르게 빠져드는 수많은 콘텐츠들이 넘칩니다. 친한 사람들과 만나 밤늦게까지 이야기를 주고받을 수도 있습니다. 그럴 경우엔 새벽기도를 하기란 거의 불가능합니다. 새벽기도자는 그런 밤 문화의 유혹에서 승리한 사람입니다.

새벽기도자는 영적으로 깨어 있는 사람입니다. 예수님은 재림과 관련된 비유를 말씀하실 때 반복적으로 "깨어 있으라"고 하셨습니다. 깨어 있다는 것은 잠을 자지 않는다는 것이 아니라 영적으로 늘 준비되어 있다는 것을 가리키며 그런 깨어 있는 삶은 기도와 직결되어 있습니다. 기도하지 않는 사람은 영적으로 잠들어 있는 자입니다.

3. 기도의 모범인 '주기도문'을 활용하자

1) "하늘에 계신 우리 아버지여"

주기도문이란 무엇입니까?

주기도문은 우리 주님이 제자들에게 가르쳐주신 기도를 말합니다.

"그러므로 너희는 이렇게 기도하라 하늘에 계신 우리 아버지여 이름이 거룩히 여김을 받으시오며 나라가 임하시오며 뜻이 하늘에서 이루어진 것 같이 땅에서도 이루어지이다 오늘 우리에게 일용할 양식을 주시옵고 우리가 우리에게 죄 지은 자를 사하여 준 것 같이 우리 죄를 사하여 주시옵고 우리를 시험에 들게 하지 마시옵고 다만 악에서 구하시옵소서 나라와 권세와 영광이 아버지께 영원히 있사옵나이다 아멘" 마 6:9~13

이 주기도문은 우리 그리스도인의 삶의 방식이며 고백이고 방향입니다. 하나님의 백성들이 간직해야 할 믿음의 본질이며 신앙의 지침입니다. 따라서 주기도문은 우리 그리스도인이 이 세상에서 '어떻게How' 살고, '무엇을What'하며 살아야 하는 가에 대한 대답이고 가르침입니다.

주기도문은 마태복음의 산상수훈 한 가운데에 기록되어 있습니다. 마태가 '주기도야 말로 하나님 백성의 삶의 근본 도리'임을 강조하고자 했기 때문입니다. 하나님 백성 됨의 가장 핵심에 기도가 있습니다. 하나님 백성의 주인 되시는 예수님이 하나님 백성의 근본 도리인 기도를 가르쳐 주신 것입니다. 따라서 이 주기도는 하나님 나라 백성 공동체의 정체성identity으로서 하나님 백성의 삶, 제자로서의 삶에 원천적인 힘을 제공하고 있습니다.

중세 시대 교부인 토마스 아퀴나스는 주기도를 '가장 완전한 기도'라고 불렀습니다. 성경에서 주님이 가르쳐주신 유일한 기도로 "그러므로 너희는 이렇게 기도하라"고 권하셨기 때문입니다. 성 어거스틴은 이런 말을 남겼습니다. "제대로 기도하고 있다면 기도 중에 무엇을 말하든 이미 주기도 안에 담긴 것을 말하는 셈이다." 결국 기도에 있어 가장 기준이 되고 가장 모범이 되는 것이 주기도라는 것입니다. 그래서 제대로 기도하고 있다면 그것은 이미 주기도에 담긴 내용을 기도하는 것이란 뜻입니다. 그래서 그리스도인이 가장 먼저 바르게 이해하고 습득해야 할 기도가 바로 주기도입니다. 주님이 가르쳐 주신 기도는 우리 삶과 기도 생활의 본질이며 지침이기 때문입니다.

그런데 언제부터인가 주기도가 우리 신앙생활 속에서 그냥 암송해서 읽는 형식적인 기도, 일종의 '주문기도'가 된 듯합니다. 모두가 암송해 자구하나 틀리지 않고 아름다운 목소리로 잘 읽기는 하지만, 그 기도가 가진 뜻을 온전히 새기며 그것을 마음을 담아 내는 것 같지는 않습니다.

주기도문의 주제는 하나님 나라의 도래, 즉 하나님의 통치가 이 땅에 임하는 것입니다. 주기도문은 먼저 "하늘에 계신 우리 아버지"를 부르고 그 뒤에 여섯 가지의 기도 제목이 붙어 있습니다. 첫째, 이름이 거룩히 여김을 받으시오며 둘째, 나라가 임하시오며 셋째, 뜻이 하늘에서 이루어진 것 같이 땅에서도 이루어지이다. 넷째, 오늘 우리에게 일용할 양식을 주시옵고 다섯째, 우리가 우리에게 죄 지은 자를 사하여 준 것 같이 우리 죄를 사하여 주시옵고 여섯째, 우리를 시험에 들게 하지 마시옵고 다만 악에서 구하시옵소서. 그리고 송영으로 '나라와 권세와 영광이 아버지께 영원히 있사옵나이다'와 '아멘'으로 마칩니다.

주기도문은 하나님에 대한 기도와 우리에 대한 기도라는 두 부분으로 나눌 수 있습니다. 일곱 기도 제목 중 앞의 3개는 하나님에 대한 기도이고, 뒤의 3개는 우리에 대한 기도입니다.

주기도문의 첫 부분인 "하늘에 계신 우리 아버지여"에 대해 살펴보겠습니다.

"그러므로 너희는 이렇게 기도하라 하늘에 계신 우리 아버지여 …" 마 6:9

주기도문은 하나님에 대한 고백으로 시작됩니다. 그 하나님은 '하늘에 계신 우리 아버지'이십니다. 주기도문은 우리 기도의 대상이 '하늘에 계신 우리 아버지'임을 분명히 하고 있습니다.

기도는 사람들 들으라고 하는 것이 아닙니다. '하늘에 계신 우리 아버지 하나님'께 하는 것입니다. 그런데 우리는 기도할 때, 누구에게 기도하고 있는가를 종종 망각합니다. 우리가 기도하는 대상은 우주 만물을 창조하시고, 모든 역사에 존재하시며, 모든 만물을 섭리하시는 '하늘에 계신 우리 아버지 하나님'이십니다.

'하늘에 계신'이란 이 표현은 '높은 하늘'과 '세상과 연결된 하늘'이라는 두 가지 의미를 가지고 있습니다. 고대 근동지방 사람들은 '신은 높은 하늘에 있다'고 생각했습니다. 창세기 11장에는 당시 사람들이 하나님과 같이 되고자 바벨탑을 쌓는 장면이 나옵니다. 4절에 보면 "탑 꼭대기를 하늘에 닿게 하여 우리 이름을 내자"고 합니다. 우리가 쌓은 탑을 하늘에 닿게 하면 우리가 신이 된다는 것입니다.

"내가 산을 향하여 눈을 들리라 나의 도움이 어디서 올까 나의 도움은 천지를 지으신 여호와에게서로다" 시 121:1

내가 왜 산을 향하여 눈을 들어 하나님께 도움을 간구하는 것입니까? 하나님은 높은 산에 계신다고 생각하기 때문입니다. 하나님이 하늘에 계신다는 것은 그분이 전지전능하신 분이라는 뜻입니다. 높은 하늘에 계시므로 우리의 모든 것을 보고, 알고 계시는 전지전능하신 분이라는 것입니다. 우리는 그분에게 조금도 감출 수 없습니다. 그러기에 우리의 기도는 진실해야 합니다.
'하늘에 계신 하나님'은 어느 한 민족, 한 나라에 국한되지 않은 무소부재하신 하나님이십니다. 하늘에 계시기 때문입니다. 따라서 우리는 믿음의 대상이신 하나님에 대한 경외감을 갖고 기도해야 합니다. 땅에 발을 내딛고 있는 우리가 하늘에 계신 하나님께 기도할 때는 내가 누구 앞에서 기도하는지를 명심해야 합니다. 내 기도를 들으시는 하나님은 사람이 만든 우상이 아니라 높은 하늘에 거하시는 분이며, 자신의 주권적인 통치와 구원을 이 땅에 가져오실 수 있는 전지전능하신 살아계신 하나님이시기 때문입니다.
'하늘에 계신 하나님'이란 표현은 '세상과 연결된 하늘'이란 의미도 갖고 있습니다. 하늘은 높지만, 이 땅과 마주하고 있습니다. 땅과 분리된 세상 같지만, 동시에 땅과 연결된 곳이 하늘입니다. 하늘에 계신 하나님은 이 땅에 사는 사람들의 기도에 관여하실 수 있습니다. 그래서 우리는 기도하는 것입니다.

만일 전지전능하신 하나님이 우리와 완전히 동떨어진 다른 공간에 계신다면, 우리는 기도할 수 없습니다. 왜냐하면 우리의 기도를 안 들으시거나, 들으셔도 이 땅에 오시지 않을 것이기 때문입니다. 위로 눈을 돌릴 때, 시공간의 제약을 받지 않는 하늘이 우리의 눈에 보입니다. 그래서 시편 기자는 높은 산을 향하여 눈을 드는 것입니다. 그리고 그 산을, 그 하늘을 바라보며 전능하신 하나님께 기도합니다. 사방이 막혀 보여도 언제나 하늘은 열려 있습니다. 그런데 그 하늘에 우리의 기도를 들으시는 우리 아버지 하나님이 계십니다. 그래서 이 땅의 사람들이 높은 곳에 있는 하늘을 바라보며 기도할 수 있는 것입니다.

"하늘에 계신 우리 아버지여"에서 '아버지'로 번역된 헬라어 '파테르'는 우리말로 '아빠'입니다. 독일의 신학자 요아킴 예레미야스에 따르면 예수님 전후의 유대 어떤 문헌에도 하나님이 '아빠'라고 기록된 곳은 없습니다. 물론 구약의 여러 곳에 하나님이 '아버지' 혹은 '어머니'로 표현되었는데, 이는 창조주요 구원자라는 의미로 사용된 것입니다.

"그러나 여호와여, 이제 주는 우리 아버지시니이다 우리는 진흙이요 주는 토기장이시니 우리는 다 주의 손으로 지으신 것이니이다" 사 64:8

그런데 신약에 와서 주님의 입에서 '아바'라는 말이 나온 것입니다. '아바'라는 헬라어는 어린아이가 아버지를 부르는 우리말의 '아빠'와 같은 말입니다. 그 '아빠'는 본질적으로 단 한 명의 친아버지와 자식 사이에서만 쓰이던 단어입니다. 그렇게 '아바'라는 말은 예수님이 처음으로, 그리고 혼자서만 쓰시던 말이었습니다. 그것은 예수님이 하나님의 독생자로서 하나님과 본체적으로, 본질적으로 하나이시기 때문에 쓰실 수 있는 단어였습니다. 정말로 아빠니까요.

"이르시되 아빠 아버지여 아버지께는 모든 것이 가능하오니 이 잔을 내게서 옮기시옵소서 그러나 나의 원대로 마시옵고 아버지의 원대로 하옵소서 하시고" 막 14:36

중요한 점은 예수님이 우리에게 기도할 때, 하늘에 계신 우리 '아빠'라고 부르라고 하신다는 것입니다. 이것은 우리가 예수 그리스도의 독생자 되심에 동참하게 되었다는 것을 의미하는 엄청난 선포입니다. 우리가 예수 그리스도처럼 하나님의 친아들, 친딸이 되었다는 것입니다. 기도는 거기서부터 출발합니다. 그렇게 부모와 자식이라는 관계의 성립이 전제되지 않고서는 기도가 시작될 수 없습니다. 그래서 주기도문이 '아빠'로 시작하는 것입니다.

그런데 '아빠'라는 친근한 언어가 너무 경망스럽게 사용되지 않도록 '하늘에 계시는'이라는 말을 덧붙였습니다. 그렇게 하나님의 초월성과 친근하심이 조화를 이룹니다. "하늘에 계시는"이라며 초월성을 강조하는 것은 우리로 하여금 항상 경외심을 갖고 하나님께 나아가도록 하기 위함입니다. 그런 초월성을 지닌 하나님이 동시에 친근한 우리 '아빠'라는 데에 더 큰 의미가 있는 것입니다.

하나님이 그냥 우리의 친구쯤 되어버리면 더 이상 우리 기도의 대상이 될 수 없습니다. 하나님은 초월자이시며 전지전능하시기에 우리가 그분에게 기도함으로 나아가는 것입니다. 그런데 그분은 높은 하늘에 계시면서 우리를 나 몰라라 하는 분이 아니고, 우리의 '아빠'이십니다. 우리가 '아빠'라고 부르는 것을 허락하십니다. 초월과 친근감, 거리감과 친밀함, 이 얼마나 멋진 밸런스입니까? 이런 하나님께 우리는 기도하는 것입니다.

<u>우리 기도의 대상이 되시는 하나님은 '하늘에 계신 우리 아버지'이십니다. 여기서 '우리 아버지'에 대해 살펴보겠습니다.</u>

'우리 아버지'란 우리의 기도를 들으시는 하나님이 바로 우리의 아버지라는 것입니다. 그것이 기도를 들으시는 하나님과 기도하는 우리의 관계입니다. 그래서 '하늘에 계신' 하나님이심에도 나의 일거수일투족을 다 알고 계시며 모든 권세 위의 가장 높으신

거룩한 분임에도 우리가 감히 하늘을 향해 눈을 들어 기도할 수 있습니다. 왜냐하면 우리 구주 예수 그리스도를 통해 우리는 하나님의 자녀로 입양되었기 때문입니다. 그래서 우리는 "아버지"라고 부르며 기도할 수 있는 것입니다.

"너희가 아들이므로 하나님이 그 아들의 영을 우리 마음 가운데 보내사 아빠 아버지라 부르게 하셨느니라 그러므로 네가 이 후로는 종이 아니요 아들이니 아들이면 하나님으로 말미암아 유업을 받을 자니라" 갈 4:6~7

예수 그리스도로 인해 우리가 하나님을 아버지라고 부를 수 있게 되었습니다. 예수님의 십자가 대속을 통해 하나님이 우리를 당신의 자녀로 입양해 주셨기 때문입니다. 특이하게도 산상수훈에는 하나님을 '아버지'라고 표현한 부분이 자주 등장합니다. 마태복음 5장부터 7장까지는 예수님이 제자들을 산으로 이끄신 다음에 가르치신 내용으로, 여기서 예수님은 하나님을 아버지로 많이 묘사합니다. 그 같은 표현이 18번이나 등장합니다. 그래서 심지어 어떤 신학자는 산상수훈의 주제를 '하나님을 아버지라 부르는 것'이라고도 말합니다. 그만큼 예수 제자의 삶, 하나님 백성의 삶이란 하나님을 아버지라 여기며 살아가는 것입니다. 예수님은 주기도를 통해 시작부터 이런 가르침을 주고 계십니다. "너희가 기도하는 하나님은 너희의 아버지이시다. 자녀에게 무엇이 필요한지 아시는 하나님 아버지이시다. 그러니 단순하고 진실하게 기도하라."

하나님이 우리의 아버지가 되시기 때문에 우리가 그분과 대화하며 기도할 때, 추상적이고 피상적인 말을 하기 보다는 있는 모습 그대로 기도하며 나아가는 것이 중요합니다. 그분은 모든 것을 아시는 아버지이시기 때문입니다.

여기서 자세히 보면 "우리 아버지"라고 기도합니다. "나의 아버지"가 아닙니다. 왜 주님은 "우리 아버지"라고 하셨을까요? 그것은 하나님이 '나'만의 아버지가 아니라 '우리'의 아버지이시기 때문입니다. 곧 '나와 너의 우리 아버지'이십니다. 우리는 형제자매로서 기도하는 것입니다. 나만이 기도를 독점하는 것이 아니라 모두가 사랑으로 기도합니다. '우리 아버지'에게 말입니다.

"오늘 우리에게 일용할 양식을 주시옵고 우리가 우리에게 죄 지은 자를 사하여 준 것 같이 우리 죄를 사하여 주시옵고 우리를 시험에 들게 하지 마시옵고" 마 6:11~13

나만의 양식이 아니라 우리의 양식이며, 나만의 죄가 아니라 우리의 죄입니다. 나만이 아니라 우리가 시험에 들지 않도록 기도하는 것입니다. 이같이 주기도문은 '우리'라는 용어를 반복적으로 사용합니다. 이는 기독교의 기도가 개인을 위한 기도가 아니라 '교회'로 부름 받은 공동체의 기도라는 것을 의미합니다. 내 간구가 아니라 우리에 대한, 우리를 위한, 우리를 향한 우리들의 기도입니다.

하나님은 여러분과 나의 아버지십니다. 따라서 우리는 하나님 안에서 한 자녀입니다. 우리는 모두 가족이 되는 것입니다.

"우리 아버지"라고 할 때 우리는 누구일까요? 교회를 말합니다. 주님은 우리의 기도에는 언약공동체인 교회의 소망이 담겨야 한다는 사실을 가르쳐 주셨습니다. 그래서 우리는 기도할 때 "내 아버지"가 아니라 "우리 아버지"라고 하는 것입니다. 엄밀히 말해 우리의 기도는 언제나 개인적 차원을 넘어 공동체를 지향해야 합니다.

2) "이름이 거룩히 여김을 받으시오며"

주기도문의 첫 기도 제목인 "이름이 거룩히 여김을 받으시오며"에 대해 살펴보겠습니다.

헬라어 성경에는 이 기도가 "당신의 이름이 거룩히 여김을 받으시오며"라고 기록되어 있습니다. 우리말 성경에는 '당신의'란 소유격이 빠진 것입니다. 왜 그랬을까요? 요즈음에는 당신이란 말을 손윗사람에게도 사용하지만, 번역할 당시에는 손윗사람에게 사용하지 않았기 때문입니다. 최근 새번역 성경은 "아버지의 이름이 거룩히 여김을 받으시오며"라며 "아버지의"를 넣었습니다.

성경에는 하나님을 종종 당신, 곧 'Your Name', 'Your Kingdom'이라고 표현하고 있습니다. 이는 친밀감을 나타내기 위함입니다. 그만큼 하나님은 남이 아닌, 저 멀리 계신 신이 아닌, 바로 우리와 친밀한 관계를 맺으신 아버지이십니다.

먼저 주기도는 우리의 기도 대상이 '하늘에 계신 우리 아버지'

라는 사실을 알려줍니다. 그리고 "아버지, 당신의 이름이 거룩히 여김을 받으시오며"라고 기도합니다. 이는 실제적으로 기도의 첫 부분인데 하나님의 이름에 대한 것으로 기도를 시작합니다.

주기도문에서는 하나님을 위한 기도가 먼저 나오고, 그 다음에 우리를 위한 기도가 이어집니다. 이를 통해 하나님 아버지에 대한 기도를 우리에 대한 기도보다 먼저 하는 것이 바른 기도임을 알려줍니다.

그렇다면 "이름이 거룩히 여김을 받으시오며"란 무슨 의미일까요? 이 구절을 이해하려면 먼저 성경이 말하는 이름의 의미를 파악하는 것이 필요합니다. 하나님은 당신의 이름으로 자신을 계시하셨습니다. 하나님의 이름을 아는 것이 곧 하나님을 아는 것입니다. 이름은 곧 하나님 자신입니다.

> "하나님이 모세에게 이르시되 나는 스스로 있는 자이니라 또 이르시되 너는 이스라엘 자손에게 이같이 이르기를 스스로 있는 자가 나를 너희에게 보내셨다 하라 하나님이 또 모세에게 이르시되 너는 이스라엘 자손에게 이같이 이르기를 너희 조상의 하나님 여호와 곧 아브라함의 하나님, 이삭의 하나님, 야곱의 하나님께서 나를 너희에게 보내셨다 하라 이는 나의 영원한 이름이요 대대로 기억할 나의 칭호니라" 출 3:14~15

성경에 나오는 이름은 '사람' 또는 '인품과 인격'을 나타냅니다.

그 이름을 가진 존재의 됨됨이를 표현한 것입니다. 그래서 '하나님의 이름'이란 '하나님의 하나님 되심'을 나타냅니다. 유대인들에게 하나님이란 말은 '거룩함' 또는 '의로움'을 뜻했습니다. 특히 거룩함은 하나님이 우리 가운데 계신 표시였습니다. 따라서 "이름이 거룩히 여김을 받으시오며"라는 의미는 "하나님이 거룩히 여김을 받으시오며"라는 뜻과 같습니다. 즉 "거룩하신 하나님이 하나님답게 이 세상에서 거룩히 여김을 받게 해 주십시오"라는 뜻입니다.

하나님은 우리와 상관없이 이미 거룩하신 분이십니다. 그리고 그 어떤 것에 의해서도 그 거룩이 침해를 받지 않으시는 분이십니다. 그런데 우리는 어떻게 "하나님의 이름이 거룩히 여김을 받으시라"고 기도할 수 있는 것입니까?

하나님은 초월자이십니다. 그분은 영원부터 거룩하신 분이십니다. 그런데 어떻게 그 이름이 더러워질 수 있나요? 어떤 경우에도 본질적인 하나님의 이름이 더러워 질 수는 없습니다. 그분의 이름은 이 세상 그 어떤 것으로도 더럽혀질 수 없습니다. 그러나 이 세상에서 죄인 된 사람들로 인해 하나님의 이름이 더럽힘을 당했다는 측면에서 하나님의 이름이 더러워졌다고는 말할 수 있습니다.

"그러므로 너는 이스라엘 족속에게 이르기를 주 여호와께서 이같이 말씀하시기를 이스라엘 족속아 내가 이렇게 행함은 너희를 위함이 아니요 너희가 들어간 그 여러 나라에서 더럽힌 나의 거룩한 이름을 위함이라 여러 나라 가운데에서 더럽혀진 이름 곧 너희가 그들 가운데에서 더럽힌 나의 큰 이름을 내가 거룩하게 할지라 내가 그들의 눈앞에서 너희로 말미암아 나의 거룩함을 나타내리니 내가 여호와인 줄을 여러 나라 사람이 알리라 주 여호와의 말씀이니라" 겔 36:22~23

하나님께서 언약을 통해 "내 백성"이라고 하셨던 이스라엘 백성들은 약속의 땅 가나안에 들어가서도 계속해서 죄를 지었습니다. 하나님은 분명히 "너희들이 내 말을 잘 듣고 지키면 너희가 이곳에서 복을 받고 잘 살겠지만 그렇지 못하면 너희들을 이 약속의 땅에서 쫓아내 버릴 것"이라고 말씀하셨습니다. 그럼에도 이스라엘 사람들이 계속 범죄하고 패역한 일을 저지르자 하나님께서는 그들을 가나안에서 쫓아내 버리십니다. 그랬더니 다른 민족들이 하나님을 우습게 여기며 욕했습니다. 이방 사람들은 "오죽 하나님이 못 났으면 자기 백성 하나 간수하지 못하고 열국에 흩어놓아 고통을 받게 하는가?"라며 하나님을 모욕했습니다. 그래서 하나님이 에스겔에게 "나의 더럽혀진 이름을 내가 거룩하게 하겠다"고 하셨던 것입니다.

"내가 너희를 여러 나라 가운데에서 인도하여 내고 여러 민족 가운데에서 모아 데리고 고국 땅에 들어가서 맑은 물을 너희에게 뿌려서 너희로 정결하게 하되 곧 너희 모든 더러운 것에서와 모든 우상 숭배에서 너희를 정결하게 할 것이며 또 새 영을 너희 속에 두고 새 마음을 너희에게 주되 너희 육신에서 굳은 마음을 제거하고 부드러운 마음을 줄 것이며 또 내 영을 너희 속에 두어 너희로 내 율례를 행하게 하리니 너희가 내 규례를 지켜 행할지라 내가 너희 조상들에게 준 땅에서 너희가 거주하면서 내 백성이 되고 나는 너희 하나님이 되리라" 겔 36:24~28

하나님께서 자기의 백성을 구원하심으로 하나님의 이름을 거룩하게 하시겠다는 것입니다. 하나님은 그들이 스스로 정결케 될 수 없다는 것을 아셨습니다. 그래서 하나님께서 직접 물로 씻어 정결케 하시고, 그 마음에 새 마음을 주시고 새 영을 주셔서 완전히 새사람으로 만드시겠다는 것입니다. 우리를 당신의 백성으로 만들고, 그 백성들의 하나님이 되시는 것으로 더럽혀진 당신의 이름을 거룩하게 하시겠다는 말입니다.

하나님은 당신의 백성을 영원한 구원으로 인도하심으로 말미암아 세상으로 하여금 하나님은 신실하신 분이며 거룩하신 분이심을 고백하게 하신다는 것입니다. 결국 하나님의 이름이 거룩하게 되는 것은 우리의 구원과 아주 밀접한 관련이 있습니다. 따라서 우리가 드리는 "하나님의 이름이 거룩하게 되기를 소원합니다"라는 기도는 바로 "하나님이 언약하셨던 하나님 백성의 구원이 이루어지게 하옵소서"라는 기도입니다. 그런데 그 기도는 이미 응답되어 있습니다. 우리가 하나님께 기도한다는 것 자체가 이미 우리는 구원을 얻은 자라는 증거이기 때문입니다.

그렇다면 우리의 구원은 어떻게 해서 이뤄졌습니까? 예수 그리스도의 십자가로 말미암아 구원이 이뤄졌습니다. 따라서 우리가 "하나님의 이름이 거룩히 여김을 받으시오며"라고 기도하는 것은 바로 그 기도의 응답이 예수 그리스도임을 확인하고 고백하는 것입니다.

영적인 관점에서 우리는 이미 구원을 받았습니다. 그러나 아직 그 구원이 완성된 것은 아닙니다. 아직 옛 사람을 입고 있는 우리는 구원 얻은 자답게 지어져 가고, 완성되어져 가고 있습니다. 따라서 우리는 날마다 '하나님의 이름이 거룩하게 되기를' 기도하면서, 우리의 삶 속에서 구원 얻은 자다운 모습이 나오게 되기를 열망해야 합니다.

주기도문의 두 번째 기도제목인 "나라가 임하시오며"에 대해 알아보겠습니다.

여기서 '나라'는 하나님의 나라를 말합니다. 그런데 그 나라는 '왕국'입니다. 우리가 기다리는 하나님 나라는 민주주의 공화국이 아니라 왕이 다스리는 왕국입니다. 하나님 나라는 왕이신 하나님이 다스리고 백성들이 그 통치에 순종하는 나라입니다. 따라서 왕국인 하나님 나라는 왕이신 하나님의 통치에 순종할 마음이 없는 자들은 못 들어가는 곳입니다. 성경은 "그 나라가 이미 임했다"고 말합니다. 바리새인들이 "하나님의 나라가 어디쯤에 임하나이까?"라고 질문하자 주님은 "하나님의 나라는 너희 안에 있다"고 답하십니다.

> "바리새인들이 하나님의 나라가 어느 때에 임하나이까 묻거늘 예수께서 대답하여 이르시되 하나님의 나라는 볼 수 있게 임하는 것이 아니요 또 여기 있다 저기 있다고도 못하리니 하나님의 나라는 너희 안에 있느니라" 눅 17:20~21

"하나님의 나라가 우리 안에 있다"는 말은 예수 그리스도로 말미암아 우리가 재창조되어 하나님의 통치 받기를 즐거워하는 자들이 되었다는 뜻입니다. 이제 우리는 하나님 나라의 백성이 되었습니다. 하나님의 나라는 하나님의 통치와 하나님의 백성이 있는 곳입니다. "우리 안에 그 나라가 있다"는 말이 그것을 의미합니다. 한 국가의 3요소는 '영토와 국민과 주권'입니다. 그런데 성경이 말하는 나라는 영토가 없습니다. 온 피조 세계가, 온 땅이 모두 다 하나님의 것입니다. 하나님 나라의 국민은 하나님의 백성입니다.

여기서 제일 중요한 것이 주권입니다. 나라를 빼앗기면 무엇을 잃었다고 표현합니까? 주권을 잃었다고 합니다. 주권이란 통치권을 말합니다. 민주주의 공화국에서는 주권이 국민에게 있습니다. 그래서 국민의 대표인 국회의원들이 나라를 이끕니다. 그러나 왕국의 주권은 왕에게만 있습니다. 따라서 하나님이라는 왕이 다스리는 하나님 나라의 주권은 하나님께만 있는 것입니다. 결국 하나님의 나라는 하나님의 백성이 하나님의 통치, 즉 하나님의 주권을 인정하는 곳입니다. 그래서 주님은 "하나님의 나라는 하나님을 믿고 인정하는 너희 안에 있다"고 말씀하신 것입니다.

우리가 "하나님 나라가 임하게 하옵시며"라고 기도하는 것에는 그 하나님 나라가 이미 임했으며, 임하고 있고, 반드시 임할 것이란 뜻이 모두 담겨 있습니다. 예수님이 재림하실 때, 하나님의 나라는 완성될 것입니다. 하나님의 통치가, 하나님의 다스리심이 이 세상에 계속해서 임하고, 확산되고, 완성되게 해달라고 기도하는 것이 바로 "하나님의 나라가 임하시오며"의 기도입니다.

"하나님의 나라가 이 땅에 임하게 해달라"는 것은 하나님의 나라가 계속해서 이 세상의 나라와 충돌하고 있음을 뜻합니다.

하늘에 계신 하나님 아버지의 왕국은 하늘로부터 내려오는, 하나님에 의해 건설된 나라를 말합니다. 우리 인간과 하나님이 협조해서 만든 나라가 아닙니다. 전적으로 하나님에 의해 만들어진 나라입니다. 이 하나님 나라의 백성이 되는 것은 혈통으로나 육정, 사람의 뜻이 아니라 오직 하나님께로 나는 것입니다.

"영접하는 자 곧 그 이름을 믿는 자들에게는 하나님의 자녀가 되는 권세를 주셨으니 이는 혈통으로나 육정으로나 사람의 뜻으로 나지 아니하고 오직 하나님께로부터 난 자들이니라" 요 1:12~13

하나님의 통치를 즐겁게 받아들이며 순종하는 성령으로 거듭난 자들이 모여 있는 곳이 하나님 나라입니다. 그 나라는 인간이 아니라 하나님에 의해 만들어지는 나라라는 것입니다. 그래서 그 나라는 하늘로부터 임해야 하는 나라입니다. 우리는 거듭난 자들로서 그렇게 하늘로부터 임한 그 하늘나라의 백성입니다.
그런데 왜 하나님의 나라와 이 세상의 나라가 충돌하고 있을까요? 세상의 나라가 하나님의 통치를 거부하며 늘 우리를 유혹하고 흔들고 있기 때문입니다. 하나님 나라와 세상이 가장 심하게 충돌하는 부분이 바로 '하나님 나라와 나의 나라'입니다. 내가 나를 내 인생의 주인으로 여기며 내 마음대로 살고 싶어 하는 나의 나라가 하나님의 나라와 제일 먼저 충돌하게 되어 있습니다. 우리는 하나님 나라의 백성으로서 그 하나님의 나라가 이 땅에 임하기를 기도해야 하는 자들입니다. 그런데 그런 자들이 이 땅에서의 부귀영화와 소원성취, 만사형통의 기적이나 바라고 있다면 어찌 되겠습니까?

"하나님의 나라가 임하시옵소서"라는 기도는 "이제 나의 나라, 우리의 나라는 끝나게 하옵소서"라는 기도와 맥을 같이 합니다. 아버지의 나라가 내 삶 속에, 예배 속에 충만히 임하게 되면 나의 나라는 끝장을 향해 달려갈 수밖에 없습니다. 왜냐하면 한 몸에 두 통치자가 있을 수 없기 때문입니다.

이렇게 주기도는 하나님 나라의 선포를 담고 있습니다. "하나님의 나라가 임하시오며"라는 기도에는 만물을 새롭게 하겠다는 하나님의 약속을 믿는 신앙의 고백이 담겨 있습니다. 나와 우리를 새롭게 해주시고, 내 가정을 새롭게 해주시고, 내 입술을 새롭게 해주시고, 교회를 새롭게 해달라는 간구가 담겨져 있습니다. 그러므로 주기도는 하나님의 나라를 이 땅에 이루기 위한 초청의 기도인 것입니다.

3) "뜻이 하늘에서 이루어진 것 같이 땅에서도 이루어지이다"

"뜻이 하늘에서 이루어진 것 같이 땅에서도 이루어지이다"란 기도 제목을 살펴보겠습니다.

역시 이 부분에서도 "당신의"가 생략되어 있습니다. 즉 "당신의, 하나님 아버지의 뜻이 하늘에서 이루어진 것 같이 땅에서도 이루어지이다"라는 기도입니다. 하나님의 뜻을 어떻게 알 수 있습니까? 우리 그리스도인들에게 '하나님의 뜻'처럼 어려운 것이 또 있을까요? 그 뜻이 무엇인지 알기도, 실천하기도 어렵습니다.

물론 하나님의 뜻이 자명한 경우도 많습니다. 예를 들어 누군가를 미워하게 되었다면 하나님의 뜻은 그를 용서하고 사랑하는 것입니다. 하지만 그 뜻에 순종하기는 쉽지 않습니다. 웬만한 미움은 풀기 어렵지 않지만 꽁꽁 뭉쳐진 증오심은 풀기가 쉽지 않습니다. 그래서 하나님의 뜻을 이루기는 어렵습니다.

하나님의 뜻에 순종하는 것은 고사하고 그 뜻이 무엇인지 알기 어려울 때도 많습니다. 사업과 관련해 매우 중요한 선택을 할 때, 자녀가 대학 전공을 정할 때 하나님의 뜻은 어디에 있을까요? 태아에게 문제가 있다면서 의사가 임신중절 수술을 권할 때, 어떻게 하는 것이 하나님의 뜻일까요? 이런 질문에 대해 명쾌한 답을 찾기란 쉽지 않습니다.

이해하기 힘든 사건들 앞에서도 우리는 하나님의 뜻을 묻습니다. 거대한 자연재해로 인해 수많은 사람들의 생명이 한순간에 사라질 때, 한참 밝게 뛰어 놀아야 할 어린아이가 질병의 굴레 속에서 시들어 갈 때, 우리는 하나님의 뜻을 묻습니다.

하나님의 뜻은 알기도 어렵고, 안다고 해도 그 뜻대로 행하는 것은 더욱 어렵습니다. 그렇지만 하나님을 믿는 우리 그리스도인들에게 그분의 뜻을 살피고 순종하기 위해 노력하는 것은 매우 중요합니다. 그래서 예수님은 우리에게 "뜻이 하늘에서 이루어진 것 같이 땅에서도 이루어지이다"라고 기도하라고 가르쳐주신 것입니다. 우리는 하나님의 뜻이 무엇인지 제대로 알지 못합니다. 하지만 분명히 아는 것은 하나님은 우리에게 항상 좋은 뜻을 가지고 계시다는 사실입니다. 그것이면 충분합니다.

"뜻이 하늘에서 이루어진 것 같이 땅에서도 이루어지이다"라고 기도할 때, 어떻게 하나님 아버지의 뜻이 이 땅에서 이루어지는 것일까요? 하나님의 뜻과 '나의 뜻, 우리의 뜻'은 어떻게 다른 것입니까?

하나님 아버지의 뜻은 이 땅에서 나의 뜻이 포기되는 것으로 이루어집니다. 하나님 아버지의 뜻은 나의 뜻을 포기하고 아버지의 뜻을 신뢰하는 것입니다. 여기에 하늘과 땅이 대조되어 나옵니다. 하나님 아버지의 뜻은 하늘에서는 잘 이뤄진다는 것입니다. 왜 그렇습니까? 하늘에서는 하나님의 통치가 온전하고 충만하기 때문입니다. 그런데 이 땅에서는 아버지의 뜻이 잘 이뤄지지 않습니다. 왜 그럴까요? 이 땅은 나의 생각, 나의 정욕이 더 충만한 곳이기 때문입니다. 그래서 하늘처럼 이 땅에서도 이뤄지게 해달라고 기도하는 것입니다.

따라서 하나님의 뜻이 이 땅에서 이뤄지게 해달라는 기도는 바로 이 땅에서 나의 뜻을 포기하게 해달라는 기도입니다. 그 좋은 본보기를 주님의 겟세마네 기도에서 찾을 수 있습니다.

"조금 나아가사 얼굴을 땅에 대시고 엎드려 기도하여 이르시되 내 아버지여 만일 할 만하시거든 이 잔을 내게서 지나가게 하옵소서 그러나 나의 원대로 마시옵고 아버지의 원대로 하옵소서 하시고" 마 26:39

예수님의 뜻은 무엇이었습니까? "이 잔을 내게서 지나가게 하옵소서"였습니다. 반면에 하나님의 뜻은 무엇이었습니까? "너의 뜻을 접고 나의 뜻인 십자가를 지고 죽어서 하나님의 백성들을 살려내고 나의 왕국을 이루어 내라"는 것이었습니다. 결국 예수님은 십자가에서 죽기까지 하나님의 뜻에 순종하셨습니다.

그 예수님의 삶이 우리의 삶이 되어 이제 우리가 그러한 기도를 드릴 수 있는 자들이 된 것입니다. 그러므로 우리는 그 삶을 좇아 살아야 합니다. 이 세상에서 내가 원하는 것이 있더라도 그것이 하나님의 뜻이라면 과감히 포기할 수 있는 신앙인이 되어야 합니다. 이 땅에서의 삶에 연연하지 않으며 하나님의 뜻을 위해서는 십자가라도 마다하지 않는 것이 바로 "하나님의 뜻이 이 땅에서도 이루어지게 하옵소서"라는 기도입니다.

주기도문의 하나님에 대한 세 가지 기도는 서로 어떤 연관이 있습니까?

주기도문의 전반부는 세 가지의 하나님에 관한 기도로 되어있습니다. "하나님의 이름이 거룩히 여김을 받으시오며"와 "하나님의 나라가 임하옵시며", 그리고 "하나님의 뜻이 하늘에서 이루어진 것 같이 땅에서도 이루어지이다"입니다.

주기도문의 하나님에 대한 이 세 가지 기도를 살펴보면 기록된 대로 순서를 지켜야 한다는 사실을 발견하게 됩니다. 가장 먼저가 "아버지의 이름이 거룩히 여김을 받으소서"라는 기도입니다. 이는 하늘 아버지가 어떤 분인지 알게 해 달라는 기도입니다. 두 번째 기도는 "아버지의 나라가 오게 해주십시오"입니다. 하나님이 어떤 분인지 깨달은 사람이라면 그분을 왕으로 섬기게 되며 이 세상 모두가 그분의 통치하에 들어가기를 원하게 되어 있습니다. 세 번째 기도는 "아버지의 뜻이 이루어지게 해주십시오"입니다. 하나님을 왕으로 섬기는 사람은 그분의 뜻을 제일 중요하게 여깁니다.

하나님의 뜻에 따라 살려는 사람은 먼저 하나님이 어떤 분인지와 그분의 다스림이 어떤 것인지를 알아야 합니다. 그럴 때 우리는 하나님을 무한 신뢰할 수 있고 그분의 뜻이 이루어지는 일에 모든 것을 내어 드릴 수 있습니다.

결국 "뜻이 하늘에서 이룬 것같이 땅에서도 이루어지이다"라는 기도는 하나님을 전적으로 신뢰하고 그분께 모든 것을 내어 드려 그분의 뜻이 이 땅에서 이뤄지게 하겠다는 결단의 기도입니다. 우리가 사는 이 땅이 하늘처럼 되도록 자신의 인생을 바치겠다는 기도인 것입니다. 내 믿음의 목적과 내 삶의 주인은 내가 아니라 하나님이시라는 것, 따라서 나의 모든 것은 하나님의 것이라는 것을 고백하고 그렇게 살겠다고 다짐하는 기도입니다. 이 기도를 제대로 드린다면 나의 삶의 목적과 방법, 방향이 바뀔 것입니다.

하나님에 대한 이 세 가지 기도를 드릴 때, 나 자신을 높이려는 삶이 아니라 하나님의 이름을 높이는 삶을 살게 됩니다. 내가 통치하는 삶이 아니라 아버지께서 나를 다스리는 삶을 살게 됩니다. 나의 말과 계획이 아니라 아버지의 뜻이 이루어지는 가장 쓸모 있고 값진 삶을 살게 됩니다.

4) "오늘날 우리에게 일용할 양식을 주시오며"

"오늘날 우리에게 일용할 양식을 주시오며"란 기도를 살펴보겠습니다.

주기도문은 하나님을 위한 세 가지 기도와 우리를 위한 세 가지 기도로 구성되어 있다고 했습니다. 앞서 하나님을 위한 세 가지 기도를 살펴보았고 이제 우리를 위한 세 가지 기도, 곧 "오늘 우리에게 일용할 양식을 주소서", "우리가 우리에게 죄 지은 자를 사하여 준 것 같이 우리 죄를 사하여 주소서", "우리를 시험에 들게 하지 마시고 다만 악에서 구하소서"에 대해 살펴보겠습니다.

주님께서는 우리 자신을 위해 기도하는 것을 허락하셨습니다. 아니, 우리 자신의 필요를 위해 기도하라고 적극적으로 격려하셨습니다. 우리의 한계와 연약함을 알고 계셨고 하나님 앞에 나아가 자신의 문제를 붙잡고 기도하는 것이 우리에게 얼마나 중요한 것인지 아셨기 때문입니다.

그러므로 우리는 무엇이든 하나님께 가지고 나아가 기도할 수 있습니다. 때로 욕심에 눈이 멀어 부정한 것을 구할 수도 있고, 분별력이 없어서 잘못된 것을 구할 수도 있습니다. 늘 그러한 상태에 머물러 있는 것은 잘못이지만 신앙 성장 단계에서 그것은 자연스러운 일입니다. 마치 어린아이가 때로 자신에게 해로운 것을 달라고 구하는 것처럼 우리도 초보적인 단계에서는 그럴 수 있습니다. 하나님께서는 우리가 그런 과정을 통해 성장하기를 기대하시며 또한 도우십니다. 하나님과의 지속적인 교제를 통해 영적으로 성장해 가면 기도로써 무엇을 구할 것인지를 점점 더 명료히 분별하게 됩니다.

예수님은 주기도문을 통해 우리 자신을 위해 기도할 때 잊어서는 안 되는 기도 제목을 세 가지로 정리해 주셨습니다. 하나님을 하나님답게 아는 사람이라면, 하나님의 다스림 아래에 자신을 내어드리는 사람이라면, 그리고 그분의 뜻이 이루어지는 것을 진정으로 소망하는 사람이라면 언제나 마음에 품어야 할 기도 제목이 있다는 것입니다.

그 첫 번째 기도가 "오늘 우리에게 일용할 양식을 주소서"입니다. '일용할'이라는 말로 번역된 헬라어는 '오늘 먹을'이라는 뜻으로 풀 수도 있고 '내일의'라는 뜻으로도 풀 수 있습니다. 어떤 뜻으로 보든, 여기서 구하는 것은 두고두고 먹을 풍족한 양식이 아나라 삶을 위한 기본적인 양식입니다. 매일 아침에 일어나 "오늘 하루 먹을 것을 주십시오."라고 기도하라는 뜻입니다.

일용할 양식을 구하는 기도에는 매일 아버지 하나님께 우리의 삶을 의지하고자 하는 의미가 담겨 있습니다. 왜 하나님은 예수 그리스도를 통해 일용할 양식을 구하라고 하셨을까요? 그것은 매일 아버지 하나님과의 동행과 그분의 도움 없이는 살 수 없는 존재가 되기를 구하라는 뜻입니다.

일용할 양식을 위해 기도하는 것은 그 양식이 하나님께서 주신 것이라는 사실을 인정하고 고백하며 선언하는 것입니다. 따라서 이 기도는 내 삶의 주인이 누구인지를 선언, 고백하고 그분의 주권에 나를 내어 맡기는 기도입니다.

일용할 양식에는 우리의 육체를 위한 먹을 것과 함께 '영의 양식'도 포함됩니다.

여기서 '양식'에 해당하는 헬라어 '아르토스'는 '빵'을 말합니다. 성경을 처음 번역할 당시 우리나라엔 빵이 없었습니다. 그래서 빵과 비슷한 '떡'으로 번역했습니다. 그런데 문제는 이스라엘 사람들에게는 빵이 주식이지만 우리나라 사람들에게 떡은 특별한 날에 먹는 별식이지 주식이 아닙니다. 그럼 주식인 '밥'으로 번역하면 어떨까요? 그런데 밥만 먹기는 힘듭니다. 반찬도 있어야 하고 국도 있어야 합니다. 이렇게 번역 과정에서 확실히 해당되는 말이 없을 때 번역자는 적당히 타협합니다. 타협 끝에 나온 말이 '양식' 입니다.

아우구스티누스는 이 '양식'이 세 가지를 뜻한다고 했습니다. 첫째는 문자적으로 육신을 위해 필요한 만큼의 일용할 음식이고, 둘째는 주의 만찬에서 경건한 자에게 주어지는 성별된 빵이며, 셋째는 생명의 빵으로서의 하나님 말씀입니다. 육의 양식은 우리가 이 땅을 살기 위해 취하는 음식을 말합니다. 동시에 이 양식은 모든 필요와 결핍을 상징하는 단어이기도 합니다. 먹고 마시는 것, 집, 좋은 배우자와 자녀, 이웃을 의미합니다.

예수님 시대에는 먹고 사는 문제로 곤경에 처한 사람들이 워낙 많았습니다. 고아와 과부가 굶어 죽을 확률이 높았던 시대입니다. 당시에는 먹을 것이 없는 자들에게 먹을 것을 나누어 주는 것이 '공의'였습니다. 모든 결핍을 느낄 때마다 이 필요를 채워달라고 구하는 것은 지극히 피조물다운 모습, 자녀다운 모습입니다. 필요한 것을 채워 달라 하지 않는 것은 쓸데없이 자존심을 내세우는 것입니다. 아직도 자신을 자기 인생의 주인으로 생각하는 사람은 자기의 필요를 구하지 않습니다. 그래서 피조물인 우리는 결핍이 생기고 도움이 필요할 때, 주님께 간구해야 하는 것입니다.

성경은 우리를 영과 육을 가진 존재라고 규정합니다. 하나님이

흙으로 빚으시고 그 코에 생기를 불어넣음으로써 우리는 인간이 되었습니다. 즉 영을 불어넣은 후에야 우리가 인간이 된다는 것입니다. 인간은 영이 없는 육체만의 존재도, 육체 없는 영만의 존재도 아닙니다. 그래서 우리가 구해야 하는 양식에는 육의 양식뿐만 아니라 영의 양식도 포함됩니다. 그러나 대부분 사람들이 육의 양식만을 구합니다. 세상 필요를 채워달라며 육의 양식만을 구합니다. 이것이 바로 우리가 불균형의 삶을 살게 되는 이유입니다. 육신의 양식과 복만 구하며 영의 양식과 복을 사모하지 않기에 신앙과 세상의 삶이 따로 노는 것입니다.

예수님이 광야에서 사탄에게 받은 첫 번째 시험이 "돌덩이를 떡으로 만들라"는 것이었습니다. 그것은 40일 동안 금식하신 주님에겐 아주 달콤한 유혹이었습니다. 하지만 예수님은 그 유혹을 물리치면서 단호히 말씀하셨습니다.

"사람이 떡으로만 살 것이 아니요 하나님의 입으로부터 나오는 모든 말씀으로 살 것이라" 마 4:4

여기서 '떡'으로 번역된 단어와 오늘날 '양식'으로 번역된 단어와 어원이 똑같습니다. 따라서 양식은 영의 양식, 곧 하나님의 말씀을 의미합니다. 하나님은 예언자 아모스를 통해 이렇게 말씀하셨습니다.

"주 여호와의 말씀이니라 보라 날이 이를지라 내가 기근을 땅에 보내리니 양식이 없어 주림이 아니며 물이 없어 갈함이 아니요 여호와의 말씀을 듣지 못한 기갈이라" 아 8:11

영적 굶주림이야말로 가장 치명적인 굶주림입니다. 생령인 인간에게 음식보다 더 중요한 양식은 '하나님의 말씀'입니다. 하나님의 진리의 말씀을 먹어야 우리의 영혼이 살 수 있습니다. 하나님의 말씀은 예수 그리스도 안에서 결정처럼 드러났습니다. 말씀이 육신이 되어 나타나신 분(요 1:18)이 바로 예수 그리스도이십니다.

"내가 곧 생명의 떡이니라 너희 조상들은 광야에서 만나를 먹었어도 죽었거니와 이는 하늘에서 내려오는 떡이니 사람으로 하여금 먹고 죽지 아니하게 하는 것이니라 나는 하늘에서 내려온 살아 있는 떡이니 사람이 이 떡을 먹으면 영생하리라 내가 줄 떡은 곧 세상의 생명을 위한 내 살이니라 하시니라" 요 6:48~51

예수 그리스도를 주님으로 영접하고 그분의 가르침을 배우며 그분과 함께 동행하는 것이 바로 생명의 떡을 먹는 것입니다. 그러므로 "오늘날 우리에게 일용할 양식을 주소서"라고 기도할 때마다 우리는 진정한 생명의 양식인 예수 그리스도가 필요하다는 사실을 기억해야 합니다. 나에게만 필요한 것이 아니라 '우리', 즉 모든 인류에게 예수 그리스도가 필요합니다. 우리의 육적 양식이 매일의 양식이 되어야 하듯이 우리의 영적 양식도 매일의 양식이 되어야 합니다.

"오늘 우리에게 일용할 양식을 주시오며"라는 기도의 배경이 되는 구약과 신약 성경의 이야기가 있습니다. 먼저 구약의 이야기는 출애굽기에 나오는 '만나' 사건입니다.

> "그 때에 여호와께서 모세에게 이르시되 보라 내가 너희를 위하여 하늘에서 양식을 비같이 내리리니 백성이 나가서 일용할 것을 날마다 거둘 것이라 이같이 하여 그들이 내 율법을 준행하나 아니하나 내가 시험하리라" 출 16:4

이스라엘 민족이 출애굽을 하여 광야 생활을 시작하자마자, 하나님은 매일 그날에 필요한 양식인 만나를 준비해주셨습니다. 만나는 매일 아침에 그날 하루치 양식으로만 주어졌습니다. 만약 이틀분의 만나를 거두면 그 다음날에는 썩어서 먹지 못합니다. 안식일 전날에만 다음날 것까지 주셨는데 그때만 썩지 않습니다. 만나는 차고 넘쳐서 쌓아놓는 양식이 아니라 그야말로 그날그날의 일용할 양식입니다. 반면에 하나님은 저녁에 메추라기 고기를 주셨습니다. 이 저녁에 받은 음식은 오는 날, 곧 다음날을 위한 양식이었습니다. 메추라기는 일정 기간만 주신데 비해 만나는 광야생활 40년 동안 내내 주셨습니다.

"오늘 우리에게 일용할 양식을 주시오며"의 기도는 하나님께 우리의 생명을 보존해 달라는 간구입니다. 또한 매일 많은 음식을 거두려고 욕심을 부리지 않고 그날그날 하나님께 의지해서 사는 삶의 자세를 갖추겠다는 뜻입니다. "오늘 우리에게 일용할 양식을 주시오며"의 배경이 되는 신약의 이야기는 예수님과 제자들이 함께 유월절 음식을 나눈 '최후의 만찬'입니다.

> "그들이 먹을 때에 예수께서 떡을 가지사 축복하시고 떼어 제자들에게 주시며 이르시되 받아서 먹으라 이것은 내 몸이니라 하시고 또 잔을 가지사 감사기도 하시고 그들에게 주시며 이르시되 너희가 다 이것을 마시라 이것은 죄 사함을 얻게 하려고 많은 사람을 위하여 흘리는 바 나의 피 곧 언약의 피니라" 마 26:26~28

여기서 우리의 양식인 '떡과 포도주'가 예수님의 생명인 '몸과 피'로 표현되고 있습니다. 이는 내일 다가오는 주님의 죽음이 우리의 구원을 위한 생명의 내어줌이라는 사실을 의미합니다. 내일 다가오는 주님의 죽음이 우리의 양식, 곧 생명을 위한 것이라고 말한 것입니다. 양식은 우리의 생명을 위한 것입니다. 따라서 "우리에게 일용할 양식을 주시오며"라는 기도는 하나님께 "우리의 생명을 지탱하여 주시옵소서, 생명에 필요한 것을 주시옵소서"라고 하는 간구입니다.

여기서 주목해야 할 것은 '나에게' 일용할 양식을 주옵소서라고 하지 않고 '우리에게' 일용할 양식을 주옵소서라고 기도했다는 사실입니다. 오늘 구해야 할 양식은 '나의 양식'이 아니라 '우리의 일용할 양식'입니다. 우리를 위한 기도 제목 세 가지는 우리의 양식을 위해, 우리의 죄 사함을 위해, 그리고 우리가 시험에 들게 하지 말게 해달라는 것입니다. 나의 양식, 나의 죄, 나의 시험이 아니라, 우리의 양식, 우리의 죄, 우리의 시험입니다. '내'가 아닌 '우리'가 아주 중요합니다.

'나에게'라고 기도했다면, 나와 내 가족이 먹을 양식만 있으면 됩니다. 하지만 '우리에게'라고 기도했으니 우리 중에 일용할 양식이 없는 사람이 있는지 살펴보아야 합니다. 그렇다면 '우리'는 누구를 말합니까? 일차적으로는 예수 그리스도를 통해 하나님을 아버지로 믿는 성도 모두를 의미합니다. 이차적으로는 구원받아야 할 이 땅의 모든 영혼을 의미합니다.

현재 인류의 생명을 가장 많이 앗아가는 질병이 무엇인지 아십니까? 바로 '기아'라는 질병입니다. 전 세계적으로 굶주려 죽는 사람의 수가 에이즈와 말라리아, 폐결핵으로 죽는 사람을 모두 합친

수보다 훨씬 더 많다고 합니다. 매일 저녁 세계 인구의 일곱 명 중 한 명은 굶은 채 잠자리에 듭니다.

일용할 양식조차 없는 '우리'를 기억하고 이 기도를 드리다보면 자신의 삶의 규모를 줄이고 검소하게 살 것을 다짐하게 됩니다. 일용할 양식을 위한 기도를 드리다보면 우리 자신이 얼마나 많이 가지고 있고 얼마나 많이 허비하고 있는지를 자각하게 됩니다.

물질주의라는 우상숭배에 빠질 경우엔 될 수 있으면 돈을 많이 벌어야 그 돈으로부터 나의 안녕과 행복을 확보할 수 있다고 생각합니다. 그럴 때 어떤 삶의 자세를 갖게 됩니까? 자연히 이웃을 착취하는 삶의 자세를 갖게 됩니다. 반면에 우리의 하나님 아빠가 매일 공급해 주시는 생명의 떡으로 살겠다는 삶의 자세를 갖는다면 이웃에 너그럽고 관대하게 나눌 수 있게 됩니다. 즉 이웃사랑의 자세를 갖게 되는 것입니다. 이 진실에 눈 뜬 사람이라야 "오늘 우리에게 일용할 양식을 주소서"라는 기도를 제대로 드릴 수 있습니다. 그런 사람만이 자신의 모든 일을 하나님의 다스림에 맡기는 신뢰의 기도를 드릴 수 있습니다. 그런 사람은 육신의 끼니만 해결되면 다 되었다고 생각하지 않고 영적 양식 먹는 일을 게을리 하지 않을 것입니다. 그렇게 육적 양식과 영적 양식을 섭취해 온전한 생령이 되면 하나님께서 공급해 주시는 것에 자족하고 자신의 삶을 줄여 이웃을 돕는 일에 언제나 적극적으로 손을 내밀게 될 것입니다.

그러므로 오직 자신만을 생각하는 사람, 물질에 모든 희망을 걸고 있는 사람, 잘 먹고 잘사는 것이 최고라고 생각하는 사람에게 "오늘날 우리에게 일용할 양식을 주소서"라는 기도는 참으로 불편한 기도입니다. 끊임없이 양심을 흔들 것이기 때문입니다. 하지만 그렇게 사는 한, 이 땅에서는 어느 정도 희망이 있을지 모르나 하나님 앞에는 아무런 희망이 없습니다. 하나님 앞에서 아무 희망이 없는 것이 얼마나 불행한 일인지를 알아야 합니다.

5) "우리가 우리에게 죄 지은 자를 사하여 준 것 같이 우리 죄를 사하여 주시옵고(1)"

"우리가 우리에게 죄 지은 자를 사하여 준 것 같이 우리 죄를 사하여 주시옵고"라는 기도는 그리스도인들이 주기도를 하면서 가장 많이 찔리는 부분일 것입니다. 우리가 우리에게 죄지은 자들을 용서해주지 못하고 있는데 하나님께 우리 죄를 사하여 달라고 기도해야 하기 때문입니다. 그래서 우리는 이 기도를 드릴 때마다 양심의 가책을 받습니다. 용서의 삶을 살지 못하면서 용서를 구하기 때문입니다.

사실 헬라어 원문에는 '죄'라는 단어 대신에 '빚'이란 단어로 쓰여 있습니다. "우리가 우리에게 빚진 자들을 탕감하여 준 것같이 우리 빚을 사하여 주시옵고"라고 말입니다. 유대인들은 구약시대 때부터 죄를 하나님께 진 빚으로 생각하는 개념에 익숙해져 있었습니다. 우리의 죄는 빚과 같아서 하나님과 이웃에게 손해를 입혔고, 따라서 빚진 사람에게 부채 상환의 의무가 있는 것처럼 죄지은 사람에게는 응분의 대가를 치러야 할 의무가 있다는 것입니다. 그래서 사복음서에서 '빚'은 적지 않은 경우, 인간의 죄를 묘사하는 단어로 사용되었습니다. 이는 유대인들이 죄를 '하나님에 대한 빚'과 '이웃에 대한 빚'으로 보았음을 말해줍니다. 이것은 죄의 엄중함을 나타내는 것입니다.

또 여기서 '용서한다'로 번역된 헬라어 '아피에미'는 '탕감한다, 없는 것으로 친다, 포기해 버린다, 잊어버린다'라는 의미로 빚과 함께 많이 사용되는 단어입니다. 예수님 당시, 돈을 빌릴 때 쓰는 차용증서는 정말 무서운 것이었습니다. 약속한 기한 내에 빚을 갚지 않으면 채권자는 채무 당사자와 아내, 자식들을 끌고 가 빚이 다 계산될 때까지 노동을 시킬 수 있었습니다. 악독한 주인은 일부러 빚을 다 갚지 못하게 해서 온 가족을 평생토록 종으로 부리는 일도 있었습니다.

그런데 빚 받을 사람이 이 차용증서를 불에 태워버리고 없는 것으로 해 주겠다면 빚 갚을 근거가 완전히 사라져 버리게 됩니다. 이것이 바로 '사하여 준다, 용서해준다, 탕감한다'는 의미입니다. 아주 기억 속에서 빼버리겠다는 것입니다. 하나님께서 우리의 죄를 용서하신다고 하셨을 때에도 똑같이 '아피에미'라는 단어가 사용되었습니다.

"내가 그들의 불의를 긍휼히 여기고 그들의 죄를 다시 기억하지 아니하리라 하셨느니라" 히 8:12

우리는 모두 예수님께 빚진 자들입니다. 예수 그리스도로 말미암아 우리가 구원을 받았기 때문입니다. 그리고 우리는 서로에게 빚진 자들입니다. 주님께서 우리에게 구원의 복음을 전하라고 명령하셨기 때문입니다.

"헬라인이나 야만인이나 지혜 있는 자나 어리석은 자에게 다 내가 빚진 자라 그러므로 나는 할 수 있는 대로 로마에 있는 너희에게도 복음 전하기를 원하노라" 롬 1:14~15

빚진 자로서 우리가 행해야 할 가장 좋은 일은 복음의 빚을 이웃에게 나누어 주어 그 이웃을 '복음의 빚쟁이'로 만들어 주는 것입니다.

"그가 우리를 위하여 목숨을 버리셨으니 우리가 이로써 사랑을 알고 우리도 형제들을 위하여 목숨을 버리는 것이 마땅하니라" 요일 3:16

한때 이 기도 제목이 문제가 된 적이 있습니다. "우리가 우리에게 죄지은 자를 용서해 준 대가로, 하나님께서 우리 죄를 용서해

주십시오"라는 식으로 이해했기 때문입니다. 물론 이런 해석은 완전히 잘못된 것입니다. 하나님께서 예수 그리스도를 통해 우리 죄를 용서하셨을 때 우리의 공로는 전혀 없습니다. 우리가 어떤 행위를 했기 때문에, 가령 다른 사람을 용서했기 때문에 하나님께서 우리를 용서하시는 것이 아닙니다. 하나님은 값없이, 무조건 은혜로 우리를 죄에서 용서하셨습니다. 용서는 하나님으로부터 나오는 것이지 내가 이 땅에서 다른 사람을 얼마나 용서해주었는지에 따라 조건적으로 나오는 것이 아니란 것입니다. 죄의 용서는 전적으로 하나님의 은혜입니다. 그래서 우리는 구원받은 것을, 용서함 받은 것을 결코 자랑할 수 없습니다.

"너희는 그 은혜에 의하여 믿음으로 말미암아 구원을 받았으니 이것은 너희에게서 난 것이 아니요 하나님의 선물이라 행위에서 난 것이 아니니 이는 누구든지 자랑하지 못하게 함이라" 엡 2:8~9

사실 헬라어 원문의 어순은 "우리의 죄를 용서하여 주소서, 우리가 우리에게 잘못한 사람을 용서하여 준 것 같이"입니다. 핵심은 우리 죄에 대한 용서를 구하는 데에 있습니다. 이는 "하나님, 우리의 죄를 용서해 주시옵소서. 그와 동시에 우리도 우리에게 빚진 자들을 용서하겠나이다"라는 뜻입니다.

세상에서 가장 실행하기 어려운 두 가지가 있다면 무엇일까요?

"우리가 우리에게 죄지은 자를 사하여 준 것 같이 우리 죄를 사하여 주옵시고"에 들어 있습니다. 바로 '우리가 죄를 안 짓는 것'과 '내게 상처를 준 사람을 용서하는 일'입니다. 이 둘이 이 세상에서 실행하기 가장 어렵습니다.

사실 죄짓고 싶어 죄를 짓는 사람은 아무도 없습니다. 아무리 죄가 쾌락과 짜릿함을 준다고 해도 죄짓고 싶다고 말하는 사람은 없습니다. 죄를 지으면 결국 후회하게 되어 있습니다. 하지만 인간이 그럼에도 불구하고 죄를 짓는 것은 우리가 본질상 죄인이기 때문입니다. 어느 누구도 죄에서 자유로울 수 없습니다. 의식의 세계에서 죄를 쫓아낼 수 있다 해도 우리가 통제할 수 없는 무의식 속에서 벌어지는 죄까지 쫓아낼 수는 없습니다. 직접 짓지 않더라도 우리가 어쩔 수 없이 참여하게 되는 사회적인 죄도 있습니다. 따라서 우리에게 생명이 있는 한, 아니 이미 죽었더라도, 존재한 적이 있는 모든 사람은 죄로부터 자유로울 수 없는 것입니다.

또 죄를 짓지 않는 것만큼이나 어려운 것은 용서입니다. 우리는 그동안의 삶의 경험을 통해 용서가 얼마나 어려운 일인지 잘 알고 있습니다. 용서할 수 없는 상처를 가슴에 안고 살아가다가 그것을 한으로 간직한 채 죽어가는 것이 인간입니다. 우리가 살아가면서 상처를 주지도, 받지도 않을 수 있다면 좋겠지만 그렇게 살 수 있는 사람은 세상에 없습니다. 이 기도를 통해 날마다 죄를 짓는 우리가 어떻게 하나님으로부터 용서의 은혜를 입을 수 있는지, 그러므로 우리는 이웃에 대해 어떠한 태도로 살아야 하는지를 새삼 되새겨야 합니다.

"우리가 우리에게 죄 지은 자를 사하여 준 것 같이 우리 죄를 사하여 주시옵고"라는 기도는 인간의 죄는 하나님께 대한 무한한 빚이라는 사실을 가르쳐 줍니다.

인간에게 죄의 문제를 해결하는 것보다 더 시급한 일은 없습니다. 죄란 무엇입니까? 우리는 죄를 짓는 행위 자체와 경중을 고려해 죄의 유무와 형벌의 크기를 결정합니다. 그런데 어떤 경우엔 죄의 유무와 형벌의 크기가 행위 자체가 아니라 그 행위와 관련된 당사자를 고려해 결정되기도 합니다. 예를 들어 우리가 다른 사람의 의자에 잠시 앉았다가 일어나는 것은 법적 책임을 질 정도로 무거운 죄가 아닙니다. 그런데 우리가 과거 절대왕정 시대에 사는 사람들이라고 가정해봅시다. 그렇게 몰래 앉아본 의자가 황제의 의자였다면 어떨까요? 만일 그 광경이 발각되었다면 두말할 나위도 없이 사형을 당할 것입니다. 황제를 살해하려고 시도하다가 실패해도, 황제 얼굴에 침을 뱉고 욕을 하다가 체포되어도, 황제의 의자에 잠깐 앉았다가 일어나도 사형을 당합니다. 각각 죄의 크기가 천양지차인데도 사형이라는 형벌은 같습니다. 그 이유는 황제에게 있습니다. 절대왕정시대에 황제 앞에서의 사소한 도덕적 악이나 실수라도 무한히 큰 죄가 됩니다.

하나님과 우리의 관계에서도 마찬가지입니다. 우리의 죄의 크기가 우리에게는 변명거리일지 몰라도 하나님 앞에서는 의미가 없습니다. 절대적인 의미에서 모든 죄는 하나님 앞에서 사소하지 않다는 뜻입니다. 죄는 하나님의 의도하신 목적과 영광에 이르지 못한 것입니다.

"모든 사람이 죄를 범하였으매 하나님의 영광에 이르지 못하더니" 롬 3:23

하나님과 나누는 영적 교통을 가로막는 가장 커다란 장애물은 우리의 죄입니다. 그러나 인간은 타고난 불완전성과 선천적 부패성으로 말미암아 죄를 짓지 않고는 살 수 없는 존재입니다. 이것은 구원받은 하나님의 백성들도 마찬가지입니다. 비록 죄와 사망의 법에서 벗어나 생명과 성령의 통치를 받으며 살고 있지만 우리 그리스도인들의 내면에도 죄는 여전히 존재하고 그 모든 죄들은 하나님을 거스르게 만듭니다.

그러나 하나님은 인간의 죄에 대한 해결책을 마련해 놓으셨습니다. 그러지 않으셨다면 우리는 지금 영원한 지옥에 거하는 비참한 상태에서 벗어날 수 없었을 것입니다. 하나님께서는 언약을 통해 인간의 죄에 대한 무한한 용서를 약속하셨습니다. 주기도에서 죄의 용서를 비는 기도는 바로 하나님의 죄사함의 약속에 대한 믿음을 토대로 드릴 수 있습니다.

이 기도는 우리로 하여금 우리 자신이 누구인지를 기억하게 하는 기도입니다. 아마도 제자들은 주기도문을 올릴 때마다 자신들은 다만 하나님의 용서하시는 은혜를 힘입어 살아가는 하나님 나라의 백성이라는 사실을 절절히 깨달았을 것입니다. 그러므로 이 기도의 핵심 포인트는 다른 사람들의 죄를 용서해주는 것에 있는 것이 아니라 우리가 하나님의 용서를 이미 받은, 그리고 지금도 용서하시는 은혜로 살아갈 수밖에 없는 존재임을 자각하는 데 있습니다. 이것이 바로 이 기도를 드리는 우리의 자세여야 합니다.

그렇다면 우리가 하나님께 청원하는 '죄사함'의 의미는 무엇입니까?

죄는 관계의 단절을 초래합니다. 무엇보다 먼저 죄는 하나님과 우리의 관계를 단절시킵니다. 거룩하신 그분과 우리 사이에 죄가 가로놓여 있는 한 우리는 그분께 나아갈 수 없습니다. 거룩하신 그분께 죄로 물든 더러운 존재 그대로는 다가갈 수 없습니다.

그래서 우리에게 의로움을 덧입혀줄 그리스도의 은혜가 필요한 것입니다. 십자가 사건은 바로 그러한 은혜를 우리에게 덧입혀준 희생의 사건입니다. 예수 그리스도의 대속의 은혜를 통해 우리가 의로운 존재라는 '칭의'를 선고받은 후, 은혜의 보좌에 계신 하나님께 나아갈 길을 얻게 된 것입니다. 이것이 바로 죄사함이 그토록 중요하며 우리에게 절실히 필요한 이유입니다.

하나님과의 관계의 단절은 곧바로 다른 사람들, 곧 이웃과의 관계의 단절로 이어졌습니다. 죄는 하나님과 인간의 사이뿐만 아니라 인간들 사이의 관계도 단절시켜 놓았습니다. 당연히 하나님과의 관계 회복은 인간들 사이의 관계 회복으로 드러나게 됩니다. 따라서 구원을 받은 하나님의 백성들 사이에서는 이전에는 볼 수 없었던 새로운 관계의 표시인 친밀한 교제가 일어나게 됩니다. 죄사함은 결과적으로 인간 사이의 관계를 회복시켜 줍니다.

그러나 하나님의 백성들은 여전히 성화의 과정에 있습니다. 따라서 온전한 사랑에는 이르지 못하며 전처럼 심각하지는 않더라도 여전히 상처를 주고받는 존재로 이 세상을 살아갑니다. 그런 가운데 사랑을 완성시키고, 상처를 치유하고, 관계를 이어주는 것이 바로 용서입니다.

죄사함은 또 나와 내 자아와의 관계를 회복시켜 줍니다. 죄의 법 아래에서는 참된 인간으로 통합적이며 온전한 삶을 살 수 없습니다. 마음으로는 하나님의 법을 즐거워하지만 육신으로는 죄의 법을 섬기게 됩니다. 죄가 나와 내 자아 사이를 갈라놓았습니다. 그러나 죄사함을 통해 우리는 나와 자아를 통합시킬 수 있게 됩니다. 그리스도 예수 안에 있는 생명의 성령의 법이 죄와 사망의 법에서 나를 해방시켜 주기 때문입니다.

"내 속 사람으로는 하나님의 법을 즐거워하되 내 지체 속에서 한 다른 법이 내 마음의 법과 싸워 내 지체 속에 있는 죄의 법 아래로 나를 사로잡는 것을 보는도다 오호라 나는 곤고한 사람이로다 이 사망의 몸에서 누가 나를 건져내랴 우리 주 예수 그리스도로 말미암아 하나님께 감사하리로다 그런즉 내 자신이 마음으로는 하나님의 법을 육신으로는 죄의 법을 섬기노라" 롬 7:22~25

이처럼 우리는 죄사함을 통해 관계의 회복을 이룰 수 있습니다. 하나님과 이웃, 그리고 자기 자신과의 관계가 회복되는 것입니다. 구원이란 죄사함을 통한 관계의 회복입니다. 따라서 죄사함이야말로 구원의 핵심이라고 말할 수 있습니다.

6) "우리가 우리에게 죄 지은 자를 사하여 준 것 같이 우리 죄를 사하여 주시옵고(2)"

성경이 말하는 '용서'란 어떤 것입니까?

용서란 어떤 사람이 누군가에게 악을 행하여 손해를 입혔을 때 그에게 마땅히 돌아가야 할 법적 책임을 면제해주는 것입니다. 그러나 성경이 말하는 용서는 단순한 법적 책임의 면제 이상으로 그 사람을 계속 사랑하는 것까지를 포함합니다. 용서 이후에 더 이상의 관계를 지속하지 않겠다는 것은 복수하지 않겠다는 것이지 진정으로 용서하겠다는 의미가 아닙니다.

"누가 누구에게 불만이 있거든 서로 용납하여 피차 용서하되 주께서 너희를 용서하신 것 같이 너희도 그리하고 이 모든 것 위에 사랑을 더하라 이는 온전하게 매는 띠니라" 골 3:13~14

우리 그리스도인들의 용서는 책임을 면제해주는 세상적인 용서에 사랑을 더함으로써 관계를 지속하고 온전하게 하는 것입니다. 하나님께서 우리의 죄악을 용서해주시고 우리를 당신의 자녀로 삼아주기까지 사랑하셨기 때문입니다.

"그러므로 너희는 하나님이 택하사 거룩하고 사랑 받는 자처럼 긍휼과 자비와 겸손과 온유와 오래 참음을 옷 입고" 골 3:12

누구나 용서의 삶을 살아갈 수 있는 것은 아닙니다. 우리에게 악을 행한 사람들을 용서하기 위해서는 우리 자신이 하나님으로부터 오는 힘으로 살아가고 있어야 합니다. '긍휼과 자비와 겸손과 온유와 오래 참음' 등 하나님의 성품을 나의 전 인격 속에서 열매 맺으며 살아가야지 진정한 용서를 할 수 있습니다. 용서의 완성은 사랑입니다. 예수 그리스도께서 우리에게 죄지은 자를 용서하도록 간구하라고 하신 것은 궁극적으로 사랑하며 살아가라고 요구하신 것입니다.

우리가 매일 주기도문을 드리면서 하나님의 용서를 받아야 한다면 예수 그리스도 안에서 이미 받은 용서는 무슨 의미가 있는 것일까요?

구원과 관련된 한 번의 용서는 영원한 용서입니다. 그러나 영원한 용서만으로는 부족합니다. 만약 그것으로 인간의 모든 죄의 문제가 해결되었다면 구원받은 인간이 저지르는 죄들에 대해서는 어떻게 설명할 수 있을까요? 심지어 어떤 사람들은 영원한 용서를 과신해 자신이 짓는 모든 죄는 이미 용서받은 것이니 앞으로 죄를 지어도 상관없다고 생각하기도 합니다. 그러나 그것은 잘못된 생각입니다. 우리 그리스도인들은 하나님 안에서의 용서를 반복적으로 경험하며 살아가야 하는 존재들이기 때문입니다. 세상은 죄에 속해있고 믿는 자들에게도 여전히 잔존하는 죄가 있습니다. 그래서 구원받은 사람도 은혜의 삶에서 멀어지면 죄를 짓게 마련입니다. 본성적으로 폭력을 즐겨 행사하던 사람이 한때 회개했다 할지라도 은혜에서 멀어지면 다시 폭력을 쓰게 됩니다. 본성적으로 돈을 사랑하던 사람들은 신앙을 떠나면 다시 돈을 가장 중요하게 생각하며 살게 됩니다. 그래서 우리는 이미 하나님 나라의 백성이 되었으나 마치 아직 구원을 이루지 못한 것처럼 두렵고 떨리는 마음으로 겸손히 살아가야 합니다.

"내가 내 몸을 쳐 복종하게 함은 내가 남에게 전파한 후에 자신이 도리

어 버림을 당할까 두려워함이로다" 고전 9:27

"수많은 재앙이 나를 둘러싸고 나의 죄악이 나를 덮치므로 우러러볼 수도 없으며 죄가 나의 머리털보다 많으므로 내가 낙심하였음이니이다"는 시편 40편 12절 말씀대로 우리가 죄 지을 때엔 하나님과의 불화로 인한 영혼의 큰 고통을 경험합니다. 우리는 이러한 불화와 고통의 경험을 하다보면 하나님께서 나의 죄에 대해 마치 그것을 처음 아신 것처럼 진노하시고 책망하신다는 사실을 깨닫게 됩니다. 이것은 하나님의 은혜 안에서 화목하게 살아가는 것이 얼마나 커다란 행복인지를 알게 하는 동시에 하나님 없이 자기 즐거움을 위해 불순종하고 죄를 짓는 것이 얼마나 어리석은지를 깨닫게 합니다. 그럼으로써 우리가 한 번 영원한 용서를 받았다고 교만해질 수 없게 합니다.

"형제들아 내가 그리스도 예수 우리 주 안에서 가진 바 너희에 대한 나의 자랑을 두고 단언하노니 나는 날마다 죽노라" 고전 15:31

더욱이 하나님의 사랑과 은혜가 주는 기쁨을 아는 사람들은 죄를 지음으로써 그것을 잃어버린 채 살아가게 될 영혼의 처지를 더욱 두려워합니다. 그래서 더욱 성결하게 살아가려고 힘쓸 뿐 아니라 자신이 하나님의 전적인 용서가 필요한 죄인에 불과하다는 사실을 깨닫게 됩니다. 그리고 천국 시민으로서 합당하지 않고 부족하기 그지없는 자신의 삶을 깨달을 때마다 참회하며 용서를 빌게 됩니다. 이러한 성화의 과정을 통해 신자는 하나님의 사랑의 깊이와 넓이를 알아갑니다.

우리가 가장 행하기 어려운 일 가운데 하나인 용서를 실천해야 하는 이유는 무엇일까요? 우리에게 죄지은 사람을 어떻게 용서할 수 있습니까?

우리가 우리에게 죄지은 사람을 용서해야 하는 까닭은 그 용서에 하나님의 사랑이 담겨 있기 때문입니다. 우리가 우리에게 죄지은 사람들에게 베푸는 용서는 하나님의 사랑에 기초한 것입니다. 그 용서는 먼저 우리를 용서해주신 하나님의 용서를 의지하는 용서입니다. 그리스도 안에서 지체들을 용서하고, 가족들을 용서하고, 사람들을 용서하는 일이 힘들 때마다 우리를 용서하기 위해 십자가에서 죽기까지 복종하신 예수 그리스도를 생각해야 합니다.

"사람의 모양으로 나타나사 자기를 낮추시고 죽기까지 복종하셨으니 곧 십자가에 죽으심이라" 빌 2:8

우리같이 쓸모없고 불결한 인간들을 위해 그리스도께서 십자가에서 죽으심으로 우리를 향한 하나님의 사랑을 확증하셨습니다. 그것이 우리에게는 거저 받은 하나님 사랑의 결과였지만 하나님께는 자기 아들을 화목제물로 바치신 희생의 결과였습니다. 더욱이 주님은 십자가에 못 박혀 죽임당하는 순간까지도 당신의 고통은 아랑곳하지 않으시고 오히려 자기를 죽인 자들을 위해 기도하셨습니다. 우리는 하나님께 받은 용서의 사랑을 기억하며 나에게 잘못을 저지른 모든 사람을 용서함으로써 누구도 하나님의 사랑에서 소외되지 않도록 도와야 합니다.

"서서 기도할 때에 아무에게나 혐의가 있거든 용서하라 그리하여야 하늘에 계신 너희 아버지께서도 너희 허물을 사하여 주시리라 하시니라"

막 11:25

그러므로 용서는 하나님의 사랑이 교회와 인류 사회 안에 지속적으로 흐르게 하기 위해 고안된 하나님 지혜의 산물입니다.

그렇다면 참된 죄사함과 용서의 의미는 무엇입니까?

오늘날 그리스도인들이 세상을 거슬러 살 힘이 없는 것은 참된 죄사함과 용서의 의미를 잘 모르기 때문입니다. 자신을 죄인이라고 인정하고 입으로 시인하지만 실상 자신의 죄를 정직하게 볼 수 있는 사람은 많지 않습니다. 죄는 은밀합니다. 성령의 조명 없이는 죄의 실체를 볼 수 없습니다.

하지만 자신 내면의 죄를 볼 수 있는 은혜의 사람들은 그 죄인들을 자신과 동일시합니다. 자신의 내면에서 그들과 같은 죄의 뿌리들을 분명하게 볼 수 있기 때문입니다. 그래서 자신도 그들과 같은 상황에 처하게 되었다면 똑같은 범죄를 저질렀을 것이라고 생각합니다. 동시에 그런 자신이 범죄한 사람들을 미워할 수 없다는 것을 알게 됩니다. 범죄한 사람들을 정죄하고 저주하는 대신 연약한 한 사람으로서 그들을 긍휼의 대상으로 바라볼 수 있게 되는 것입니다.

사실 거기까지 가기 위해서는 많은 인생의 경험들을 해야 합니다. 특별히 좌절과 실패의 경험들이 필요합니다. 때로는 거기에 더해 혹독한 고난과 고독이 필요하기도 합니다. 그런 과정에서 마침내 자신의 실상을 온전히 파악하고, 보고, 인정하고, 있는 그대로의 자신의 모습을 받아들이게 되기 때문입니다.

그리고 바로 그 순간, 죄사함이라는 하나님의 용서가 얼마나 큰 사랑이며 자비이며 인내인가를 깨닫게 됩니다. 그 죄인 됨을 깨닫는 시간은 처절한 자기 절망의 시간이며, 철저한 깨어짐의 시간입니다. 그렇게 온전히 자기의 무력함을 깨닫는 그 순간, 우리는 비로소 이웃을 용서할 수 있는 사람으로 준비됩니다. 서로 사랑할 수 있는 사람들로 만들어지는 것입니다.

"내 속 사람으로는 하나님의 법을 즐거워하되 내 지체 속에서 한 다른 법이 내 마음의 법과 싸워 내 지체 속에 있는 죄의 법 아래로 나를 사로잡는 것을 보는도다 오호라 나는 곤고한 사람이로다 이 사망의 몸에서 누가 나를 건져내랴 우리 주 예수 그리스도로 말미암아 하나님께 감사하리로다 그런즉 내 자신이 마음으로는 하나님의 법을 육신으로는 죄의 법을 섬기노라" 롬 7:22~25

죄에 대해 철저히 무력한 자신의 존재를 보고 자기에 대해 처절한 절망을 경험한 사람만이 예수 그리스도의 희생과 대속의 의미를 깨닫고 은혜의 세계로 들어갑니다. 그리고 마침내 이렇게 선포합니다.

"그러므로 이제 그리스도 예수 안에 있는 자에게는 결코 정죄함이 없나니 이는 그리스도 예수 안에 있는 생명의 성령의 법이 죄와 사망의 법에서 너를 해방하였음이라" 롬 8:1~2

이것이 바로 참된 죄사함과 용서의 의미입니다. 그리고 "우리의 죄를 사하여 주옵소서, 우리가 우리에게 죄 지은 자를 용서하여 준 것 같이"라는 기도의 참 의미입니다.

7) "우리를 시험에 들게 하지 마시옵고 다만 악에서 구하시옵소서"

"우리를 시험에 들게 하지 마시옵고 다만 악에서 구하시옵소서"는 우리를 위한 기도 중 세 번째 간구입니다.

먼저 이 기도 제목에서 우리가 정확히 이해해야 할 두 개의 단어가 있습니다. 바로 '시험'과 '악'입니다. 여기서 '시험'으로 번역된 헬라어 '페이라조'는 '유혹과 시험'의 두 가지 의미를 모두 갖고 있는 단어입니다. 개역개정판을 비롯한 여러 한글성경에는 '시험'이라는 단어를 '사탄의 유혹'과 '하나님의 시험'을 구별하지 않고 그냥 '시험'으로 번역해서 혼동을 야기했습니다.

> "사랑하는 자들아 너희를 연단하려고 오는 불 시험을 이상한 일 당하는 것 같이 이상히 여기지 말고" 벧전 4:12

하나님은 우리를 연단하시기 위해 우리를 시험하십니다. 그런데 야고보서에 보면 하나님은 우리를 시험하지 않으신다고 말합니다.

"사람이 시험을 받을 때에 내가 하나님께 시험을 받는다 하지 말지니 하나님은 악에게 시험을 받지도 아니하시고 친히 아무도 시험하지 아니하시느니라 오직 각 사람이 시험을 받는 것은 자기 욕심에 끌려 미혹됨이니" 약 1:13~14

"하나님은 아무도 시험하지 아니하시느니라"는 구절에서 시험은 '사탄의 유혹'을 말합니다. '하나님의 시험'과 '사탄의 유혹'을 혼용하면 정확한 의미를 이해하기 어렵습니다. 우리는 흔히 신앙생활 잘하던 사람이 갑자기 전에 하던 악한 습관이나 죄에 빠지게 되면 "저 사람 시험 들었어"라고 말하는데 이때 사용된 단어인 시험은 사탄의 유혹입니다. 따라서 오늘 주기도의 "우리를 시험에 들게 하지 마시옵고"의 시험은 '사탄의 유혹'입니다. 이 기도는 "사탄의 세력과 유혹으로부터 보호해 주옵소서"라는 간구인 것입니다.

다음으로 '악에서'라는 단어입니다. 여기서 '악'은 '악한 자'를 의미합니다. 그렇다면 악한 자란 누구를 말합니까? 예수님의 말씀과 행적을 비추어 볼 때 그것은 사탄을 가리킵니다. 우리말로 '악마^{devil}' 혹은 '마귀^{demon}'라고 번역되기도 합니다. 예수님은 하나님을 대적하여 인간을 노예로 삼고 하나님의 뜻을 방해하려는 영적 세력이 있다고 말씀하셨습니다.

"마귀가 또 그를 데리고 지극히 높은 산으로 가서 천하만국과 그 영광을 보여 이르되 만일 내게 엎드려 경배하면 이 모든 것을 네게 주리라 이에 예수께서 말씀하시되 사탄아 물러가라 기록되었으되 주 너의 하나님께 경배하고 다만 그를 섬기라 하였느니라" 마 4:8~10

'사탄, 마귀, 악마'는 악한 영적 세력의 우두머리를 가리키는 동의어입니다. '귀신' 혹은 '악령'이라고 부르는 영적 존재들은 사탄의 지시에 따라 활동합니다. 따라서 "악에서 구하시옵소서"는 "악한 자로부터 지켜주시옵소서, 사탄의 세력으로부터 구원해 주시옵소서"라는 기도입니다.

성경은 죄에 빠진 모든 인간이 사탄의 세력 아래에 있다고 말합니다. 이 세상은 사탄의 세력 아래에 있습니다. 그런데 하나님께서 이 세상에 속한 어떤 무리에게 은혜를 베푸셔서 당신의 백성이 되게 하셨습니다.

"그는 허물과 죄로 죽었던 너희를 살리셨도다 그 때에 너희는 그 가운데서 행하여 이 세상 풍조를 따르고 공중의 권세 잡은 자를 따랐으니 곧 지금 불순종의 아들들 가운데서 역사하는 영이라 전에는 우리도 다 그 가운데서 우리 육체의 욕심을 따라 지내며 육체와 마음의 원하는 것을 하여 다른 이들과 같이 본질상 진노의 자녀이었더니" 엡 2:1~3

하나님은 은혜를 베푸셔서 우리를 당신의 자녀로 삼으셨지만 그 나머지는 모두 죄악 속에 버려두셨습니다. 하나님께서 우리의 삶에 간섭하지 않으셔서 우리가 마음의 정욕대로 행하도록 버려두시면 어떻게 되는지 아십니까?

"그러므로 하나님께서 그들을 마음의 정욕대로 더러움에 내버려 두사…; 또한 그들이 마음에 하나님 두기를 싫어하매 하나님께서 그들을 그 상실한 마음대로 내버려 두사 합당하지 못한 일을 하게 하셨으니 곧 모든 불의, 추악, 탐욕, 악의가 가득한 자요 시기, 살인, 분쟁, 사기, 악독이 가득한 자요 수군수군하는 자요 비방하는 자요 하나님께서 미워하시는 자요 능욕하는 자요 교만한 자요 자랑하는 자요 악을 도모하는 자요 부모를 거역하는 자요 우매한 자요 배약하는 자요 무정한 자요 무자비한 자라 그들이 이같은 일을 행하는 자는 사형에 해당한다고 하나님께서 정하심을 알고도 자기들만 행할 뿐 아니라 또한 그런 일을 행하는 자들을 옳다 하느니라" 롬 1:24; 28~32

우리 그리스도인들은 이런 세상 죄악에서 건짐을 받았지만 여전히 사탄의 유혹과 핍박 가운데 살아가고 있습니다. 사탄의 세력과 영적 전쟁을 치르고 있는 것입니다. 그런데 우리의 현실은 어떻습니까? 매일같이 사탄의 유혹과 시험에 지고 있지 않습니까? 매일매일 사탄의 세력에 굴복하고 있지 않습니까? 하나님을 사랑하고 이웃을 사랑하기보다, 세상 재물과 명예, 권력을 더 사랑하지는 않습니까?

사탄은 우리가 하나님의 평강과 감사 아래 잠시라도 있지 못하게 하려고 발버둥을 치고 있습니다. 바른 신앙, 건강한 믿음을 갖지 못하게 하려고 계속해서 우리를 흔듭니다. 탐욕과 시기와 분쟁과 자랑과 분노를 부추깁니다. 영적으로 시험합니다. '아차' 하는 순간에 성령의 충만함을 잃어버리게 만듭니다. 사랑의 마음을 미움의 마음으로, 평강의 마음을 불안한 마음으로, 섬김의 마음을 교만한 마음으로 바꿔버립니다.

그리스도인들은 이 사탄의 세력과 유혹을 어떻게 이길 수 있습니까?

하나님께서 우리를 사탄의 유혹에 빠지지 않도록 인도하신다는 사실을 잊어서는 안 됩니다. 하늘에 계시는 우리 아버지가 우리에게 사탄의 시험에서 이길 수 있는 힘을 주시는 것입니다. 사탄은 계속해서 우리를 유혹하고 시험하며 악의 구렁텅이에 빠지도록 만듭니다. 그런데 예수님은 우리 하나님께서 사탄을 이길 힘을 이미 주셨음을 기도를 통해 알려주고 있습니다. 사실 사탄에 대한 승리는 예수 그리스도를 통해 이미 일어났습니다. 예수님은 "세상에서는 너희가 환란을 당하나 내가 세상을 이기었노라"고 말씀하셨습니다. 이것을 붙잡고 기도해야 합니다.

> "우리에게 있는 대제사장은 우리의 연약함을 동정하지 못하실 이가 아니요 모든 일에 우리와 똑같이 시험을 받으신 이로되 죄는 없으시니라 그러므로 우리는 긍휼하심을 받고 때를 따라 돕는 은혜를 얻기 위하여 은혜의 보좌 앞에 담대히 나아갈 것이니라" 히 4:15~16

이 간구는 사탄의 유혹과 시험 자체를 만나지 말게 해 달라는 것이 아닙니다. 하나님의 백성으로 이 세상을 살아갈 때 필연적으로 만나게 되는 사탄의 유혹과 시험에서 패배하지 않고 이기게 해 달라는 기도입니다. 우리가 사탄의 유혹에 빠지지 않도록 하나님의 도움을 간구하는 것은 마귀나 세상에 대한 두려움 때문이 아닙니다. 오히려 이 기도는 우리의 육체뿐만 아니라 영혼과 마음을 온전하게 보존하기 위해 우리 자신의 힘을 신뢰하지 않고 하나님을 의지하고 있다는 사실에 대한 고백입니다. 마음 깊은 곳으로부터 올리는 이 기도를 통해 우리 자신을 의지하는 자만심과 교만을 버리고 하나님을 의지하는 순전한 마음을 유지할 수 있는 것입니다. 그래서 우리는 하늘에 계신 아버지께 계속해서 "우리를 시험에 들게 하지 마옵시고"라고 기도해야 합니다. 우리가 영적으로 깨어 기도하면 하나님 아버지의 도움을 받아 사탄의 유혹과 시험을 언제나 이길 수 있습니다.

'죄와 악, 선과 악'은 어떤 관련이 있는 것입니까? 그리고 "우리가 시험에 들게 하지 마옵시고, 다만 악에서 구하시옵소서"의 참 의미는 무엇입니까?

하나님께서는 이 세계를 선하게 창조하심으로써 악이 하나님의 뜻이 아님을 보여주셨습니다. 하나님께서 창조하신 세계는 물론 우리 인간 안의 온전하고 좋은 모든 것은 전적으로 하나님에게서 온 것입니다. 반면에 불완전하고 악한 모든 것은 인간의 죄로부터 온 것입니다.

죄와 악은 매우 밀접하게 관련되어 있습니다. 죄가 뿌리라면 악은 그 뿌리에서 나온 줄기와 가지 혹은 열매라고 할 수 있습니다. 따라서 '죄악'이란 단어는 매우 적절한 표현입니다. 죄는 인간의 영혼 안에 있는 경향성으로 인간의 마음은 늘 하나님을 대적하는 성향이 있습니다. 악은 그 마음의 성향이 나타나서 죄가 실행된 상태를 말합니다. 즉 죄는 경향성이지만 악은 구체적으로 미움과 시기, 정욕과 교만과 같이 인간의 악한 마음으로 흘러나오거나 살인과 거짓 등과 같이 악한 행동으로 실현되기도 합니다.

"마음에서 나오는 것은 악한 생각과 살인과 간음과 음란과 도둑질과 거짓 증언과 비방이니" 마 15:19

하나님께서 세상을 창조하시고 우리 같은 사람을 지으신 목적이 있습니다. 바로 그 목적을 회복하시기 위해 하나님께서는 예수 그리스도 안에서 우리를 구원하셨습니다. 그러므로 선은 그 창조의 목적과 구원의 계획대로 살아가는 것입니다. 거기에서 벗어나는 모든 것들은 다 악입니다.

우리는 열심히 일해서 돈을 벌었더라도 혼자 호의호식하고 방탕하게 사는 사람들을 악한 사람이라고 말합니다. 그러나 정직하게 노력하여 번 돈으로 가난한 이웃을 구제하고 하나님 나라와 선교를 위해 사용하는 것은 선하다고 말합니다. 거기에 하나님께서 세상을 창조하시고 사람을 지으신 목적에 이바지하는 가치가 있기 때문입니다. 이른 아침부터 교회에 나와서 청소하는 일, 어린 영혼들을 성심껏 말씀으로 가르치는 일, 병든 지체들을 심방하며 위로하는 일, 교도소에 갇힌 자들에게 복음을 전하는 일, 가난하고 헐벗은 이웃들을 구제하는 일 등 모든 섬김이 궁극적으로 하나님께서 세계를 창조하시고 인간을 지으신 목적에 티끌만큼이라도 이바지하는 행동이기 때문에 우리는 그것을 선하다고 말합니다.

제일 먼저 인간은 하나님을 이용해 이 세상에 있는 것들을 얻고자 합니다. 어처구니없게도 피조물이 창조주 하나님을 자기 욕심을 만족시키기 위해 일하시도록 이용하려 합니다. 그리고 하나님께서 사랑하라고 명하신 이웃들을 자기의 성공과 행복을 위해 이용하며 심지어 그들을 짓밟습니다.

인간은 결코 중립적인 존재가 아닙니다. 살아있는 동안 인간의 마음은 잠시도 쉬지 않습니다. 끊임없이 선과 악 사이에서 오가며 참된 아름다움과 거짓되고 위장된 아름다움 사이에서 갈팡질팡합니다. 선과 악을 선택하는 기로에서 우리의 삶이 나아가야 할 방향은 마음 안에서 확정됩니다. 시험은 단지 외적인 환란이나 핍박이 아니라 우리의 내면세계 속에서 작동하는 것들에 의해 옵니다.

시험은 하나님의 자녀들에게 피할 수 없는 것이지만 악에 빠지는 것은 얼마든지 피할 수 있고, 반드시 피해야 합니다. "우리가 시험에 들게 하지 마옵시고, 다만 악에서 구하시옵소서"라는 기도는 시험을 받더라도 악으로까지 이어지지 않도록, 혹은 이미 악에 빠졌을 경우에는 구원해달라고 하나님께 간구하는 간절한 탄원입니다.

이 간구와 관련해 우리는 다만 지극히 연약한 존재일 뿐임을 기억해야 합니다. 우리가 살아온 많은 날 가운데 시험을 당해 미끄러졌던 날들이 얼마나 많습니까? 만약 그때에 우리가 진심으로 이 간구를 드렸다면 잠시 미끄러졌어도 즉시 일어나 다시 설 수 있었을 것입니다. 시험을 당했더라도 "악에 엎드려 있게 마시고 저를 악에서 건져달라"고 간절히 빌었더라면 아마 우리의 인생은 훨씬 풍성하고 아름다워졌을 것입니다. 그랬다면 우리가 시험 가운데 낭비한 수많은 날은 오히려 하나님 나라의 소명을 이루는데 사용되었을 것이고, 방황하던 수많은 인생의 시간은 창조의 목적을 따라 살아가는 일에 바쳐졌을 것입니다.

지금도 여전히 우리가 하나님의 말씀에 따라 살아가려 하면 반드시 시련과 환란, 고난을 만납니다. 그러므로 무조건 그런 것들을 피하게 해 달라고 하는 것은 이 땅에 당신의 나라를 이루시기 원하시는 하나님의 경륜과는 어긋나는 것입니다. 우리는 오히려 비록 시험을 만날지라도 소명의 자리에서 하나님께 영광만 드러내고 주님의 이름을 더럽히지 않도록 우리를 보호해 달라고 기도해야 합니다. 우리의 신앙생활이 나태해져 시험 가운데 악으로 미끄러지려고 할 때마다 정신 바짝 차리고 우리를 거기로부터 건져달라고 간절히 매달려야 합니다.

"우리가 시험에 들게 하지 마옵시고, 다만 악에서 구하시옵소서"라는 이 간구 또한 '우리'를 강조하고 있다는 점을 잊지 말아야 합니다.

주님은 "'나를' 시험에 들게 하지 마시옵고"나 "'나만' 악에서 구하게 해주서"라고 기도하라고 가르치지 않으셨습니다. 주님은 '우리'를 강조하셨습니다. 나 혼자만 시험에 빠지지 않고, 나 혼자만 악에서 구해지는 것이 아니라 우리가 시험에 빠지지 않고 우리가 구원을 받아야하는 것입니다. 우리 모두가 주님을 머리로 둔 '한 몸 공동체'라면 한 지체가 시험에 빠지면 모두가 시험에 빠질 수 있고, 한 지체가 악의 권세에 사로잡히면 공동체 전체가 악의 권세에 흔들릴 수 있기 때문입니다.

반대로 내가 시험이나 악한 자의 손길에서 완전히 벗어나려면 나 뿐 아니라 공동체 전체, 즉 우리 모두가 시험과 악에서 벗어나야 합니다. 그러지 않으면 한 사람의 죄와 악이 전체 공동체에 영향을 주게 됩니다. 우리는 모든 시험 가운데 우리의 연약함을 인식하며 전적으로 주님을 의뢰해야 합니다. 이 시험은 혼자만의 시험이 아닙니다. 공동체는 함께 시험을 받습니다. 우리는 너무나 쉽게 시험당한 지체나 교회를 자신과는 다르다고 여깁니다. 그러나 시험은 '함께' 당하며 '함께' 이겨나가는 것입니다. 그래서 우리는 늘 "우리가 시험에 들게 하지 마옵시고, 다만 악에서 구하시옵소서"라고 '우리'를 강조하며 기도해야 합니다.

8) "대개 나라와 권세와 영광이 아버지께 영원히 있사옵나이다. 아멘."

주기도문의 마지막 결론 부분인 송영입니다. "대개 나라와 권세와 영광이 아버지께 영원히 있사옵나이다. 아멘."

주기도는 우리 기도를 들으시는 하나님이 누구신지를 설명하는 "하늘에 계신 우리 아버지여"라는 서문으로 시작됩니다. 이 서론 직후에 하나님 아버지를 위한 3개의 간구 기도와 우리를 위한 3개의 간구 기도가 본론으로 이어집니다. 그리고 마지막 결론 부분인 송영으로 마무리됩니다. 따라서 주기도는 총 8개의 기도문으로 구성되어 있습니다.

이 송영은 '대개'란 부사로 시작됩니다. 이것이 무슨 뜻인지 아십니까? 많은 사람들이 '댁에, 즉 하나님에게' 아니면 '대체적으로'라는 의미라고 생각합니다. 이 '대개'는 1895년부터 1936년 사이에 번역된 한글성경에만 있습니다.

'대개'는 헬라어로 '호티'입니다. 번역하지 않아도 되지만 굳이 번역한다면 영어로 'For'이며, 우리말로는 '이는, 결론적으로 말하건대'의 뜻입니다. 따라서 '대개'는 앞서 기도한 모든 것의 결론이라는 말입니다.

이 '대개'가 1947년에 공인된 찬송가에 들어갑니다. 한국 초대교회에서 이 대개가 붙여진 것 같습니다. '대개'의 헬라어 '호티'는 앞뒤 문장 사이의 '왜냐하면'이란 의미로 때로는 관계대명사절을 이끄는 접속사로도 사용됩니다. 그래서 아무 의미 없는 문장 부호로 인식되어서 굳이 번역하지 않아도 되는 접속사입니다. 그러나 성경의 일점일획도 가벼이 여기면 안 된다는 생각에 앞뒤 문맥에 맞게 번역하려다가 구어체적 번역인 '대개'가 등장한 것으로 보입니다. 현재 우리가 사용하는 개역개정판 성경과 21세기 새찬송가에서는 '호티'를 따로 번역하지 않았습니다. 개인적으로는 번역하지 않는 편히 더 자연스럽다고 생각합니다.

<u>송영이란 무엇을 말하는 것입니까? 또 주기도문의 송영이 괄호 안에 있는 이유는 무엇일까요?</u>

송영이란 기도가 마무리될 때 회중이 하나님께 영광을 돌리는 고백입니다. 한 마디로 방금 드린 기도에 대한 회중의 찬양적 반응

을 담은 것이 송영입니다. 유대교 전통에 의하면 송영이란 제사장이 회중의 기도에 대한 응답으로 올리는 기도입니다. 예를 들어 대표기도가 마쳐진 뒤 찬양대가 응답송을 부르는 것과 같은 것이 바로 송영입니다. 기도자와 찬양대가 주거니 받거니 하는 것이 송영이라는 말입니다.

성경에는 가끔 괄호가 쳐 있는 부분이 나옵니다. 보통 글에서 괄호의 내용은 글의 흐름과 다른 내용이거나 보충 설명인 경우가 많습니다. 그러나 성경에서는 다릅니다. 성경에서 괄호가 쓰일 때는 그 괄호 안의 내용이 주요 사본에는 없지만 다른 사본에는 있는 경우입니다. 오늘날 우리가 가지고 있는 성경은 모든 사본을 집대성한 것입니다. 성경 각 권의 원본은 모두 분실 또는 파손되어 사라졌고 다만 사본들만이 남아있기 때문입니다. 현재 보존되어 있는 사본들은 원본 또는 다른 사본을 베낀 것입니다.

성경은 파피루스에 가장 많이 기록되었으며 양피지나 송아지 가죽 혹은 점토나 나무껍질 등에도 기록되어 전해졌습니다. 16세기 이전, 인쇄술이 발달하기 전의 성경은 사람의 손에 의해 일일이 필사되었습니다. 어떤 사본들은 정확하며 성경의 많은 내용을 담고 있지만 어떤 사본들은 훼손되었거나 일부 내용만 기록되어 있었습니다. 같은 기록이라고 해도 내용이 조금씩 다르기도 합니다. 주기도문의 송영 부분은 연대기적으로 후기의 사본에 나타나 있습니다. 사본의 가치는 오래된 것일수록 높은 평가를 받습니다.

따라서 후기의 사본은 상대적으로 권위가 떨어집니다.

이런 정황을 종합해 볼 때, 주기도문의 송영 부분은 예수께서 직접 언급하지 않으셨을 가능성도 있습니다. 하지만 그것이 후대의 사본에 기록되어 있는 것은 그 당시 신자들이 주기도를 하는 가운데 암송했기 때문일 것입니다. 또 당시 신자들은 이 송영이 주기도의 내용을 마무리하기에 적합하다는 신앙적 판단을 했을 것이기에 주님이 직접 언급하셨는지 여부와 상관없이 중요한 신앙적 유전이라 할 수 있습니다.

사실 성경에는 주기도문의 송영과 유사한 송영들이 많습니다. 우리가 가장 흔히 사용하는 송영은 "할렐루야"입니다. 더 짧은 것으로는 그 뜻이 분명하지 않은 "셀라"도 있습니다. 구약 역대상 29장 10~13절을 비롯해 사도 바울의 서신서나 일반 서신서에서도 발견됩니다. 성경의 여러 예를 살펴보면 주기도문의 송영은 초대교회 성도들의 믿음의 응답이며 찬양일 가능성이 매우 높습니다. 주님께서 가르쳐주신 주기도의 여섯 가지 간구를 마치면서 마음속에 우러나오는 감사와 찬양이 "나라와 권세와 영광이 아버지께 영원히 있사옵나이다"라는 송영에 담겨 있는 것입니다.

이 송영은 주기도에서 어떻게 마무리되는 기도문입니까? 이 마지막 송영이 주기도에서 의미하는 바는 무엇일까요?

송영은 주기도문의 결론입니다. '나라'와 '권세'와 '영광'이 아버지께 있다는 선언이며 승리의 찬송입니다. 하나님을 위한 간구와 우리를 위한 간구, 곧 주기도문의 모든 성취는 오직 하나님께만 있다는 믿음의 고백인 것입니다.

이 송영에는 우리 그리스도인의 믿음이 담겨 있습니다. 먼저 하나님을 위한 기도 가운데 "나라가 임하시오며"는 송영에서 "그 나라가 아버지의 것이옵니다"로 바뀝니다. 권세, 곧 죽은 자 가운데서 그리스도를 부활시키고 만물을 그리스도의 이름 앞에 무릎 꿇게 함으로써 인간 속에 주의 통치권을 확립시키는 영적인 능력이 아버지의 것임을 고백합니다. 그리고 영광, 곧 모든 명예와 거룩함 역시 아버지께 속한다는 고백입니다. 또 고난과 멸시와 박해 속에서 살아가는 성도들이 나라와 권세와 영광이 오직 하나님 아버지의 것임을 확신하면서 드리는 승리의 찬송가이기도 합니다.

이 송영이 가진 의미는 거기에 주기도에 대한 보증이 담겨있다는 사실입니다. 보증이란 어떤 것에 책임을 지고 틀림이 없음을 증명하는 것입니다. 믿음이 우리 쪽에서 표현하는 것이라면 보증은 하나님이 우리에게 해주시는 것입니다. 이 송영 기도는 방금 드린 기도에 대한 보증의 의미를 담고 있습니다.

우리가 기도하면서 겪은 체험이나 은사, 주관적인 확신으로 우리가 드리는 기도가 보증되는 것이 아닙니다. 영원한 아버지의 나라와 영원한 아버지의 권세, 아버지의 영광이 기도를 보증해줍니다. 주기도의 간구를 책임져 주시고 틀림이 없다고 확인해 주시는 것입니다.

하나님의 나라는 "하나님의 나라가 이 땅에 임하시오며"라는 기도와 같이 하나님의 통치가 충만히 임하는 나라입니다. 영원히 아버지의 것인 충만한 아버지의 통치는 주기도가 결국에는 이루어질 것을 보증합니다. 그 충만함의 절정을 보여주는 것이 바로 예수 그리스도의 십자가와 부활이기에 아버지의 나라는 결국 영원합니다. 굶주리는 것 같아도, 쓰러지는 것 같아도, 시험에 흔들리는 것 같아도, 십자가의 고난과 부활로 승리하시는 하나님 아버지께서 우리 또한 승리케 하실 것입니다. 이는 예수 그리스도의 고난과 부활이 하나님 아버지의 통치를 의미한다는 것이며 십자가의 예수님, 부활의 예수님이 이 기도를 보증해준다는 것입니다.

권세도 영원히 아버지의 것입니다. 이 권세, 곧 권능이 영원히 아버지의 것이기 때문에 아버지는 우리의 기도를 들으시고 당신의 이름을 거룩하게 하실 것이며, 결국에는 당신의 통치를 이 땅에 확장해 가시고 당신의 뜻을 하늘뿐만 아니라 이 땅에서도 이루어 가신다는 것입니다. 당신의 권능이 영원하기 때문입니다.

영원히 아버지의 것인 영광은 무엇입니까? 이 세상이 이야기하는 영광은 높은 지위에 앉는 것, 내가 다른 사람에 앞서서 얻는 성취, 성공을 의미합니다. 그러나 이런 세상적 영광은 순간에 불과합니다. 금세 왔다가 금세 사라집니다. 그러나 주기도에 나온 대로 하나님 아버지의 영광은 영원합니다. 왜냐하면 예수님이 십자가에 달려 죽으시고 부활하심으로 드러난 하나님 아버지의 영광이기 때문입니다.

"모든 입으로 예수 그리스도를 주라 시인하여 하나님 아버지께 영광을 돌리게 하셨느니라" 빌 2:11

하나님 아버지의 최고의 영광은 예수 그리스도의 십자가 죽으심과 부활입니다. 이 하나님의 영광이 주기도의 기도를 보증해줍니다. 십자가의 죽으심과 부활이야말로 주기도문의 기도를 보증하는 하나님 아버지의 영원한 영광인 것입니다.

<u>송영은 참으로 중요한 고백으로 마무리됩니다. 바로 "아멘"입니다.</u>

주기도는 아멘으로 끝나야 합니다. 왜냐하면 거기에 믿음과 순종, 확신이 모두 담겨져 있기 때문입니다. "아멘"이란 히브리어 "아멘"을 그대로 옮긴 것으로 "진실로 그러하도다. 진정으로 동의합

니다"라는 뜻입니다. 또 "진실로 그러하므로 그렇게 이루실 것을 믿사옵나이다"란 의미로 사용됩니다. 이는 기도한 내용을 "이루어주십시오"라고 간구하는데 더해 "반드시 그렇게 될 것을 믿습니다"는 믿음의 고백입니다. 또한 "진실로 그러한 것을 찬양하나이다"라는 의미로 감사와 감탄, 하나님의 섭리에 대한 놀라움을 표현합니다.

이스라엘 백성들이 광야를 지나 요단강을 건넌 후에 마침내 약속의 땅에 들어가게 되었습니다. 백성들은 요단강에서 가져온 돌들로 단을 쌓고, 번제를 드리고, 그리심 산과 에발 산에 백성을 나눠 세운 후에 일종의 맹세를 하게 됩니다.

먼저 저주의 내용이 선포될 때, 모든 백성들은 아멘을 외쳤습니다. 그러나 복이 선포될 때에는 아멘을 외치지 않았습니다. 신명기 27장에는 모두 12개의 저주가 기록되어 있습니다. 각각의 저주 내용이 선포될 때마다 이스라엘 백성들은 아멘을 외쳐야 했습니다.

"그 부모를 경홀히 여기는 자는 저주를 받을 것이라 할 것이요 모든 백성은 아멘 할지니라 그 이웃의 지계표를 옮기는 자는 저주를 받을 것이라 할 것이요 모든 백성은 아멘 할지니라" 신 27:16~17

축복의 내용이 선포될 때에는 아멘을 외치라는 말이 없었지만 이스라엘 백성들은 훨씬 더 크게 아멘을 외쳤을 것입니다.

"네가 네 하나님 여호와의 말씀을 삼가 듣고 내가 오늘날 네게 명하는 그 모든 명령을 지켜 행하면 네 하나님 여호와께서 너를 세계 모든 민족 위에 뛰어나게 하시리라" 신 28:1

하나님의 백성이란 하나님과 하나님의 말씀에 순종하는 자들입니다. 따라서 하나님이 인도하시는 자신의 모든 삶에 대해 "아멘" 하는 자들입니다.

두 번째로 아멘의 의미는 "진실로 그렇게 될 것을 믿습니다. 진실로 그렇게 되기를 원합니다"입니다. 믿음이란 아직 이뤄지지 않거나 보이지 않는 것을 보이는 것처럼 믿는 것입니다. 따라서 우리는 기도 후에 "진실로 그렇게 되기를 원합니다"라고 말할 수밖에 없습니다. 아멘이란 우리가 드린 기도에 대한 믿음과 확신입니다. 기도에는 반드시 믿음이 필요합니다. 반드시 이루어질 것이라는 믿음이 있어야 우리는 제대로 기도한 것입니다.

"오늘 있다가 내일 아궁이에 던지우는 들풀도 하나님이 이렇게 입히시거든 하물며 너희일까 보냐 믿음이 적은 자들아 그러므로 염려하여 이르기를 무엇을 먹을까 무엇을 마실까 무엇을 입을까 하지 말라" 마 6:30~31

기도란 믿음으로 하는 것입니다. 의심하는 믿음으로 기도할 수 없습니다. 우리의 아멘은 연약함을 떨쳐버리는 강력한 선언입니다. 예수님은 '아멘의 주님'이셨습니다.

"아멘이시요 충성되고 참된 증인이시요 하나님의 창조의 근본이신 이가 가라사대" 계 3:14

주님은 아멘 그 자체이셨습니다. 이는 모든 일에서 아버지 하나님께 순종하셨음을 드러내는 표현이기도 합니다. 주님은 모든 일에 있어 아버지의 뜻을 따르고 순종하셨습니다.

"너희 가운데 전파된 하나님의 아들 예수 그리스도는 예하고 아니라 함이 되지 아니하였으니 그에게는 예만 되었느니라 하나님의 약속은 얼마든지 그리스도 안에서 예가 되니 그런즉 그로 말미암아 우리가 아멘 하여 하나님께 영광을 돌리게 되느니라" 고후 1:19~20

주님은 아멘의 주님, 순종의 주님이셨습니다. 그리고 그렇게 아멘이 되심으로 하나님께 영광을 돌리셨습니다. 하나님 백성으로 부름을 받은 우리 또한 아멘의 사람이 되어야 합니다. 그리고 주님처럼 우리 또한 하나님께 영광을 돌리는 자들이 되어야 할 것입니다. 하나님의 백성들은 아멘이 되어야 합니다. 왜냐하면 "나라와 권세와 영광이 아버지께 영원히 있기 때문"입니다.

세 번째로 "아멘"은 노래의 후렴구와 같이 찬양의 의미로 사용됩니다. "진실로 그러한 것을 찬양하나이다"의 의미입니다.

"여호와 이스라엘의 하나님을 영원부터 영원까지 찬송할지로다 아멘 아멘" 시 41:13

하나님을 찬송하는 시편 기자의 열망이 한 번의 아멘으로 부족하여 연속하여 "아멘, 아멘"이라고 부르짖게 했습니다.

"여호와 이스라엘의 하나님을 영원부터 영원까지 찬양할지어다 모든 백성들아 아멘 할지어다. 할렐루야" 시 106:48

하나님께 대한 감동의 마음이 "아멘"으로 터져 나오고, 그것이 다시 "할렐루야"로 반복되고 있는 것입니다.

"하나님 곧 우리 아버지께 세세 무궁토록 영광을 돌릴지어다 아멘" 빌 4:20

여기서 우리는 주체하지 못하는 마음의 감동이 찬양으로 이어지는 것을 볼 수 있습니다. 그때 튀어나오는 말이 바로 아멘입니다. 주기도의 "나라와 권세와 영광이 아버지께 영원히 있사옵나이다. 아멘" 역시 마찬가지입니다. 마음에 넘치는 감동, 곧 나라와 권세와 영광이 아버지께 영원히 있다는 그 사실에 대해 "정말 그렇습니다. 주님, 그런 주님을 찬양합니다"라는 의미의 아멘이 찬양으로 울려 퍼지고 있는 것입니다.

"나라가 오직 아버지께 영원히 있습니다"라는 고백에 "아멘"으로 화답할 때 우리는 이 세상이 아니라 하나님 나라의 참된 소망을 바라보며 살아가는 감격을 찬양하는 것입니다. "권세가 오직 아버지께 영원히 있습니다"라는 고백에 "아멘"으로 화답할 때 우리는 "모든 어둠의 권세를 이기는 하나님 아버지의 권세로 이 세상을 거슬러 살 수 있습니다"라고 우리의 마음을 노래하는 것입니다. 또 "영광이 오직 아버지께 영원히 있습니다"라는 고백에 "아멘"으로 화답할 때 우리는 "인생에 목적을 주신 하나님께 감사하며 오직 주의 영광을 위해 살겠습니다"라는 우리의 다짐을 찬양으로 주님께 고백하는 것입니다.

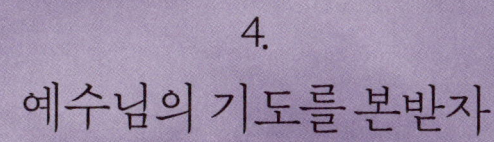

4.
예수님의 기도를 본받자

예수님은 성자 하나님으로 기도를 받으실 분인데, 왜 기도를 하셨을까요?

언뜻 생각하면 예수님은 육신을 입으신 하나님으로 모든 것을 하실 수 있는 완벽한 분인데 왜 기도를 하셨는지 궁금합니다. 어째서 심한 통곡과 눈물로 하나님께 기도해야 했는지 의아해할 수도 있을 것입니다. 여러분은 어떻게 생각하십니까? 예수님은 하나님과 본질이 같은 분으로 굳이 기도할 필요가 없는데도 자신을 주시하고 따르는 자들에게 본을 보여주시려고 기도하셨을까요? 아니면 인간과 본질이 같은 분으로서 예수님 자신을 위해서 기도할 필요가 있었기에 기도하신 것일까요?

예수님은 '참 신'이기도 하지만 '참 인간'이기도 합니다. 따라서 여느 인간과 같이 기도할 필요성이 있었기에 기도하신 것입니다. 예수님은 시험과 고난에 처했을 때 하나님께서 자신을 도우시리라 믿고 하나님을 찾고 간구했습니다. 사실 예수님의 생애는 기도의 여정이라고 해도 지나치지 않습니다. 예수님은 하나님으로부터 필요한 힘을 공급받기 위해서 기도라는 방법을 사용하셨습니다. 기도를 세상에서 아버지 하나님과 함께할 능력의 원천으로 여기셨던 것입니다. 주님은 스스로 연약하고 의존적인 존재임을 거리낌 없이 인정하셨습니다.

"아들이 아버지께서 하시는 일을 보지 않고는 아무것도 스스로 할 수 없나니 아버지께서 행하시는 그것을 아들도 그와 같이 행하느니라" 요 5:19

예수님은 어려운 일이 생길 때면 어김없이 기도하러 가셨습니다. 광야에서 시험을 받으시는 동안 예수님은 줄곧 금식하며 말씀을 묵상하셨을 뿐만 아니라 간절히 기도하셨습니다. 죽음에 직면할 시간이 다가올 때도 큰소리로 기도하셨습니다. 예수님의 기도 한마디 한마디는 그분 내면에 자리 잡고 있던 갈등이 얼마나 컸는지를 함축적으로 보여줍니다.

"지금 내 마음이 괴로우니 무슨 말을 하리요 아버지여 나를 구원하여 이때를 면하게 하여 주옵소서 그러나 내가 이를 위하여 이때에 왔나이다"

요 12:27

겟세마네 동산에서 주님은 땅에 엎드렸다 일어나기를 세 번이나 되풀이하며 인내의 한계에 이르도록 간절히 기도하셨습니다. 십자가의 참혹한 고통을 아셨기에 그 길을 면해달라고 간청하셨던 것입니다. 하지만 "내가 이를 위하여 이때에 왔다"라며 자신의 사명을 인식하시고 하나님의 뜻대로 되기를 간구하셨습니다. 예수님은 십자가의 참혹함을 낱낱이 알고 계셨음에도 불구하고 몸을 숨기지도, 신적 권세를 휘두르며 방어하지도 않으셨습니다. 그저 한 인간의 모습으로 '자신의 마음과 목숨, 뜻과 힘을 하늘에 계신 아버지께 맡김'으로써 완전한 순종을 하셨습니다. 예수님은 몸이 찢기는 십자가의 고통 한가운데서 자신을 죽인 자들을 위해 기도하셨습니다.

"이에 예수께서 이르시되 아버지 저들을 사하여 주옵소서 자기들이 하는 것을 알지 못함이니이다 하시더라…" 눅 23:34

이 예수님의 기도를 통해 우리는 죄인을 향한 하나님의 용서와 사랑을 깨달을 수 있습니다.

예수님은 어떻게 기도하셨습니까?

예수님은 철저한 기도의 사람이셨습니다. 기도가 하나님과의 대화라는 측면에서 본다면 예수님은 매 순간 기도하신 것입니다. 그분은 항상 하늘 아버지와 소통하셨기 때문입니다.

예수님이 보여주신 기도의 모범은 특별합니다. 주님의 기도는 그분의 생애와 가르침에서 독보적인 위치를 차지하고 있습니다. 주님은 세례 받을 때(눅 3:21~22), 열두 제자를 선택할 때(눅 6:12~13), 변화산에서 변화되었을 때(눅 9:29), 나사로를 무덤에서 불러냈을 때(요 11:41~42), 베드로로 인해 근심되었을 때(눅 22:31~32), 제자의 배반과 십자가 죽음이라는 인류 구속의 큰 사건에 직면했을 때(막 14:32~42), 십자가에서 죽게 되었을 때(눅 23:46) 기도하셨습니다. 예수님은 열두 제자를 택하여 세우기 전에 밤이 새도록 기도하셨습니다.

"이 때에 예수께서 기도하시러 산으로 가사 밤이 새도록 하나님께 기도하시고 밝으매 그 제자들을 부르사 그 중에서 열둘을 택하여 사도라 칭하셨으니" 눅 6:12~13

예수님께서 이렇게 철야기도를 하셨다는 기록은 여기가 유일합니다. 예수님께서는 주로 홀로 산에 올라가서 기도하신 것으로 보입니다. 오병이어의 기적을 베푸신 후에 예수님을 억지로 왕으로 삼으려고 한바탕 법석이 일어나자 예수님은 혼자 산으로 올라가서 여러 시간을 기도하셨습니다.

"무리를 보내신 후에 기도하러 따로 산에 올라가시니라 저물매 거기 혼자 계시더니" 마 14:23

예수님께서 군중을 피해 한적한 곳에서 기도하신 기록은 또 있습니다.

"예수의 소문이 더욱 퍼지매 수많은 무리가 말씀도 듣고 자기 병도 고침을 받고자 하여 모여 오되 예수는 물러가사 한적한 곳에서 기도하시니라" 눅 5:15~16

새벽에 기도하신 것도 같은 이유였을 것입니다.

"새벽 아직도 밝기 전에 예수께서 일어나 나가 한적한 곳으로 가사 거기서 기도하시더니" 막 1:35

예수님은 때론 열정적으로, 때론 비통한 마음으로, 때론 침묵으로 하나님께 기도하셨습니다.

"그는 육체에 계실 때에 자기를 죽음에서 능히 구원하실 이에게 심한 통곡과 눈물로 간구와 소원을 올렸고 그의 경건하심으로 말미암아 들으심을 얻었느니라" 히 5:7

예수님은 놀라운 중보자이십니다. 이 땅에서도 우리를 위해 중보기도하신 그분은 하늘로 올라가신 이후에도 영원히 우리를 위해 간구하고 계십니다. 주님께서 우리의 거룩과 하나님 자녀로서의 완성을 위해 기도하고 계신다는 것입니다.

"그러므로 자기를 힘입어 하나님께 나아가는 자들을 온전히 구원하실 수 있으니 이는 그가 항상 살아 계셔서 그들을 위하여 간구하심이라" 히 7:25

우리는 기도할 때 왜 '예수님의 이름'으로 기도해야 하는 것입니까?

모든 그리스도인은 "예수님의 이름으로 기도합니다. 아멘"이라며 기도를 끝맺습니다. '예수님의 이름으로 기도하는 것'은 성경의 가르침에 따른 것입니다.

"너희가 내 이름으로 무엇을 구하든지 내가 행하리니 이는 아버지로 하여금 아들로 말미암아 영광을 받으시게 하려 함이라 내 이름으로 무엇이든지 내게 구하면 내가 행하리라" 요 14:13~14

"너희가 나를 택한 것이 아니요 내가 너희를 택하여 세웠나니 이는 너희로 가서 열매를 맺게 하고 또 너희 열매가 항상 있게 하여 내 이름으로 아버지께 무엇을 구하든지 다 받게 하려 함이라" 요 15:16

"그날에는 너희가 아무 것도 내게 묻지 아니하리라 내가 진실로 진실로 너희에게 이르노니 너희가 무엇이든지 아버지께 구하는 것을 내 이름으로 주시리라 지금까지는 너희가 내 이름으로 아무 것도 구하지 아니하였으나 구하라 그리하면 받으리니 너희 기쁨이 충만하리라" 요 16:23~24

예수님은 분명히 "내 이름으로 기도하라"고 말씀하셨습니다. 이 성경 말씀의 가르침에 근거해 기독교 신자들은 약간의 수사적인 차이는 있지만 거의 예외 없이 "예수님의 이름으로 기도합니다"라는 말로 기도를 끝맺습니다. 예수님의 이름으로 기도하라고 하신 이유는 예수님이 하나님과 인간 사이의 '유일한 중보자'가 되시기 때문입니다. 완전하신 창조주 하나님께 죄 많은 피조물에 불과한 인간이 감히 직접 나아갈 수 없습니다. 그런데 하나님이시면서 동시에 사람이고, 또한 죄가 전혀 없으신 예수님을 통해서 우리는 하나님께 나아갈 수 있게 되었습니다. 예수님께서 우리 인간의 죄를 대속해 주셨기 때문입니다. 감히 하나님께 직접 기도할 수 없는 우리가 예수님을 통해 하나님께 기도할 수 있게 되었습니다. 그래서 우리는 '예수님의 이름으로 기도'하는 것입니다.

<u>예수님은 이 세상에 계시는 동안 감사기도를 드린 적이 여러 번 있습니다. 어떤 감사의 기도입니까?</u>

복음서는 예수님이 이 땅에서 사역하시는 동안 네 번 감사기도 드린 일을 기록하고 있습니다. 물론 예수님은 수없이 많은 감사를 하나님께 드렸겠지만 복음서에 기록된 이 네 번의 감사기도는 특별한 의미를 가지고 있습니다.

첫째로 예수님은 유월절에 광야에서 오병이어의 기적을 베푸시면서 감사기도를 하셨습니다.

"예수께서 떡을 가져 축사하신 후에 앉아 있는 자들에게 나눠 주시고 물고기도 그렇게 그들의 원대로 주시니라" 요 6:11

여기서 '축사'는 '축복하며 감사한다'는 뜻입니다. 이 떡을 주신 하나님께 감사하면서 복을 바라는 것입니다. 예수님이 이렇게 축사하신 이유는 무엇일까요? 여기서 떡은 생명의 떡이신 예수님의 몸(육)을 상징합니다. 예수님이 직접 당신의 생명의 떡을 축사하시고 주심으로 영원히 주리지 않고 목마르지 않을 것을 선포하는 것입니다.

둘째로 하나님 아버지의 뜻대로 된 것에 감사기도를 하셨습니다.

"예수께서 권능을 가장 많이 행하신 고을들이 회개하지 아니하므로 그 때에 책망하시되 화 있을진저 고라신아 화 있을진저 벳새다야 너희에게 행한 모든 권능을 두로와 시돈에서 행하였더라면 그들이 벌써 베옷을 입고 재에 앉아 회개하였으리라 내가 너희에게 이르노니 심판 날에 두로와 시돈이 너희보다 견디기 쉬우리라 가버나움아 네가 하늘에까지 높아지겠느냐 음부에까지 낮아지리라 네게 행한 모든 권능을 소돔에서 행하였더라면 그 성이 오늘까지 있었으리라 내가 너희에게 이르노니 심판 날에 소돔 땅이 너보다 견디기 쉬우리라 하시니라 그 때에 예수께서 대답하여 이르시되 천지의 주재이신 아버지여 이것을 지혜롭고 슬기 있는 자들에게는 숨기시고 어린 아이들에게는 나타내심을 감사하나이다 옳소이다 이렇게 된 것이 아버지의 뜻이니이다" 마 11:20~26

25절에 나오는 '지혜롭고 슬기 있는 자들'이란 예수 그리스도의 도움 없이도 하나님의 생각을 알 수 있고 구원을 얻을 수 있다는 자들을 말합니다. 또한 '어린아이들'은 예수 그리스도의 도움 없이는 스스로 아무것도 하지 못하는 사람들을 의미합니다. 하나님의 뜻은 스스로 지혜롭다고 여기는 교만한 자들에겐 구원의 은혜를 주시지 않고, 오히려 주님께 순종하는 겸손한 자와 어린아이들에게 구원의 은혜를 주시는 것입니다.

예수님은 초기 사역부터 소외받고 있는 도시들, 곧 팔레스타인 북부 지역의 고라신과 벳새다, 가버나움 등에 많은 관심과 사랑을 주셨습니다. 하지만 그 도시에는 예수 그리스도를 구주로 영접하지 않는 많은 사람들이 있었습니다. 예수님은 이들이 소돔과 고모라보다 더 큰 저주와 심판을 받게 될 것이라고 경고하셨습니다. 이들 고라신과 벳새다, 가버나움에 사는 많은 자들이 스스로 지혜롭고 슬기 있다고 여기는 교만한 자들이었습니다.

26절의 "옳소이다"는 '참으로, 진실로, 확실히, 분명히'의 뜻입니다. 예수님은 하나님의 뜻을 보여주신 아버지 하나님께 "참으로 감사합니다"라고 기도하고 있는 것입니다.

셋째로 예수님은 항상 자신의 말을 들어주시고 응답하시는 하나님께 감사기도를 드렸습니다.

> "돌을 옮겨 놓으니 예수께서 눈을 들어 우러러 보시고 이르시되 아버지여 내 말을 들으신 것을 감사하나이다 항상 내 말을 들으시는 줄을 내가 알았나이다 그러나 이 말씀 하옵는 것은 둘러선 무리를 위함이니 곧 아버지께서 나를 보내신 것을 그들로 믿게 하려 함이니이다 이 말씀을 하시고 큰 소리로 나사로야 나오라 부르시니 죽은 자가 수족을 베로 동인 채로 나오는데 그 얼굴은 수건에 싸였더라 예수께서 이르시되 풀어 놓아 다니게 하라 하시니라" 요 11:41~44

예수님이 하나님을 지칭할 때 사용하신 핵심 칭호가 '아버지'입니다. 이는 예수님의 기도 자세이자 기도의 틀을 나타내 줍니다. 이를 통해 하나님과 예수님이 얼마나 친밀하게 교제하는 부자 관계임을 잘 알 수 있습니다. 예수님은 자신의 기도에 대한 아버지 하나님의 응답이 어떤 특정 사건에 국한되지 않다는 것을 강조하고 있습니다. 예수님은 자신을 둘러선 사람들이 다 듣도록 "항상 내 말을 들으시는 줄을 내가 알았나이다"라고 고백함으로써 하나님께 감사를 드리셨습니다. 이렇게 감사기도를 드리신 이유는 사람들로 하여금 예수님이 하나님이 보내신 메시아임을 믿게 하려는 것이었습니다. 또한 자신이 십자가에서 죽음을 당하지만 부활하실 것을 사람들이 확실히 깨닫기를 원하셨던 것입니다.

마지막으로 예수님은 죽음을 앞에 두고 감사하였습니다.

"때가 이르매 예수께서 사도들과 함께 앉으사 이르시되 내가 고난을 받기 전에 너희와 함께 이 유월절 먹기를 원하고 원하였노라 내가 너희에게 이르노니 이 유월절이 하나님의 나라에서 이루기까지 다시 먹지 아니하리라 하시고 이에 잔을 받으사 감사기도 하시고 이르시되 이것을 갖다가 너희끼리 나누라 내가 너희에게 이르노니 내가 이제부터 하나님의 나라가 임할 때까지 포도나무에서 난 것을 다시 마시지 아니하리라 하시고 또 떡을 가져 감사기도 하시고 떼어 그들에게 주시며 이르시되 이것은 너희를 위하여 주는 내 몸이라 너희가 이를 행하여 나를 기념하라 하시고 저녁 먹은 후에 잔도 그와 같이 하여 이르시되 이 잔은 내 피로 세우는 새 언약이니 곧 너희를 위하여 붓는 것이라" 눅 22:14~20

성찬식은 예수님께서 십자가에서 찢기셨고 보혈의 피를 흘리셨음을 기억하고 기념하는 것입니다. 주님은 다가올 그 큰 고난과 고통을 아시면서도 하나님께 감사기도를 계속하셨습니다. 예수님은 우리의 구원을 위한 하나님의 뜻에 참여할 수 있음을 감사하신 것입니다. 그리고 예수님은 고난을 이기시고 부활하심으로 그 승리를 우리에게 전가하셨습니다.

5.
기도의 비유를 주목하자

1) 바리새인과 세리의 기도

바리새인과 세리의 기도를 통해 주시는 교훈은 무엇입니까?

예수님은 겸손한 자세로 기도할 것을 가르치시기 위해 바리새인과 세리의 기도를 비유로 말씀하셨습니다.

"또 자기를 의롭다고 믿고 다른 사람을 멸시하는 자들에게 이 비유로 말씀하시되 두 사람이 기도하러 성전에 올라가니 하나는 바리새인이요 하나는 세리라 바리새인은 서서 따로 기도하여 이르되 하나님이여 나는 다른 사람들 곧 토색, 불의, 간음을 하는 자들과 같지 아니하고 이 세리와도 같지 아니함을 감사하나이다 나는 이레에 두 번씩 금식하고 또 소득의 십일조를 드리나이다 하고 세리는 멀리 서서 감히 눈을 들어 하늘을 쳐다보지도 못하고 다만 가슴을 치며 이르되 하나님이여 불쌍히 여기소서 나는 죄인이로소이다 하였느니라 내가 너희에게 이르노니 이에 저 바리새인이 아니고 이 사람이 의롭다 하심을 받고 그의 집으로 내

려갔느니라 무릇 자기를 높이는 자는 낮아지고 자기를 낮추는 자는 높아지리라" 눅 18:9~14

사람들은 당연히 바리새인이 응답을 받았을 것이라고 생각했습니다. 그러나 주님은 세리가 기도 응답을 받았다고 말씀하셨습니다. 이는 사람들에게 충격적으로 다가왔습니다. 당시 사람들이 보기에 바리새인은 가장 믿음이 좋고 경건한 사람들이었고, 세리는 가장 악하고 비열한 매국노였기 때문입니다. 그러나 주님은 "무릇 자기를 높이는 자는 낮아지고 자기를 낮추는 자는 높아지리라"고 말씀하셨습니다. 바리새인은 자신의 의로움을 주장하고 선행을 자랑했으나 세리는 자신이 소망 없는 죄인임을 고백하고 하나님의 자비를 구했습니다. 교만하게 자신을 높인 바리새인은 의롭다 칭함을 받지 못하고 죄인으로 남았습니다. 그러나 겸손하게 자신을 낮춘 세리는 의롭다고 인정받았습니다. 이 비유를 통해 자신이 아무것도 아니라는 겸손이야말로 기도에 필요한 필수 자세임을 알 수 있습니다.

바리새인의 기도 특징은 무엇입니까?

바리새인은 유대 경건주의 운동인 '하시딤'에서 이루어진 파당입니다. '하시딤'이란 '분리자'란 뜻입니다. 그들은 전심을 다해 율법을 연구하고 도덕적인 깨끗한 삶을 생명을 걸고 추구하던 사람들이었습니다. 유대인들은 그러한 바리새인들을 존경했습니다. 그들은 선망의 대상이었습니다. 바리새인이 되기 위해서는 기본적으로 율법을 잘 알고 준수해야 했습니다. 또한 구제와 기도, 금식 등과 같은 경건한 모습들도 있어야 했습니다. 여기에 사회적 지위와 어느 정도 재산도 있어야 바리새인으로서 역할을 제대로 감당할 수 있었습니다. 오늘날로 말하면 바리새인은 지식인 계층의 사회지도층 인사라고 말할 수 있을 것입니다.

예수님 당시 바리새인은 전국에 6000명 정도가 '형제단'을 이루고 있었습니다. 그들의 종교행위는 완벽에 가까웠던 것 같습니다. 바울은 자기를 소개하면서 바리새인들이 얼마나 엄격하게 종교행위를 했는지 알려줍니다.

"나는 팔일 만에 할례를 받고 이스라엘 족속이요 베냐민 지파요 히브리인 중의 히브리인이요 율법으로는 바리새인이요 열심으로는 교회를 박해하고 율법의 의로는 흠이 없는 자라" 빌 3:5~6

바리새인들은 율법을 613개의 조항으로 세분해서 철저하게 지켰던 사람들입니다. 특히 제사의 정결 문제나 음식 먹는 법, 안식일 계명 등을 각별히 주의했습니다. 안식일 조항만도 39개나 되었습니다. 얼마나 철저하게 율법을 지켰던지 스스로를 가리켜 '흠이 없는 자'라고 부를 정도였습니다.

바리새인들은 유대인 중에서도 아주 대단한 민족주의자들이었습니다. 그들은 로마와 헬라 문명에 영향을 받아 퇴색되어 가는 자신들 신앙의 순수성을 지키기 위해 일어났던 사람들이었습니다. 그들은 또한 목숨을 걸고 하나님을 사랑하는 자들로 자신들을 로마로부터 구해줄 메시아를 기다렸습니다. 그런데 그들은 예수님으로부터 제일 크게 욕을 먹은 사람들이기도 했습니다.

바리새인들은 자신들을 의롭다고 여겼습니다. 스스로 죄인인 줄 알지 못했습니다. 바리새인들이 자신을 의롭다고 여길 만한 삶의 증거가 셋 있었습니다. 첫째, 사리사욕을 채우지 않는 훌륭한 도덕적인 삶이고 둘째, 구제와 금식과 십일조 등 훌륭한 외적 종교 생활이며 셋째, 모든 것을 하나님의 은혜로 돌리고 감사할 줄 아는 내적 종교 생활이었습니다.

당시에 바리새인들은 기도를 가장 많이 하는 자들로 정평이 나 있었습니다. 그들은 하루 세 번씩 오전 9시와 낮 12시, 오후 3시에 기도했습니다. 이들 바리새인의 기도의 특징은 외식하는 기도라는 점입니다. 그들의 기도는 자신들의 의로움을 주장하고 선행을 자랑하며 다른 사람들을 멸시하는 교만한 기도였습니다.

그렇다면 외식이란 무엇일까요?

"사람에게 보이려고 그들 앞에서 너희 의를 행하지 않도록 주의하라 그리하지 아니하면 하늘에 계신 너희 아버지께 상을 받지 못하느니라 그러므로 구제할 때에 외식하는 자가 사람에게서 영광을 받으려고 회당과 거리에서 하는 것 같이 너희 앞에 나팔을 불지 말라 진실로 너희에게 이르노니 그들은 자기 상을 이미 받았느니라, 또 너희는 기도할 때에 외식하는 자와 같이 하지 말라 그들은 사람에게 보이려고 회당과 큰 거리 어귀에 서서 기도하기를 좋아하느니라 내가 진실로 너희에게 이르노니 그들은 자기 상을 이미 받았느니라" 마 6:1~2:5

예수님은 사람들에게 보이기 위한 종교 행위를 '외식'이라고 경고하고 있습니다. 사람들에게 칭찬을 받으려는 의도로 예배와 금식, 헌금, 구제, 봉사 등을 행하는 것이 외식이라는 것입니다. 따라서 외식하는 기도란 다른 사람들에게 보이기 위해, 칭찬받기 위해 행하는 기도입니다. 왜 하나님께서는 믿음 좋고 경건한 바리새인의 기도를 받지 않으시고 악한 매국노인 세리의 기도는 받아주셨을까요?

"바리새인은 서서 따로 기도하여 이르되 하나님이여 나는 다른 사람들 곧 토색, 불의, 간음을 하는 자들과 같지 아니하고 이 세리와도 같지 아니함을 감사하나이다 나는 이레에 두 번씩 금식하고 또 소득의 십일조를 드리나이다 하고" 눅 18:11~12

바리새인의 기도 초점은 하나님이 아니라 자기 자신에게 있었습니다. 그의 마음에는 하나님은 없었고 오직 자기 자신만 가득했던 것입니다. 여기서 "바리새인은 서서 따로 기도하여"라는 구절의 원어 표현은 "The Pharisee stood and was praying this to himself"입니다. 바리새인이 바로 '자기 자신에게'to himself 기도하고 있음을 발견할 수 있습니다. 기도 대상이 전능하신 하나님이 아니라 자기였던 것입니다.

바리새인은 기도 가운데 하나님께 자신이 얼마나 선한지를 말씀드렸습니다. 먼저 자신이 죄 짓지 않은 것을 감사했습니다. 물론 하나님의 은혜로 죄를 짓지 않고 이기는 것은 정말 귀하며 진정으로 감사할 일입니다. 그러나 바리새인은 하나님의 은혜에 대해 감사한 것이 아니라 자신의 행위를 자랑했습니다. 여기서 '토색'이란 무력이나 속임수를 써서 다른 사람의 소유를 빼앗는 것을 말합니다. 더 나아가 바리새인은 "나는 이레에 두 번씩 금식하고 또 소득의 십일조를 드리나이다 하고"라며 자신이 얼마나 열심히 율법을 지켰는지를 자랑했습니다.

바리새인의 기도에는 하나님의 은혜와 사죄의 은총을 구하는 청원이 없습니다. 그는 율법을 완벽하게 지켰기 때문에 하나님께 죄 용서를 위해 기도할 필요가 없다고 생각한 것입니다. 따라서 그에게는 하나님의 긍휼과 자비도 필요하지 않았습니다. 그는 충분히 의롭고 선했으며, 부족한 것이 없다고 생각했습니다. 바리새인은 단지 하나님께서 그의 선행과 의로움을 기억하시고 더 많은 복을 주셔야 한다고 주장한 것이었습니다.

바리새인은 하나님의 거룩하심과 완전하심을 전혀 알지 못했고 자신의 죄악 된 본성도 전혀 자각하지 못했습니다. 그는 하나님 앞에서 겸손할 줄도, 다른 사람을 긍휼히 여길 줄도 몰랐습니다. 그는 교만했으며 다른 사람들을 멸시했습니다. 하나님 앞에서의 겸손과 다른 사람에 대한 동정이야말로 진정한 경건의 본질입니다. 그런데 바리새인은 참된 겸손과 동정을 몰랐습니다. 그러므로 바리새인은 겉으로 보기에는 경건하고 믿음이 좋은 것 같았지만 실제로는 전혀 경건하지 못하고 믿음도 없는 사람이었습니다.

여기서 우리는 바리새인의 기도가 잘못될 수밖에 없는 결정적 특징 한 가지를 발견하게 됩니다. 그것은 '비교'라는 방식을 통해 자신의 우위를 드러내고자 하는 마음 상태입니다. 바리새인의 기도는 철저하게 '남과 비교를 통한 자신을 드러냄'에 방점이 찍혀 있습니다. '교만'이나 '자랑', '위선' 등은 모두 타인과의 '비교'라는 동기와 행위를 포장하기 위해 마련된 장치들로써 그 핵심은 '비교의식'에 있습니다. 따라서 그의 기도는 자신의 의로움을 주장하고 선행을 자랑하며 다른 사람들을 멸시하는 외식과 교만한 기도인 것입니다.

그렇다면 세리의 기도 특징은 무엇입니까?

한 마디로 세리의 기도는 겸손하며 솔직한 기도입니다. 그들은 자신이 소망 없는 죄인임을 고백하고 하나님의 자비를 구했습니다.

세리는 세금을 징수하는 관리입니다. 당시 로마제국은 자신들의 세금을 걷는 데 있어서 일종의 도급제를 채택했습니다. 이는 일정한 액수의 납부해야 할 세액을 정해주면 세리들은 그 금액만큼 납부하고 이후 초과된 돈은 모두 자신의 수익으로 가져갈 수 있는 제도였습니다. 당연히 세리의 입장에서는 백성들에게 많은 액수의 세금을 거두려 했고, 이는 유대 사회에서 착취로 여겨져 세리는 매국노 취급을 받았습니다. 세리들은 이렇게 해서 많은 돈은 벌 수 있었지만 동족들로부터 심한 경멸을 당했습니다. 세리는 업무상 이방인들과도 잦은 접촉을 해야 했습니다. 결국 그들은 동족들로부터 결코 구원받을 수 없는 가장 악한 죄인으로 평가받았습니다.

우리가 잘 아는 삭개오나 예수님의 제자 마태는 모두 세리 출신입니다. 세리는 로마에 붙어서 자기 민족의 피를 빨아먹고 사는 기생충과 같은 사람으로 충분히 멸시받아 마땅했습니다. 탐심과 도적질이 직업적 특징이었습니다. 이 세리들도 하나님 앞에 기도를 드렸습니다. 세리는 자신이 부정한 사람이란 것을 알았기에 감히 하나님께 가까이 가지 못했습니다. 하나님께 기도를 드리러 나왔더라도 성전 멀리 섰으며 하늘을 쳐다보지도 못했습니다. 자기 죄와 수

치를 강하게 느끼고 있었던 것입니다. 그래서인지 세리는 가슴을 치며 기도합니다. 세리의 기도는 겸손하며 솔직한 기도로 자신이 소망 없는 죄인임을 고백하고 하나님의 자비를 구하는 기도입니다.

"세리는 멀리 서서 감히 눈을 들어 하늘을 쳐다보지도 못하고 다만 가슴을 치며 이르되 하나님이여 불쌍히 여기소서 나는 죄인이로소이다 하였느니라" 눅 18:13

세리는 바리새인과 달리 자신이 하나님 앞에서 얼마나 죄인인지를 기억했습니다. 그래서 감히 제단 가까이 나아가지도 못하고 멀리 서서 기도했습니다. 당시 하늘을 쳐다보는 것은 유대인이 기도할 때 취하는 일반적 자세 중 하나였습니다. 그런데 세리는 감히 눈을 들어 하늘을 쳐다보지도 못했습니다. 그는 자신이 하늘을 쳐다볼 수도 없을 정도로 죄인이라고 생각했던 것입니다. 더 나아가 세리는 가슴을 치며 통회하고 자복했습니다. 그는 하나님 앞에서 자신이 얼마나 악하고 추한 죄인인지를 깊이 깨닫고 회개했던 것입니다. 그는 하나님의 은혜가 아니면 자신은 아무 소망이 없음을 절실히 깨달았습니다. 그래서 하나님께 불쌍히 여겨주시라고 간절히 기도한 것입니다.

세리는 하나님께 호소할 근거로 오직 하나님의 자비하심만을 의지합니다. 그는 하나님 앞에 설 수 있는 것은 자신이 가진 어떤 것에 의한 것이 아니라 전적으로 하나님께서 죄인을 불쌍히 여겨 주시는 긍휼 때문임을 잘 알고 있었습니다.

세리는 바리새인과 달리 자신을 그 누구와도 비교하지 않습니다. 그저 하나님 앞에 선 죄 많은 인간으로서 자신을 인식할 따름입니다. 하나님 앞에 선 인간은 그 누구도 완전할 수 없습니다. 그래서 인간은 단지 부족하고 연약한 죄인 됨을 인정할 수밖에 없습니다. 아무리 사회적으로 뛰어나고 학식이 훌륭하고 덕망이 높으며 신앙의 연륜이 깊다 할지라도 하나님 앞에서는 모두 죄인일 뿐이기 때문입니다. 자신이 죄인임을 인식한 세리는 기도드리면서 차마 눈을 들어 하늘을 쳐다보지 못했지만 마음은 하나님을 향했습니다.

결국 세리의 기도는 겸손한 기도입니다. 겸손은 드러내지 않으려고 스스로 삼가는 것이며 자기를 낮추는 것입니다. 겸손은 밖으로 뽐내는 것이 아니라 자기 안으로 물러나는 것입니다. 결코 남들 앞에서 자신을 높이지 않습니다. 자신 스스로 높다고 생각하지 않기에 언제나 남을 칭찬합니다. 그리스도인들은 이런 겸손으로 옷 입어야 하는 사람들입니다. 그런 자들이 드리는 기도가 겸손의 기도입니다.

겸손은 진실한 기도를 드리기 위한 필수적인 조건입니다. 겸손은 그리스도를 닮은 신앙인이 되기 위한, 그리스도를 닮은 기도를 드리기 위한 처음이자 마지막 자질입니다. 겸손 없이는 참 그리스도인이 될 수 없고, 겸손 없이는 제대로 된 기도도 드릴 수 없습니다. 그래서 예수님은 바리새인이 아니라 세리가 하나님께 의롭다 하심을 받았다고 말씀하셨습니다.

"내가 너희에게 이르노니 이에 저 바리새인이 아니고 이 사람이 의롭다 하심을 받고 그의 집으로 내려갔느니라 무릇 자기를 높이는 자는 낮아지고 자기를 낮추는 자는 높아지리라 하시니라" 눅 18:14

예수님의 말씀을 듣고 있던 사람들은 당연히 바리새인의 기도가 하나님께 상달되었을 것이라고 생각했습니다. 바리새인은 가장 경건하고 믿음 좋은 사람들이었으며 가장 열심히 기도하는 사람들이었기 때문이었습니다. 반면에 세리는 가장 악질적인 죄인이며 매국노였기 때문에 하나님께서 세리의 기도를 듣지 않으실 것은 분명하다고 생각했습니다. 그런데 왜 바리새인이 아니라 세리의 기도가 하나님께 받아들여졌을까요? 바리새인은 자신이 의로운 자라고 생각했으며 자신이 소망 없는 죄인임을 인정하지 않았던 교만한 자였기 때문이었습니다. 반면에 세리는 자신이 죄인임을 절실히 깨닫고 그것을 고백했으며 겸손하게 하나님의 긍휼을 간절히 구했기 때문에 하나님의 응답을 받았습니다. 주님은 세리가 의롭다 하심을 받았다고 말씀하셨습니다. 이는 그의 죄가 사함을 받았다는 뜻입니다.

2) 불의한 재판관과 과부

누가복음 18장 초반에 나오는 불의한 재판관과 과부의 비유를 통해 주시는 교훈은 무엇입니까?

예수님께서는 끈질긴 기도를 강조하기 위해, 택하신 자들을 위해 하나님이 반드시 공의를 드러내신다는 약속을 상기시키려 이 비유를 들려주십니다.

"예수께서 그들에게 항상 기도하고 낙심하지 말아야 할 것을 비유로 말씀하여 이르시되 어떤 도시에 하나님을 두려워하지 않고 사람을 무시하는 한 재판장이 있는데 그 도시에 한 과부가 있어 자주 그에게 가서 내 원수에 대한 나의 원한을 풀어 주소서 하되 그가 얼마 동안 듣지 아니하다가 후에 속으로 생각하되 내가 하나님을 두려워하지 않고 사람을 무시하나 이 과부가 나를 번거롭게 하니 내가 그 원한을 풀어 주리라 그렇지 않으면 늘 와서 나를 괴롭게 하리라 하였느니라 주께서 또 이르시되 불의한 재판장이 말한 것을 들으라 하물며 하나님께서 그 밤낮 부르짖는 택하신 자들의 원한을 풀어 주지 아니하시겠느냐 그들에게 오래 참으시겠느냐 내가 너희에게 이르노니 속히 그 원한을 풀어 주시리라 그러나 인자가 올 때에 세상에서 믿음을 보겠느냐 하시니라" 눅 18:1~8

여기에 나오는 재판장은 하나님의 법은 물론 인간의 법도 무시하는 불의한 사람입니다. 아마도 과부는 돈 문제를 해결하기 위해 재판장을 찾았을 것입니다. 그러나 재판장은 과부의 간절한 이야기를 건성건성 듣습니다. '얼마 동안 듣지 아니하다가'가 재판장의 태도를 보여줍니다. 분명 불의한 재판장은 그동안 이런 문제와 관련해 늘 뇌물을 받았을 것이기에 과부에게도 같은 기대를 했을 것입니다. 그러나 과부는 너무나 가난해 뇌물을 바칠 수 없었습니다. 그녀에게 있는 것이라고는 '끈질김' 하나뿐이었습니다. 그녀의 유일한 무기는 상대방이 기가 질려할 정도로 끈질기게 조르는 것이었습니다. 결국 재판장은 과부의 끈질김에 두 손 번쩍 들었습니다. 그는 아마 '이 과부는 죽기 전에는 돌아서지 않을 것이야. 매일 나를 찾아와 귀찮게 할 것이 분명해'라고 생각했을 것입니다. 재판장은 사람을 무시하는 성품에도 불구하고 자신의 편안한 생활이 위협받을 것이 두려워 결국 과부의 요구에 굴복합니다.

예수님은 이 비유를 통해 불의한 재판관도 과부의 끈질긴 호소에 움직이는데 하물며 우리를 사랑하시는 하나님이 우리의 부르짖음, 특히 끈질긴 부르짖음에 응답하지 않으실 리 있겠느냐고 말하고 계십니다.

과부의 기도 특징은 무엇입니까?

과부의 기도는 끈질긴 기도입니다. 예수님이 이 비유를 말씀하신 배경이 1절의 "항상 기도하고 낙심하지 말아야 할 것"이라는 문장에 나옵니다. 우리는 흔히 조속한 기도 응답이 이뤄지지 않으면 낙심하고 기도를 멈추게 됩니다. 그것이 인간의 속성입니다. 기도 응답은 '하나님의 때'에 반드시 이뤄지게 되는데도 불구하고 우리는 '나의 때'에 이뤄지지 않는 기도 응답에 좌절합니다. 예수님은 하나님이 우리의 부르짖음에 응답하시는 선하신 아버지라는 사실을 강조하며 그분을 믿는 믿음으로 끈질기게 간구해야 하는 것의 중요성을 강조하고 계신 것입니다.

과부는 분명 당시 사회에서 가장 불행한 사람 가운데 한 명이었을 것이 분명합니다. 더구나 그녀는 자기 인생을 파멸시켰을 한 원수에 대한 원한으로 사무친 여인이었습니다. 그녀는 아무것도 없었습니다. 오직 한 가지, 끈질김이 있었습니다. 과부는 하나님께도 밤낮 부르짖으며 자신의 원한을 풀어달라고 기도했을 것입니다. 힘겨운 인생을 살면서 그녀의 마음은 피폐해질 대로 피폐해졌겠지만 그럴수록 끈질김은 더해져 갔을 것입니다. 그녀는 평소 기도한 그대로 재판장에게 가서 '끈질기게' 원한을 갚아달라고 호소합니다. 재판장은 그 호소에 응답할 수 있는 위치에 있었지만 뇌물을 바라고 그녀의 이야기를 한참 동안 외면했습니다. 그러나 끈질긴 과부의 청원을 끝까지 외면할 수 없었습니다. 자신의 삶이 불편해질 것이라는 이기적인 생각으로 그 청을 들어줬겠지만 아무튼 과부는 간구함을 이뤘습니다.

지금 우리에게 필요한 것도 이 과부와 같은 끈질긴 마음입니다. 우리 민족은 끈질긴 민족입니다. 은근과 끈기가 우리의 무기였습니다. 그러나 요즘 너무나 편한 시대를 살면서 과거의 끈질김이 사라졌습니다. 기도 생활에서도 마찬가지입니다. 다시 끈질김을 찾아야 합니다. 특별히 끈질기게 기도해야 합니다. 우리의 신음까지도 들으시는 하나님을 신뢰하며 기도에 전념해야 합니다.

이 비유에서 우리가 배워야할 것은 무엇입니까?

우리는 불의한 재판관과 과부의 비유에서 '하나님의 속성'을 발견해야 합니다. 이 비유에서는 재판관과 과부, 하나님이 등장합니다. 불의한 재판관과 과부와 같은 인물들은 과거 뿐 아니라 지금도 흔히 발견되는 인간 군상들입니다. 주변을 돌아보면 재판관과 과부와 같은 사람들이 얼마나 많은지요. 지금 시대의 주요한 키워드 가운데 하나가 '공정'인데도 여기에 나오는 재판관처럼 불공정하며 불의한 사람들은 너무나 많습니다. 개인적·사회적 이유로 인해 마음이 찢어진 사람들 또한 얼마나 많습니까? 사회에는 이해할 수 없는 시련 때문에 잠 못 이루고 고통 받는 사람들로 그득합니다.

중요한 것은 하나님은 인간 군상들의 모든 모습들을 불꽃같은 눈으로 지켜보고 계신다는 사실입니다. 7절의 "하물며 하나님께서 그 밤낮 부르짖는 택하신 자들의 원한을 풀어 주지 아니하시겠느냐"가 하나님의 속성을 여실히 보여줍니다. 그분은 자신이 택한 자들의 부르짖음에 반드시 응답하시는 하나님이십니다. 여기의 '하물며'라는 단어가 흥미롭습니다. "불의한 재판관도 그리할진대 만군의 하나님이 그리하지 않으실 것인가? 도저히 그럴 수는 없다"라는 뜻이 여기에 내포되어 있습니다. 예수님은 "불의한 재판관도 한 보잘 것 없는 과부의 끈질긴 간구에 움직였다면, 사랑의 하나님은 자신의 택한 백성들이 간절히 부르짖을 때 그들을 보호하시기 위해 움직이지 않으실 것인가?"라고 반문하고 계시는 것입니다. 7절에 나온 '택하신 자들'은 하나님의 부르심을 듣고 그 부르심에 응답한 자들입니다. 우리 모두 택한 족속, 왕 같은 제사장들입니다. 우리 택한 자들의 기도에 하나님은 응답하십니다! 이것이 이 땅을 사는 우리의 소망입니다.

"그들에게 오래 참으시겠느냐"의 의미는 무엇입니까?

이 반어법적인 문장은 하나님은 당연히 우리 기도에 응답하시는 분이시라는 사실을 강조하는 것입니다. 하나님은 어떤 경우에도 우리 기도를 들어주십니다. 우리가 떼를 쓰건, 떼를 쓰지 않건 상관없습니다. "그들에게 오래 참으시겠느냐"는 짧은 문장 속에는 당시 사람들이 하나님은 완고하셔서 자신들의 기도에 쉽게 응답하지 않으실 것으로 의심하고 있다는 사실을 암시합니다. 그들은 그렇게 오해했습니다. 그러나 예수님은 이 문장을 통해 하나님은 압력을 받지 않으셔도 기도에 응답하시는 분이라는 사실을 알려줍니다. 하나님은 밤낮 부르짖는 택하신 자들의 원한을 풀어주시는 정의의 하나님이십니다.

이 비유를 통해 우리가 정말 깨달아야할 것은 기도에 대한 하나님의 응답 유무가 아닙니다. 그 문제는 이미 결론이 났습니다! 하나님은 100퍼센트 우리 기도를 들어주십니다. 우리 부르짖음에 응답하신다고요. 이것은 가설이 아니라 과학과도 같은 사실입니다. 그래서 진짜 중요한 질문은 하나님이 기도에 응답하실 것인가가 아니라 주님이 다시 오실 때까지 끈질기게 기도하고 소망을 잃지 않을 수 있느냐입니다.

세상이 더욱 악해지고 있는 지금 시대에 우리 모두는 각종 고난을 당할 수 있습니다. 주위에는 불의한 재판관보다 훨씬 더 악한 사람들이 우글거리고 있습니다. 사회는 더욱 타락해가고 있으며 환경은 파괴되어갑니다. 예수님은 비유를 통해 "이 어려운 시기에 너는 변함없이 낙심하지 않고 '끈질기게' 기도할 수 있느냐?"라고 질문하고 계시는 것입니다. 우리는 오늘 당장 이 질문에 답해야 합니다. 우리 모두 아무리 떵떵거리며 살고 있는 것처럼 보여도 본질적으로 과부 같은, 고아 같은 신세입니다. 겸손히 하늘을 보며 하나님 아버지께 쉼 없이 기도해야 이 땅을 제대로 살아갈 수 있습니다. 그래서 결국 이 비유는 환란과 핍박 속에서도 낙심하지 말고 계속 기도하면 유쾌한 날이 이를 것이라는 주님의 약속이자 격려입니다.

3) 밤중에 찾아온 친구

'밤중에 찾아온 친구'의 비유를 풀어서 설명해 주시기 바랍니다.

누가복음 11장 5~13절에 나오는 이 비유는 예수님이 "우리에게 기도를 가르쳐 주소서"라는 제자들의 질문에 주기도로 답하신 이후에 나온 것입니다. 자세히 살펴보면 이 비유는 앞서 언급된 '불의한 재판관과 과부'의 비유와 비슷한 점이 많습니다.

"또 이르시되 너희 중에 누가 벗이 있는데 밤중에 그에게 가서 말하기를 벗이여 떡 세 덩이를 내게 꾸어 달라 내 벗이 여행 중에 내게 왔으나 내가 먹일 것이 없노라 하면 그가 안에서 대답하여 이르되 나를 괴롭게 하지 말라 문이 이미 닫혔고 아이들이 나와 함께 침실에 누웠으니 일어나 네게 줄 수가 없노라 하겠느냐 내가 너희에게 말하노니 비록 벗 됨으로 인하여서는 일어나서 주지 아니할지라도 그 간청함을 인하여 일어나 그 요구대로 주리라 내가 또 너희에게 이르노니 구하라 그러면 너희에게 주실 것이요 찾으라 그러면 찾아낼 것이요 문을 두드리라 그러면 너희에게 열릴 것이니 구하는 이마다 받을 것이요 찾는 이는 찾아낼 것이요 두드리는 이에게는 열릴 것이니라 너희 중에 아버지 된 자로서 누가 아들이 생선을 달라 하는데 생선 대신에 뱀을 주며 알을 달라 하는데 전갈을 주겠느냐 너희가 악할지라도 좋은 것을 자식에게 줄 줄 알거든 하물며 너희 하늘 아버지께서 구하는 자에게 성령을 주시지 않겠느냐 하시니라" 눅 11:5-13

이 비유를 이해하기 위해서는 당시 중·근동 지역의 문화적·사회적 상황을 잘 알아야 합니다. 팔레스타인이 포함된 중·근동 지역에서는 손님을 후히 접대하는 문화가 보편적이었습니다. 그것은 한 집안의 체면이 걸린 문제였습니다. 또한 그 지역 사람들은 저녁에 특별한 오락이 없기에 일찍 잠자리에 들었습니다.

이 비유를 보면 한 사람이 밤중에 벗에게 가서 떡 세 덩어리를 꿔달라고 합니다. 떡을 구하러 '밤중'에 갔다는 것은 그만큼 시급하고 중요한 일이라는 사실을 의미합니다. 떡을 구하러 간 사람은 친구에게 솔직히 말합니다. "내 벗이 여행 중에 내게 왔으나 내가 먹일 것이 없노라." 멀리서 온 친구에게 대접할 것이 없다는 것은 그 지역 풍습으로 볼 때엔 수치스러운 일이었을 것입니다. 그래서 염치 불구하고 떡을 구하러 또 다른 친구에게 간 것입니다.

그런데 그가 찾아간 친구 집도 어렵기는 마찬가지였습니다. 단칸방에서 모든 가족들이 함께 잠을 자고 있는 가운데 친구가 찾아와 떡을 달라고 하니 난감하기 그지없습니다. 자기가 일어나면 자칫 모든 가족들이 잠에서 깨어날 상황입니다. 속으로는 '이 염치 없는 친구 보게'라고 혀를 찼겠지만 아무래도 친구가 그냥 갈 것 같지 않습니다. 이미 밤중에 찾아오는 무리수를 뒀기에 떡을 구할 때까지 계속 청을 할 것 같습니다. 그래서 결국 일어나 떡을 줍니다. 친구의 정으로 준 것이 아니라 간청하는 친구에게 밤새 시달리지 않으려고 준 것입니다. 8절의 '그 간청함을 인하여'라는 문장이 이를 잘 설명해 줍니다.

이 비유는 불의한 재판관과 과부의 비유처럼 끈질긴 강청기도의 중요성을 설명하고 있는 것처럼 보입니다. 물론 친구는 밤중에 찾아온 벗의 끈질김에 질려 떡을 줬을 것입니다. 그런데 이런 행동은 이 친구 뿐 아니라 우리 모두 그렇게 할 행동입니다. 예수님은 이 비유를 "너희 중에 누가"라는 말로 시작하십니다. 끝까지 읽어보면 이는 "너희 중에 누가 … 그러지 않을 수 있겠느냐?"라는 뜻입니다. 그러니까 누구나 끈질기게 뭔가를 요청받으면 허락하지 않을 수 없다는 말입니다.

그러면 이 비유를 통해서 얻을 수 있는 교훈은 무엇입니까?

이 비유 바로 뒤에 "구하라 그러면 너희에게 주실 것이요 찾으라 그러면 찾아낼 것이요 문을 두드리라 그러면 너희에게 열릴 것이니"라는 우리 모두가 알고 있는 유명한 구절이 나옵니다. 믿음 생활을 하면서 수없이 듣고 외웠던 말씀일 것입니다.

여기에 쓰인 '구하라' '찾으라' '두드리라'라는 3가지의 동사는 모두 강력한 의지를 내포하는 단어입니다. 구하고, 찾고, 두드리기 위해서는 밤중에 찾아온 친구와 같이 개인적·문화적·사회적 상황을 뛰어넘는, 어쩌면 염치를 내 던져야 할 경우가 많습니다. 그런 모든 상황에 함몰되어 구하지도, 찾지도, 두드리지도 않는 사람에게는 아무런 일도 일어나지 않습니다. 구하고, 찾고, 두드리는 자에게 임할 복이 바로 뒤에 나옵니다. "구하는 이마다 받을 것이요 찾는 이는 찾아낼 것이요 두드리는 이에게는 열릴 것이니라."

그렇습니다. 여기에 기도생활의 답이 있습니다. 구하면 받습니다! 찾으면 찾습니다! 두드리면 열립니다! 물론 때와 기한은 다 다를 것입니다. 자신의 세대가 아니라 후대에 이뤄질 일도 있습니다. 그럼에도 변함없는 진리는 구하고, 찾고, 두드리는 대로 반드시 이뤄진다는 사실입니다. 예수님은 이 단순하면서도 강력한 진리를 알려주시기 위해서 비유를 활용하신 것입니다.

하나님은 우리 믿음과 기도의 대상이십니다. 그분이 전능하신 만군의 주님이시오, 우리의 하늘 아버지라는 믿음을 갖고 우리는 기도할 수 있습니다. 우리는 그분에게 간구합니다. 구하고, 찾고,

두드립니다. 그러면 그분은 응답하십니다. 예수님은 "너희 중에 누가"라고 비유를 시작하심으로써 하나님의 응답해 주심을 극명하게 강조하셨습니다. "벗의 간청을 귀찮아서라도 들어준 친구처럼 너희도 그렇게 할 것인데, 하물며 하늘에 계신 아버지께서 우리의 간청을 들어주시지 않겠느냐?"고 예수님은 반어법적으로 말씀하신 것입니다.

여기서 중요한 것은 밤중에 찾은 벗의 요구에 친구는 '어쩔 수 없이' 응했지만, 하나님께서는 기쁜 마음으로 가장 좋은 것으로 응답해 주신다는 점입니다. 이 같은 하나님의 마음은 11절과 12절에 잘 드러나 있습니다. 아들에게 생선 대신 뱀을 주고, 알 대신 전갈을 줄 아버지가 누가 있겠냐는 것입니다. "너희가 악할지라도 좋은 것을 자식에게 줄 줄 알거든 하물며 너희 하늘 아버지께서 구하는 자에게 성령을 주시지 않겠느냐"(12절) 이것이 하나님의 마음입니다. 우리는 이런 하나님에게 기도하고 있는 것입니다.

그러므로 확신에 찬 끈질긴 기도는 반드시 이뤄집니다. 우리의 강청에 의한다기보다는 우리를 사랑하시는 하나님 아버지의 속성에 의해서 우리 기도는 응답되게 되어 있습니다. 우리가 할 일은 이런 하나님께 늘 간구하는 것입니다. 바랄 수 없는 가운데서도 구하고, 찾고, 두드리면 믿을 수 없는 꿈만 같은 일이 기적처럼 이뤄지는 것이 우리 일상이 될 것입니다.

6.
성경 인물의 기도를 배우자

1) 욥의 기도

욥의 기도 특징은 무엇입니까?

욥은 창세기 시대의 인물입니다. 잇사갈의 셋째 아들로 할아버지인 야곱과 함께 애굽으로 이주했던 사람들 가운데 한 사람입니다. 욥은 민수기 26장 24절과 역대상 7장 1절에는 '야숩'이란 이름으로 언급되고 있습니다. 유대 전설에 따르면 욥기의 저자는 모세라고 합니다. 하지만 실제 지은이는 알려지지 않았습니다. 무슬림은 욥(아유브)을 선지자로 섬기고 있습니다.

'욥'이란 '원한다'는 뜻입니다. 에돔 지방 우스 출신(욥 1:1)이며 족장 시대 인물로 추정됩니다. 노아, 다니엘 등과 함께 구약 시대를 대표하는 의인(겔 14:14)이며 시련과 인내의 대명사로 간주됩니다(약 5:11). 성경은 그의 인물됨에 대해 '온전하고 정직하여 하나님을 경외하며 악에서 떠난 자'(욥 1:1, 8)라 했습니다. 동방 사람 중에 가장 큰 재산가요 훌륭한 자로서(욥 1:3) 가족은 아내와

10명의 자녀(일곱 아들과 세 딸)를 두었으나 사탄의 시험으로 자녀를 모두 잃었습니다(욥 1:2~19). 그리고 자신은 발바닥에서부터 정수리까지 종기가 나는 큰 고통을 당했습니다(욥 2:7). 또 고통 중에 자신을 위로하러 왔던 세 친구와는 죄악과 고통 간의 상관관계, 곧 인과율에 대한 긴 논쟁을 펼치면서 자신의 무죄함을 주장했습니다(욥 3~33장).

그러나 욥은 당신의 선하신 뜻대로 이 세상을 경영하시는 전능하신 하나님과 직접 대면함으로써 비로소 자신의 한계성과 죄성을 깨닫고 참회했습니다. 이에 하나님은 욥의 곤경을 돌이켜 지난날보다 더 큰 복을 허락하셔서 그가 140세까지 향수하게 하셨습니다(욥 38~42장). 욥은 극한의 고난과 어려움 속에서도 오직 하나님께만 소망을 두었습니다. 하나님이 보이지 않는 가운데서도 단련해 주실 것을 기대한 것입니다.

"내가 어찌하면 하나님을 발견하고 그의 처소에 나아가랴 어찌하면 그 앞에서 내가 호소하며 변론할 말을 내 입에 채우고 내게 대답하시는 말씀을 내가 알며 내게 이르시는 것을 내가 깨달으랴 그가 큰 권능을 가지시고 나와 더불어 다투시겠느냐 아니로다 도리어 내 말을 들으시리라 거기서는 정직한 자가 그와 변론할 수 있은즉 내가 심판자에게서 영원히 벗어나리라 그런데 내가 앞으로 가도 그가 아니 계시고 뒤로 가도 보이지 아니하며 그가 왼쪽에서 일하시나 내가 만날 수 없고 그가 오른쪽으로 돌이키시나 뵈올 수 없구나 그러나 내가 가는 길을 그가 아시나니 그가 나를 단련하신 후에는 내가 순금 같이 되어 나오리라" 욥 23:3~10

욥의 기도는 온갖 고난과 시련 가운데서도 오직 하나님만 의지하고 그분에게만 소망을 두는 기도입니다. 욥의 기도는 고난과 시련에 대한 하나님의 뜻을 구하는 기도, 자신의 어리석음과 교만을 철저하게 회개하는 기도, 하나님께 감사와 찬양을 돌리는 기도 등으로 이뤄져 있습니다. 먼저 욥의 기도는 자신의 고난에 고통에 대하여 하나님의 뜻을 구하는 기도였습니다.

"오직 내게 이 두 가지 일을 행하지 마옵소서 그리하시면 내가 주의 얼굴을 피하여 숨지 아니하오리니 곧 주의 손을 내게 대지 마시오며 주의 위엄으로 나를 두렵게 하지 마실 것이니이다 그리하시고 주는 나를 부르소서 내가 대답하리이다 혹 내가 말씀하게 하옵시고 주는 내게 대답하옵소서 나의 죄악이 얼마나 많으니이까 나의 허물과 죄를 내게 알게 하옵소서 주께서 어찌하여 얼굴을 가리시고 나를 주의 원수로 여기시나이까 주께서 어찌하여 날리는 낙엽을 놀라게 하시며 마른 검불을 뒤쫓으시나이까 주께서 나를 대적하사 괴로운 일들을 기록하시며 내가 젊었을 때에 지은 죄를 내가 받게 하시오며 내 발을 차꼬에 채우시며 나의 모든 길을 살피사 내 발자취를 점검하시나이다 나는 썩은 물건의 낡아짐 같으며 좀 먹은 의복 같으니이다" 욥 13:20~28

먼저 욥은 하나님께 이 재난과 고난을 중단해 주실 것과 자신에게 변론할 기회를 주실 것을 간청합니다(20~22절). 그는 하나님께 두 가지 일을 행하지 말아 달라고 요청합니다. 먼저는 '주의 손을 내게 대지 말아 달라'는 것입니다. 이는 자기가 하나님과 변론하는 순간이라도 이 고난을 없이 해달라는 기도입니다. 욥이 당하는 고통이 얼마나 크며 괴로운 것인지를 알 수 있습니다. 다음은 '주의 위엄으로 나를 두렵게 하지 말아 달라'는 요청으로 이런 재앙으로 인해 공포와 혼란, 당황스러움에서 해방되게 해달라는 간청입니다.

다음으로 욥은 하나님께 이유 모를 재난에 대해 해명해 주실 것을 요구합니다(23~25절). 이는 욥 자신이 그처럼 심한 고통을 받을 정도로 많은 죄를 지었는지를 항변하는 것입니다. 그는 "내가 그처럼 하나님을 거역하고 반역하였습니까? 내가 그처럼 하나님의 법을 벗어나서 살았습니까? 나에게 얼굴을 가리우시고 나를 주의 대적으로 여기시나이까? 마치 맹수가 사냥감을 뒤쫓아 오듯 하나님께서 무기력하고 연약한 나를 집요하게 추적하고 계십니까?"라고 항변하고 있습니다. 이는 "내가 이런 벌을 받을 만큼 죄를 지었다는 사실을 알려주시면 회개하겠습니다"라고 말하는 것입니다. 욥은 아직까지 자기가 당하는 심한 고통의 원인이 무엇인지 알지 못한 채 하나님께 그것을 알려달라고 요청하고 있습니다.

그리고 나서 욥은 노골적으로 하나님을 원망하며 자신의 신세를 한탄하는 기도를 드립니다(26~28절). 하나님이 하늘의 법정에서 자신이 지금 당하는 혹독한 시련과 재난을 판결문으로 내리시고 이를 기록하셨다고 말합니다. 그런데 그 이유를 자신이 젊었을 때에 지은 죄 때문이라고 합니다. 자신이 어렸을 때, 즉 부지중에 지은 죄로 인해 지금 하나님이 이런 고통을 주신다면서 이는 도무지 납득이 되지 않는 부당한 일이라고 강하게 호소하는 것입니다.

욥은 자기가 지금 처한 현실의 모습을 27절과 28절, 두 구절에서 언급합니다. "내 발을 차꼬에 채우시며 나의 모든 길을 살피사 내 발자취를 점검하시나이다 나는 썩은 물건의 낡아짐 같으며 좀 먹은 의복 같으니이다" 자신이 썩거나 좀 먹은 것처럼 점점 죽어가고 있음을, 자신의 비참한 처지와 무가치함을 비유적으로 탄식한 것입니다.

처음에는 고난 중에도 하나님만 의지하였던 욥은 시간이 지나고 친구들의 참소가 계속되면서 이유 없는 고난에 대한 원망과 항변의 기도를 드립니다. 이것은 하나님의 뜻을 깨닫지 못한 채 원망하고 불평하며 신앙의 회의에 빠질 수 있는 어리석은 자의 모습이기도 합니다. 우리는 어떤 경우에도 하나님의 선하신 계획과 목적은 변치 않다는 사실을 믿고 잠잠히 하나님의 뜻을 구하며 인내하는 성숙한 신앙인의 모습을 지켜나가야 합니다.

욥은 자신의 어리석음과 교만을 철저하게 회개하는 기도를 드렸습니다.

욥의 친구들은 인과응보의 법칙을 적용하며 욥에게 "네가 무슨 잘못을 했으니까 하나님이 벌을 주시는 것이기에 빨리 무슨 잘못을 했는지 찾아보고 회개하라"고 다그쳤습니다. 그러자 욥은 자신은 회개할 것이 없는 사람이라고 항변했습니다. 욥의 말은 인간적으로 보면 옳은 말이었습니다. 그는 풍요로움 속에서도 그 풍요를 우상으로 삼지 않았습니다. 그는 경건한 사람이었습니다. 그런 그에게 죄가 있다면 바로 자기 의였습니다. 하나님은 욥의 자기 의를 사라지게 하기 위해 고난을 허락하셨습니다. 욥은 고난과 고통을 통해 하나님이 참으로 위대하시며 모든 일을 뜻대로, 계획대로 행하신다는 것을 깨달았습니다. 또 한없이 무지한 자신을 발견했습니다. 그래서 욥은 하나님 앞에 자신의 어리석음과 교만을 고백하는 회개의 기도를 드립니다.

"욥이 여호와께 대답하여 이르되 주께서는 못 하실 일이 없사오며 무슨 계획이든지 못 이루실 것이 없는 줄 아오니 무지한 말로 이치를 가리는 자가 누구니이까 나는 깨닫지도 못한 일을 말하였고 스스로 알 수도 없고 헤아리기도 어려운 일을 말하였나이다 내가 말하겠사오니 주는 들으시고 내가 주께 묻겠사오니 주여 내게 알게 하옵소서 내가 주께

대하여 귀로 듣기만 하였사오나 이제는 눈으로 주를 뵈옵나이다 그러
므로 내가 스스로 거두어들이고 티끌과 재 가운데에서 회개하나이다"

욥 42:1~6

먼저 욥은 하나님의 주권과 섭리를 말합니다(2절). 하나님은 모든 것을 할 수 있는 분이시라는 것입니다. 욥은 잠시 "왜 하나님은 세상의 불의한 일들에 대하여 침묵하고 계시는가?"(욥 24:1)라며 하나님의 공의에 대해 의문을 품기도 했습니다. 그러나 이제 하나님은 자신의 제한된 생각으로 결코 묶을 수 없는 절대자임을 고백합니다. 하나님은 그 누구의 방해도 받지 않고 자신의 계획을 반드시 이루시는 절대적 주권자이심을 진술하고 있습니다.

둘째로 욥은 자신의 의를 주장했던 지난날의 모습을 시인합니다(3절). 그리고 자신의 어리석은 행위와 인간의 능력으로는 도저히 파악할 수 없는 신비로운 하나님의 섭리를 인정한다고 말합니다. 자신의 과거 언행에 대한 자정과 회개의 진실성을 보여주고 있습니다.

셋째로 어리석은 행위를 자인한 욥은 이제 한 걸음 더 나아가 하나님의 지속적인 가르침을 요청합니다(4절). 그리고 "내가 주께 대하여 귀로 듣기만 하였사오나 이제는 눈으로 주를 뵈옵나이다(5절)"라며 하나님을 눈으로 직접 뵙게 된 것을 고백합니다. 엄청난 시련과 고통 속에 있을 때 간절하게 열망했던 '하나님을 직

접 대면하는 것'이 이제 실현된 것입니다.

넷째로 욥은 "그러므로 내가 스스로 거두어들이고 티끌과 재 가운데에서 회개하나이다(6절)"라고 진심 어린 회개기도를 드립니다. '내가 스스로 거두어들이고'라는 말은 '스스로 멸시하다'는 뜻입니다. 지난날 하나님의 기준이 아닌 자기 기준에 근거를 두고 행동한 모든 일을 혐오하듯이 깊이 반성하고 그것에서 벗어나려는 굳은 의지를 표현한 것입니다. 이는 하나님을 만난 자의 '자기 부인'입니다.

자기 부인은 곧바로 철저하게 하나님께로 돌아가는 회개로 이어지게 되어 있습니다. '티끌과 재'는 '비탄과 신음'을 나타내는 상징적 표현입니다. 하나님 앞에서 자신의 의로움을 강하게 주장했던 지난 시간의 어리석음과 교만을 철저하게 회개한 것입니다. 참된 회개는 아무리 심한 고난을 겪더라도 하나님은 여전히 선하시고, 의로우시며, 위대하신 분이라고 고백하는 것입니다.

드디어 욥은 하나님께 진심어린 감사와 찬양의 기도를 드렸습니다.

욥은 인간이 경험할 수 있는 가장 극심한 고난과 고통을 겪었던 사람입니다. 그가 겪었던 육체적 고난 자체보다 더 그를 견디기 힘들게 한 것은 해석되지 않는 고난으로 인해 영혼에 임했던 어두운 밤이었습니다. 욥은 하나님을 경외하는 경건한 삶을 살면서 많은 사람이 부러워하는 축복을 누렸습니다. 그런데 사탄이 "욥이 하나님을 경외하는 것은 하나님께서 많은 복을 주셨기 때문이며, 그가 받은 것을 제거하면 하나님을 경외하지 않을 것"이라고 참소했습니다. 하나님은 사탄의 공격을 잠시 허용하셨습니다. 욥을 시험대에 올리신 것입니다.

욥은 단 하루 만에 그가 가진 모든 소유를 잃어버리게 되었습니다. 오랫동안 누려왔던 풍족한 모든 소유와 심지어 자녀들까지 잃게 되었습니다. 그의 소와 나귀와 종들은 스바 사람들의 공격으로 빼앗기고 죽었습니다. 낙타와 종들은 갈대아 사람들에게 죽임을 당했습니다. 그의 자녀들은 광야에서 돌풍이 불어 집이 무너져 죽었습니다. 이 기막힌 상실의 고난이 숨 가쁘게 연속적으로 임했습니다. 얼마나 큰 충격이었겠습니까? 그런데 이 고난 앞에서 욥이 어떻게 반응했습니까? 이런 비참한 절망의 순간, 욥은 이런 이상한 찬양을 올립니다.

"욥이 일어나 겉옷을 찢고 머리털을 밀고 땅에 엎드려 예배하며 이르되 내가 모태에서 알몸으로 나왔사온즉 또한 알몸이 그리로 돌아가올지라 주신 이도 여호와시요 거두신 이도 여호와시오니 여호와의 이름이 찬송을 받으실지니이다 하고 이 모든 일에 욥이 범죄하지 아니하고 하나님을 향하여 원망하지 아니하니라" 욥 1:20~22

욥은 이 비참한 상황 속에서도 하나님과의 친밀한 동행을 소망하며 믿음의 찬양을 올리는 것입니다. 놀라운 믿음입니다. 최고의 복된 상태에서 가장 낮은 곳으로 추락해버렸지만 욥은 하나님을 원망하지 않았습니다. 도리어 찬양했습니다. 욥이 진정 믿음의 사람임이 고난을 통해 증명된 것입니다.

또 욥은 하나님의 계시를 직접 들음을 감격해하며 감사합니다. 이제 욥은 하나님을 눈으로 뵙게 된 것입니다. 그것은 욥에게 임한 기적이었습니다. 그는 고난과 고통의 어두운 밤을 지나면서 하나님과 더 깊고 친밀한 관계를 맺게 되었습니다. 고난을 체험하기 전에는 귀로 듣는 신앙인이었습니다. 귀로만 들었기 때문에 의심이 생기고, 비판하고, 받아들여지지 않는 것입니다. 그러나 자신의 눈으로 직접 보고 체험한 신앙은 부인할 수 없고 고백도 더 깊어집니다. 하나님은 고난과 시련을 통해서 귀에 머무는 욥의 신앙을 눈으로 직접보고 체험하는 쪽으로 변화시켜 주셨습니다.

욥은 고통 가운데서 어떻게 감사할 수 있었습니까? 그가 자신이 처한 현실과 일상을 감사로 재해석했기 때문입니다. 세 친구와의 대화를 통해 하나님을 인식하고 인정할 수 있게 되었습니다. 욥은 현실의 고통에 절망하지 않고 그것을 그대로 받아들이기로 했습니다. 또한 욥은 자신의 한계와 욕심을 돌아보게 되었습니다. 창조자 하나님을 인식하고 기억함으로써 인생의 의미를 깨닫게 된 것입니다.

하나님께서 욥에게 묻습니다. "내가 하늘과 땅과 별과 달을 창조할 때, 너는 어디에 있었느냐?" 그 질문을 통해 욥은 자신이 무엇을 안다는 것에 대한 한계를 절감했습니다. 자신이 창조주 앞에 티끌에 불과하다는 것을 깨달았습니다. 그 깨달음을 통해 모든 것이 감사의 제목이 될 수 있었습니다. 고통과 고난이 온전함을 위한 변장된 장치라는 사실을 깨닫게 되자 고통과 고난이 오히려 감사의 재료가 되었습니다.

창조주 하나님 앞에 피조물인 우리는 어떤 존재입니까? 아무것도 아닙니다. 우리가 행할 것은 감사밖에 없습니다. 하나님은 우리를 창조해 주시고, 살게 해주셨습니다. 하나님을 배반함으로써 죄악에 빠져 영원히 죽을 수밖에 없는 우리를 대신해 당신의 독생자 예수 그리스도를 십자가에 못 박혀 죽이시기까지 우리를 구원해 주시는 은혜를 베푸셨습니다. 그리고 당신의 자녀로 삼아서 영원히 천국에서 함께 살게 해주신 것 모두가 감사의 제목입니다. 사실 이런 은혜가, 이런 사랑이 어디 있습니까? 수백 번, 수천 번 감사하고 또 감사해도 부족하지 않겠습니까?

2) 다윗의 기도

다윗의 기도 특징은 무엇입니까?

우리는 다윗하면 이스라엘 최고 전성기에 풍요를 누렸던 왕의 이미지를 먼저 떠올립니다. 그러나 다윗만큼 고난과 역경의 세월을 많이 보낸 인물도 없을 것입니다. 이새의 막내아들이었던 다윗은 여러 형에게 시달리며 들판에서 양을 치며 살았습니다. 그런 그는 사무엘 선지자의 기름부음을 받고 이스라엘의 왕으로 선택되는 순간, 인생역전을 경험했습니다.

하지만 다윗은 온전히 왕위에 오르기까지 10년이 넘는 세월 동안 수많은 가시밭길을 걸어야 했습니다. 질투심에 사로잡혀 자신을 죽이려는 사울 왕을 피해 아둘람 동굴과 광야는 물론 이웃 나라에까지 피신하며 도망자로 살았습니다. 자신을 알아보는 사람을 만나게 되자 미친 사람 흉내까지 내며 위기를 모면하기도 했습니다. 왕이 된 후에는 아들 압살롬의 반역으로 오랫동안 아들에게

쫓겨 다니는 신세에 처했습니다.

이런 극심한 역경과 고난 속에서도 다윗은 날마다 하나님께 기도와 감사를 드렸습니다. 다윗이 사울 왕을 피해 아둘람 동굴 속에 숨어 지낼 때에 지은 시들을 통해 그가 최악의 순간에도 하나님께 주옥같은 감사의 기도를 올렸음을 알 수 있습니다.

"여호와께 감사하라 그는 선하시며 그 인자하심이 영원함이로다" 시 136:1
"우리를 비천한 가운데서도 기억해 주신 이에게 감사하라 그 인자하심이 영원함이로다 우리를 우리 대적에게서 건지신 이에게 감사하라 그 인자하심이 영원함이로다" 시 136:23~24
"감사함으로 그 문에 들어가며 찬송함으로 그 궁정에 들어가서 그에게 감사하며 그 이름을 송축할지어다" 시 100:4

다윗은 새벽은 물론 아침과 낮, 밤마다 부르짖으며 하나님께 기도했습니다. 그는 어떤 경우에도 하나님의 임재를 향한 갈망을 버리지 않았습니다. 그것이 결정적인 실수에도 불구하고 하나님이 다윗을 인정하신 이유였습니다. 구약의 구절구절마다 "내 종 다윗을 보아"라는 말이 나옵니다. 다윗이 하나님과 깊은 관계를 맺을 수 있었던 것은 한순간도 쉬지 않고 하나님과 대화하는 기도의 사람이었기 때문입니다. 그는 진정 기도에 흠뻑 젖어있었고 그것이 그의 삶을 이끌었습니다. 심지어 죄를 지었을 때도 다윗은 하나님과의 관계의 끈, 즉 기도를 놓지 않았습니다. 왕궁에서뿐만 아니라 광야에서도 오직 하나님만이 피난처라는 사실을 인식하며 기도했습니다.

다윗의 기도는 첫째로 하나님을 절대 의지하는 기도입니다. 다윗은 어떤 일이 닥치면 반드시 하나님께 먼저 기도하고 응답을 받은 후에 행동했습니다. 둘째로 다윗의 기도는 참회의 기도입니다. 그는 자신의 잘못에 대해 철저히 회개하며 기도했습니다. 셋째로 감사와 찬양의 기도입니다.

<u>다윗의 기도는 하나님을 절대 의지하는 기도입니다.</u>

다윗은 어떤 일이나 위기가 발생하면 반드시 먼저 하나님께 기도하며 묻고, 하나님의 뜻에 따라 행동했습니다.

"사람들이 다윗에게 전하여 이르되 보소서 블레셋 사람이 그일라를 쳐서 그 타작 마당을 탈취하더이다 하니" 삼상 23:1

다윗은 사울 왕을 피해서 유대의 한 곳에 피신해 있었습니다. 그때 누가 다윗에게 와서 블레셋 사람이 그일라를 쳐서 수확한 농작물을 빼앗아 갔다고 보고했습니다. 그러자 다윗은 곧바로 하나님께 엎드려 기도하며 "내가 가서 이 블레셋 사람들을 치리이까?(2절)"라고 물었습니다. 다윗은 자기 의지대로 행동하지 않고 먼저 하나님의 뜻을 물었던 것입니다. 하나님께서 다윗의 기도에 "가서 블레셋 사람들을 치고 그일라를 구원하라(2절)"고 응답하셨습니다. '가서, 치고, 구원하라'는 3개의 간단한 명령으로, 다윗은 이 명령에 순종하기만 하면 승리를 보장받게 된 것입니다.

그런데 한 가지 문제가 발생합니다. "다윗의 사람들이 그에게 이르되 보소서 우리가 유다에 있기도 두렵거든 하물며 그일라에 가서 블레셋 사람들의 군대를 치는 일이리이까 한지라(3절)" 다윗의 추종자들이 출전을 반대하고 나선 것입니다. 유다에 있는 것도 사울의 위협 때문에 두려운 상황인데 그일라까지 올라가서 막강한 블레셋 군대와 전쟁하는 것은 너무나 두렵고 무모한 일이라는 것입니다. 그러자 다윗이 다시 기도합니다. 4절 초반부에 "다윗이 여호와께 다시 묻자온대"라고 기록되어 있습니다. 다윗은 추종자들의 만류에 실망하거나 포기하지 않고 여전히 계속해서 하나님께 간구했습니다.

하나님께서 이번에는 좀 더 구체적으로 말씀해 주셨습니다. "여호와께서 대답하여 이르시되 일어나 그일라로 내려가라 내가 블레셋 사람들을 네 손에 넘기리라 하신지라 다윗과 그의 사람들이 그일라로 가서 블레셋 사람들과 싸워 그들을 크게 쳐서 죽이고 그들의 가축을 끌어 오니라 다윗이 이와 같이 그일라 주민을 구원하니라(4~5절)" 하나님의 명령에 순종한 다윗은 큰 승리를 거두게 되었습니다.

사무엘상 23장에만 "하나님께 물었다"는 표현이 네 번이나 나옵니다. 그일라 사람들이 배신하여 다윗이 그일라에 있다고 사울에게 고자질했을 때도 다윗은 먼저 하나님께 기도했습니다. 그처럼 다윗은 항상 하나님께 기도하고 행동하는 삶을 살았던 것입니다.

이번에는 시글락 사건입니다.

"다윗과 그의 사람들이 성읍에 이르러 본즉 성읍이 불탔고 자기들의 아내와 자녀들이 사로잡혔는지라 다윗과 그와 함께 한 백성이 울 기력이 없도록 소리를 높여 울었더라 (다윗의 두 아내 이스르엘 여인 아히노암과 갈멜 사람 나발의 아내였던 아비가일도 사로잡혔더라) 백성들이 자녀들 때문에 마음이 슬퍼서 다윗을 돌로 치자 하니 다윗이 크게 다급하였으나 그의 하나님 여호와를 힘입고 용기를 얻었더라 다윗이 아히멜렉의 아들 제사장 아비아달에게 이르되 원하건대 에봇을 내게로 가져오라 아비아달이 에봇을 다윗에게로 가져가매 다윗이 여호와께 묻자와 이르되 내가 이 군대를 추격하면 따라잡겠나이까 하니 여호와께서 그에게 대답하시되 그를 쫓아가라 네가 반드시 따라잡고 도로 찾으리라"

삼상 30:3~8

다윗과 600명의 남자들이 전쟁에 나갔다가 돌아와 보니 아말렉

이 침략해서 시글락 성읍을 불태우고 여인과 아이들을 사로잡아 달아난 것을 알게 되었습니다. 그들은 목 놓아 울었습니다. 그리고 이미 3일이나 지나서 아말렉 군대를 찾는 것이 거의 불가능함을 알게 되자 그 책임을 물어 다윗을 돌로 쳐 죽이자는 여론이 형성됩니다. 이때 다윗은 하나님께 눈물로 기도합니다. 사무엘상 30장 8절에 나온 대로 하나님의 응답을 받은 다윗은 북쪽 브솔까지 쫓아 올라가 그들을 다 죽이고 빼앗겼던 것들을 되찾아 왔습니다.

다윗은 유다의 수도를 정할 때에도 하나님께 먼저 기도하고 하나님의 뜻을 구했습니다.

"그 후에 다윗이 여호와께 여쭈어 아뢰되 내가 유다 한 성읍으로 올라가리이까 여호와께서 이르시되 올라가라 다윗이 아뢰되 어디로 가리이까 이르시되 헤브론으로 갈지니라" 삼하 2:1

또한 수도를 헤브론에서 예루살렘으로 옮긴 후 확장되는 다윗의 세력을 막기 위해서 엄청난 블레셋 군대가 이스라엘을 침략해 왔을 때에도 다윗은 하나님께 기도합니다. 그리고 블레셋이 다시 쳐들어왔을 때에도 다윗은 하나님께 먼저 묻고 행동합니다. 이처럼 다윗은 전쟁을 할 때나 어떤 일을 하기 전에 하나님께 먼저 기도하고 하나님의 응답을 따라 순종했습니다. 자기 뜻과 자기 마음대로, 자기 판단대로 살지 않았다는 것입니다. 다윗은 다수의 판단에 따라 움직이지도 않았습니다. 다윗은 오직 하나님께 기도해서 묻고 응답받은 대로 행동했습니다.

다윗의 기도는 철저히 회개하는 참회의 기도입니다.

다윗은 결코 하나님 앞에서 죄를 은폐하려 하지 않았습니다. 뼈와 영혼이 떨릴 정도로 철저하게 자신의 죄를 회개했습니다. 언제 그 고통에서 빠져나올지 몰라도 다윗은 여호와 하나님의 자비를 간구하고 또 간구했습니다.

"하나님이여 주의 인자를 따라 내게 은혜를 베푸시며 주의 많은 긍휼을 따라 내 죄악을 지워 주소서 나의 죄악을 말갛게 씻으시며 나의 죄를 깨끗이 제하소서 무릇 나는 내 죄과를 아오니 내 죄가 항상 내 앞에 있나이다 내가 주께만 범죄하여 주의 목전에 악을 행하였사오니 주께서 말씀하실 때에 의로우시다 하고 주께서 심판하실 때에 순전하시다 하리이다 내가 죄악 중에서 출생하였음이여 어머니가 죄 중에서 나를 잉태하였나이다 보소서 주께서는 중심이 진실함을 원하시오니 내게 지혜를 은밀히 가르치시리이다 우슬초로 나를 정결하게 하소서 내가 정하리이다 나의 죄를 씻어 주소서 내가 눈보다 희리이다" 시 51:1~7

우리야의 아내 밧세바를 범한 추악한 죄를 나단 선지자가 지적하자 다윗은 철저히 자신의 죄를 회개하는 참회의 기도를 하나님께 드립니다. 그는 하나님 앞에서 자신이 뼛속 깊이 죄인임을 인정했습니다. 그리고 하나님이 그 죄를 정결하게 씻어 주시기를 간절히 기도합니다. 시편 32편도 다윗이 밧세바를 범한 죄를 회개하는 참회의 기도입니다.

"내가 입을 열지 아니할 때에 종일 신음하므로 내 뼈가 쇠하였도다 주의 손이 주야로 나를 누르시오니 내 진액이 빠져서 여름 가뭄에 마름 같이 되었나이다 (셀라) 내가 이르기를 내 허물을 여호와께 자복하리라 하고 주께 내 죄를 아뢰고 내 죄악을 숨기지 아니하였더니 곧 주께서 내 죄악을 사하셨나이다 (셀라) 이로 말미암아 모든 경건한 자는 주를 만날 기회를 얻어서 주께 기도할지라 진실로 홍수가 범람할지라도 그에게 미치지 못하리이다" 시 32:3-6

다윗은 죄를 토설하지 않았을 때의 자기의 심정이 얼마나 비참한 상황으로 추락했는지를 "내 뼈가 쇠하였다. 내 진액이 빠져서 여름 가뭄에 마름 같이 되었다"는 말로 표현합니다. 다윗은 이제 자신의 모든 죄를 주님께 숨기지 않고 낱낱이 토설하기로 결심합니다. 자신의 죄를 철저히 회개한 참회의 기도를 하나님 앞에 드린 것입니다. 그랬더니 다윗을 짓누르고 고통스럽게 했던 죄책감을 하나님께서 사하셨습니다. 다윗의 이야기는 회개하는 자에게 하나님이 풍성한 은혜를 베풀어 주신다는 사실을 알려주는 것으로 세대에서 세대를 이어가며 전해지고 있습니다. 다윗은 결코 하나님 앞에서 죄를 은폐하려 하지 않았고 뼈와 영혼이 떨릴 정도로 철저히 회개했습니다.

"여호와여 주의 분노로 나를 책망하지 마시오며 주의 진노로 나를 징계하지 마옵소서 여호와여 내가 수척하였사오니 내게 은혜를 베푸소서 여호와여 나의 뼈가 떨리오니 나를 고치소서 나의 영혼도 매우 떨리나이다 여호와여 어느 때까지니이까 여호와여 돌아와 나의 영혼을 건지시며 주의 사랑으로 나를 구원하소서 사망 중에서는 주를 기억하는 일이 없사오니 스올에서 주께 감사할 자 누구리이까 내가 탄식함으로 피곤하여 밤마다 눈물로 내 침상을 띄우며 내 요를 적시나이다 내 눈이 근심으로 말미암아 쇠하며 내 모든 대적으로 말미암아 어두워졌나이다 악을 행하는 너희는 다 나를 떠나라 여호와께서 내 울음소리를 들으셨도다 여호와께서 내 간구를 들으셨음이여 여호와께서 내 기도를 받으시리로다 내 모든 원수들이 부끄러움을 당하고 심히 떨이여 갑자기 부끄러워 물러가리로다" 시 6:1~10

다윗은 간절한 마음과 탄식의 눈물로 자신의 죄를 회개하는 기도를 하나님께 드렸습니다. 하나님으로부터 받은 징계가 얼마나 컸는지 그 고통 때문에 기진맥진한 상태에서 숨을 헐떡거리며 탄식한다고 했습니다. 회개의 눈물을 얼마나 흘렸던지 "눈물로 내 침상을 띄우며 내 요를 적신다"고까지 표현하고 있습니다. 다윗은 진정으로 탄식하며 자신의 죄를 철저히 회개하는 참회 기도자의 삶을 살았습니다. 그리고 이 회개기도의 삶이야말로 다윗을 다시 일어서게 한 결정적 요인이었습니다. 다윗은 회개기도가 원수의 조롱에서 벗어나 구원을 받을 수 있는 방도임을 확고히 믿었습니다.

<u>다윗의 기도는 감사와 찬양의 기도입니다.</u>

다윗은 슬플 때나 기쁠 때나 언제나 감사와 찬양의 기도를 하나님께 드렸습니다. 하나님께서 항상 함께 해 주실 것을 믿었기 때문입니다. 다윗의 감사기도문인 시편 136편에는 신구약 성경 중에서 '감사'라는 단어가 제일 많이 등장합니다. 시편 136편은 총 26절로 구성되어 있는데, 매 절마다 한 번씩 감사를 고백하고 있습니다. 유대인은 이 시편 136편을 'Great Hallel' 즉 '위대한 찬양의 시편'이라고 부릅니다.

"여호와께 감사하라 그는 선하시며 그 인자하심이 영원함이로다 신들

중에 뛰어난 하나님께 감사하라 그 인자하심이 영원함이로다 주들 중에 뛰어난 주께 감사하라 그 인자하심이 영원함이로다" 시 136:1~3

다윗은 감사할 수밖에 없는 주 하나님의 위대하심을 선언합니다. 하나님은 신들 중에 참 신이요, 주들 중에 가장 뛰어난 주님이라고 고백합니다. 다윗은 또 우주만물을 지으신 창조주 하나님을 찬양합니다.

"지혜로 하늘을 지으신 이에게 감사하라 그 인자하심이 영원함이로다 땅을 물 위에 펴신 이에게 감사하라 그 인자하심이 영원함이로다 큰 빛들을 지으신 이에게 감사하라 그 인자하심이 영원함이로다 해로 낮을 주관하게 하신 이에게 감사하라 그 인자하심이 영원함이로다 달과 별들로 밤을 주관하게 하신 이에게 감사하라 그 인자하심이 영원함이로다" 시 136:5~9

하늘과 우리가 살 땅을 창조하신 하나님께 감사하다는 것입니다. 또 해를 창조하셔서 낮을 주시고, 달과 별들을 창조하셔서 밤을 주신 주님께 감사하다고 고백합니다. 다윗은 이스라엘의 역사 속에서 놀라운 구원의 은혜를 베푸신 하나님께 감사하며 그의 사랑은 영원하다고 선포합니다. 특별히 시편 136편 10~22절에서는 이스라엘 역사 중에서도 출애굽의 구원을 돌아보며 하나님께 감사를 드립니다. 다윗은 또한 비천한 상황 가운데 있을 때에도 자신을 기억해 주신 하나님께 감사합니다. 그 비참하고 힘든 상황에서 자신과 함께 해 주셔서 그것을 감당하게 해 주신 것에 감사하다는 것입니다.

> "우리를 비천한 가운데에서도 기억해 주신 이에게 감사하라 그 인자하심이 영원함이로다 우리를 우리의 대적에게서 건지신 이에게 감사하라 그 인자하심이 영원함이로다" 시 136:23~24

다윗은 또 "모든 육체에게 먹을 것을 주신 이에게 감사하라 그 인자하심이 영원함이로다"라고 고백합니다. 궁핍할 때마다 먹을 수 있도록 보살펴 주시는 주님께 감사하고 있습니다. 그분의 사랑은 끝이 없다는 겁니다.

다윗은 자신이 비천한 가운데 있을 때도 하나님이 기억하시고 함께 주셔서 감사하다고 고백합니다. 하나님이 기억하시고 보살피셔서 그 시간을 견딜 수 있었고 결국에는 구원의 하나님을 만나게 되었기 때문입니다.

다윗은 하나님의 성전을 지으려고 했습니다. 하지만 하나님이 허락하지 않으셨습니다. 대신 하나님은 선지자 나단을 통해 다윗의 앞길과 이스라엘의 미래에 대해 약속의 말씀을 주셨습니다. 이에 다윗은 역대상 17장 16~27절에 나온 대로 하나님께 감사의 기도를 드립니다. 여기서 다윗은 첫째로 하나님이 자신에게 베풀어 주신 은혜에 감사했습니다. 둘째로 이스라엘에게 베풀어 주신 하나님의 은혜에 감사했습니다. 셋째로 자신의 후손으로 영원한 왕조를 약속하신 말씀을 이뤄달라고 감사하며 기도했습니다. 시편 57편에서도 다윗은 하나님을 찬양하며 기도합니다. 비록 사울에 쫓기는 도망자 신세이지만 감사함으로 하나님에 대한 열정을 노래하고 있습니다.

"하나님이여 내 마음이 확정되었고 내 마음이 확정되었사오니 내가 노래하고 내가 찬송하리이다 내 영광아 깰지어다 비파야, 수금아, 깰지어다 내가 새벽을 깨우리로다 주여 내가 만민 중에서 주께 감사하오며 뭇 나라 중에서 주를 찬송하리이다" 시 57:7~9

다윗은 일상의 삶이 행복해서 감사의 기도를 드린 것이 아닙니다. 믿음의 대상이신 하나님을 바라보는 믿음이 있었기에 모든 상황을 넘어 감사할 수 있었던 것입니다. 다윗은 항상 감사하고 찬양하는 기도의 삶을 살았기 때문에 결국 행복한 사람이 됐습니다. 하나님은 이런 다윗을 "내 마음에 합한 자"라고 불렀습니다.

3) 다니엘의 기도

다니엘의 기도 특징은 무엇입니까?

다니엘은 어린 나이에 바벨론에 포로로 끌려가 나라 없는 설움과 가족들과 헤어지는 아픔을 겪었습니다. 일찍부터 피눈물 나는 고난의 인생을 살아야 했습니다. 그럼에도 불구하고 그는 어린 시절부터 하나님의 사람으로 살 것을 작정했고 바벨론에서도 최선을 다한 삶을 살았습니다. 마침내 그는 다리오 왕에 의해 선임 총리로 임명되었습니다.

  우리는 다니엘을 이야기할 때마다 그의 지혜와 놀라운 판단력과 담대함, 탁월한 지도력에 대해 언급합니다. 그러나 사실 이 모든 것보다 다니엘에게 더욱 중요한 삶의 비밀이 있었습니다. 다니엘의 놀라운 여정을 가능케 했던 열쇠는 바로 기도였습니다. 다니엘서의 상당 부분이 그의 기도 생활에 할애되고 있습니다.

  다니엘은 기도로 모든 것을 뚫어냅니다. 그는 말년에도 여전히 기도하는 사람으로 등장합니다. 인생의 마지막을 기도로 맞이했습니다. 기도로 인해 그의 황혼은 쓸쓸한 낙조가 아니라 여전히 빛나는 태양이 될 수 있었습니다. 기도 때문에 세월이 지나갈수록 오히려 찬란히 빛나는 삶을 살 수 있었습니다. 다니엘은 특별히 인생의 말년에 기도를 중대한 사역으로 감당했던 것입니다.

다니엘은 삶 전체를 기도에 의지하여 승리했습니다. 다니엘은 자기 자신보다 포로로 잡혀 온 동족들을 먼저 생각했습니다. 그는 하나님의 민족적 회복의 약속을 기도를 통해 성취하고자 애쓴 신앙인이었으며 목숨보다 하나님을 향한 신실한 기도의 삶을 더 우선시하는 참 기도의 사람이었습니다.

다니엘의 기도의 특징은 다음과 같습니다. 첫째, 다니엘의 기도는 성경 연구에서 출발하고 약속의 말씀을 붙잡는 기도였습니다. 둘째, 예전부터 해오던 그대로의 습관에 따른 기도입니다. 그는 '자기 집에 돌아가서, 윗방에 올라가, 예루살렘을 향하여, 창문을 열고, 하루 세 번씩, 무릎을 꿇고' 기도했습니다. 전에 하던 대로 기도했던 것입니다. 셋째, 세상과 타협하지 않는 기도입니다. 넷째, 동족 이스라엘을 위한 회개와 중보의 기도입니다. 다섯째, 감사의 기도입니다.

다니엘의 기도는 성경 연구에서 출발했습니다. 그는 성경에 기록된 약속의 말씀을 붙잡고 기도했습니다.

다니엘의 기도는 하나님의 말씀에서 출발했기 때문에 '가장 고결하고 고상한 기도'라고 할 수 있습니다.

"메대 족속 아하수에로의 아들 다리오가 갈대아 나라 왕으로 세움을 받던 첫 해 곧 그 통치 원년에 나 다니엘이 책을 통해 여호와께서 말씀으로 선지자 예레미야에게 알려 주신 그 연수를 깨달았나니 곧 예루살렘의 황폐함이 칠십 년 만에 그치리라 하신 것이니라" 단 9:1~2

다니엘이 당시 지니고 있던 구약성경 몇 권이 그에게는 하나님의 말씀을 건지는 원천이요, 삶의 결정적 근거였습니다. 그는 성경을 읽고 묵상하다가 이스라엘 백성의 고난이 끝나는 시기가 성경에 기록되어 있음을 발견했습니다. 그리고 그 약속의 말씀에 근거하여 기도하기 시작했습니다.

"내가 금식하며 베옷을 입고 재를 덮어쓰고 주 하나님께 기도하며 간구하기를 결심하고 내 하나님 여호와께 기도하며 자복하여 이르기를 크시고 두려워할 주 하나님, 주를 사랑하고 주의 계명을 지키는 자를 위하여 언약을 지키시고 그에게 인자를 베푸시는 이시여" 단 9:3~4

건강한 기도 생활은 언제나 하나님의 말씀에서 출발합니다. '기도의 성자'로 일컬어지는 조지 뮬러는 기도의 비밀을 묻는 사람들에게 언제나 "하나님의 약속에 근거해 기도하십시오"라고 말했습니다. 다니엘은 "언약을 지키시는 하나님"이라며 기도합니다. 하나님의 약속의 말씀을 붙들고, 그 약속을 하신 하나님께 기도하며 약속을 이뤄달라고 간구하는 것입니다.

"우리가 또 주의 종 선지자들이 주의 이름으로 우리의 왕들과 우리의 고관과 조상들과 온 국민에게 말씀한 것을 듣지 아니하였나이다; 우리 하나님 여호와의 목소리를 듣지 아니하며 여호와께서 그의 종 선지자들에게 부탁하여 우리 앞에 세우신 율법을 행하지 아니하였음이니이다"

단 9:6, 10

다니엘은 먼저 하나님의 약속을 따라 살지 않고 불순종했던 이스라엘 백성의 죄를 하나님 앞에 자백합니다. 그리고 하나님의 언약이 우리의 삶 속에 이뤄지기를 기도합니다.

"그러하온즉 우리 하나님이여 지금 주의 종의 기도와 간구를 들으시고 주를 위하여 주의 얼굴빛을 주의 황폐한 성소에 비추시옵소서 나의 하나님이여 귀를 기울여 들으시며 눈을 떠서 우리의 황폐한 상황과 주의 이름으로 일컫는 성을 보옵소서 우리가 주 앞에 간구하옵는 것은 우리

6. 성경 인물의 기도를 배우자

의 공의를 의지하여 하는 것이 아니요 주의 큰 긍휼을 의지하여 함이니
이다 주여 들으소서 주여 용서하소서 주여 귀를 기울이시고 행하소서
지체하지 마옵소서 나의 하나님이여 주 자신을 위하여 하시옵소서 이는
주의 성과 주의 백성이 주의 이름으로 일컫는 바 됨이니이다" 단 9:17~19

다니엘의 기도는 예전부터 해오던 그대로의 습관적인 기도입니다.

앞서 언급한 대로 다니엘은 '자기 집에 돌아가서, 윗방에 올라가, 예루살렘을 향하여, 창문을 열고, 하루 세 번씩, 무릎을 꿇고, 전에 하던 대로' 기도했습니다. 다니엘은 대적들이 자기 목숨을 노리고 함정을 파놓았다는 것을 알면서도 태연히 이전에 하던 것처럼 동일한 장소에서, 동일한 방법으로, 동일한 시간에 기도했습니다.

"다니엘이 이 조서에 왕의 도장이 찍힌 것을 알고도 자기 집에 돌아가서는 윗방에 올라가 예루살렘으로 향한 창문을 열고 전에 하던 대로 하루 세 번씩 무릎을 꿇고 기도하며 그의 하나님께 감사하였더라" 단 6:10

'윗방'은 2층 방을 의미합니다. 다니엘은 2층 방을 주로 기도하는 용도로 사용했던 것 같습니다. 그는 예루살렘 방향으로 앉아 기도했습니다. 이는 솔로몬이 성전 봉헌식 때 기도했던 내용을 염

두에 둔 것입니다.

> "자기를 사로잡아 간 적국의 땅에서 온 마음과 온 뜻으로 주께 돌아와서 주께서 그들의 조상들에게 주신 땅 곧 주께서 택하신 성읍과 내가 주의 이름을 위하여 건축한 성전 있는 쪽을 향하여 주께 기도하거든" 왕상 8:48

다니엘은 언젠가는 하나님이 반드시 이스라엘의 무너진 성벽과 성전을 재건해 주시고, 다시 포로에서 귀환케 하셔서 하나님의 영광이 예루살렘에 임하게 될 것을 소망하는 믿음이 있었습니다. 다니엘은 창문을 열어놓고 기도했습니다. 그는 마치 예루살렘의 성전 폐허 자리를 보려고 하듯 창문을 열어놓았습니다. '열린 창문'은 이스라엘을 향한 그의 마음, 하나님과의 친밀하고 깊은 교제를 나누려는 그의 열망을 상징합니다. 어떤 역경과 두려움, 염려 속에서도 하나님을 향한 마음이 위축되거나 닫히지 않고 오히려 더욱 신뢰함으로 나아가려는 마음으로 창문을 열고 기도했습니다.

다니엘은 하루에 세 번씩 기도했습니다. 아침과 정오, 저녁에 기도했습니다. 습관대로 자신의 2층 방에서 하루에 세 번씩 기도하기 위해서는 아침에 출근했다 저녁에 퇴근한다고 가정할 경우, 반드시 정오에도 기도하기 위해 집으로 돌아와야 했을 것입니다. 바벨론의 총리로 집과 왕실을 오가며 하루에 세 번씩 기도하는 것은 결코 쉽지 않았을 것이지만 다니엘은 '습관대로' 했습니다. 히브리인들은 자주 기도할 경우 하루에 두 번, 곧 아침과 저녁에 기도했다고 합니다. 다니엘이 하루에 세 번 시간을 정해 놓고 기도한 것은 하나님을 향한 그의 간절함의 표현입니다.

다니엘은 무릎을 꿇고 기도했습니다. 당시 히브리인들은 기도할 때 흔히들 서서 손을 하늘을 향해 올리는 자세를 취했습니다. 물론 무릎을 꿇고 기도하는 경우도 있었습니다. 다니엘의 무릎기도는 하나님 앞에서 자신을 최대한 낮춘다는 겸손한 마음 자세와 함께 절박하고 간절함을 상징합니다.

다니엘은 전부터 해온 그대로 습관적으로 기도했습니다. 다니엘은 '기도의 습관'을 지닌 기도의 사람입니다. 자신의 감정과 형편에 상관없이 하나님과 약속한 시간만 되면 어김없이 자기 집으로 돌아와 기도했습니다. 즉 '습관을 좇아' 기도했던 것입니다.

다니엘은 세상과 타협하지 않고 오직 하나님의 영광만을 추구한 기도의 사람이었으며 이스라엘 동족을 위한 회개와 중보의 기도자였습니다.

다니엘은 기도에 목숨을 걸었습니다. 왕 외에 다른 신을 경배하면 사자 굴에 집어넣겠다는 조서에 왕의 도장이 찍힌 것을 알면서도 눈 하나 깜짝 안 하고 동일하게 '습관을 좇아' 하나님께 기도했습니다. 다니엘의 기도는 악한 무리들의 압박과 위협에도 굽히지 않는 불굴의 기도였습니다.

"다니엘이 이 조서에 왕의 도장이 찍힌 것을 알고도 자기 집에 돌아가서는 윗방에 올라가 예루살렘으로 향한 창문을 열고 전에 하던 대로 하루 세 번씩 무릎을 꿇고 기도하며 그의 하나님께 감사하였더라" 단 6:10

다니엘은 하나님께 기도하는 것을 쉴 수 없었습니다. 하나님이 참된 왕이므로 가장 먼저 하나님께 기도하며 그분에게 영광을 돌려야 한다고 믿었기 때문입니다. 다니엘은 세상과 타협하기보다는 마음과 성품과 힘을 다해 하나님을 사랑하며 섬기는 쪽을 선택한 신실한 기도의 사람이었습니다. 다니엘은 응답받는 기도의 핵심이 회개임을 잘 알고 있었습니다. 다니엘 9장 5~11절을 보면 다니엘이 비록 이스라엘 민족의 해방을 위해 기도했지만 그의 기도의 초점은 민족적 죄에 대한 자복과 회개에 집중되어 있다는 사실을 알 수 있습니다. 다니엘은 이스라엘 민족을 위한 중보기도 사역을 감당했습니다.

"바사 왕 고레스 제 삼년에 한 일이 벨드사살이라 이름한 다니엘에게 나타났는데 그 일이 참되니 곧 큰 전쟁에 관한 것이라 다니엘이 그 일을 분명히 알았고 그 환상을 깨달으니라" 단 10:1

고레스 왕 삼 년이면 이미 많은 유대인이 바벨론의 포로 생활에서 자유함을 얻어 그들의 고향인 유대 땅으로 돌아간 때입니다. 이 이스라엘 백성들은 조국으로 돌아간 후 3년간은 열심히 터를 닦고 성전의 기초를 쌓는 등 재건에 힘썼습니다. 그러다가 갑자기 이 모든 것이 중단되더니 약 15년간 그들은 허송세월했고 성전의 터전은 황폐하게 버려져 있었습니다. 이 소식을 전해들은 다니엘은 식음을 전폐하고 사랑하는 조국 땅의 부흥을 위해 기도했습니다.

"그 때에 나 다니엘이 세 이레 동안을 슬퍼하며 세 이레가 차기까지 좋은 떡을 먹지 아니하며 고기와 포도주를 입에 대지 아니하며 또 기름을 바르지 아니하니라" 단 10:2~3

다니엘은 생명의 위협 속에서 목숨을 담보로 하나님께 감사의 기도를 드렸습니다.

다니엘은 죽음이 엄습해 오는 것을 알면서도 기도와 감사를 멈추지 않았습니다. 그는 기도하면 죽는 것을 알았고 감사하면 죽는 것도 알았습니다. 사자의 밥이 되어 온 몸이 갈기갈기 찢겨질 것을 누구보다 잘 알고 있었습니다. 그런데도 다니엘은 끝까지 기도와 감사를 포기하지 않았습니다.

"나라의 모든 총리와 지사와 총독과 법관과 관원이 의논하고 왕에게 한 법률을 세우며 한 금령을 정하실 것을 구하나이다 왕이여 그것은 곧 이제부터 삼십 일 동안에 누구든지 왕 외의 어떤 신에게나 사람에게 무엇을 구하면 사자 굴에 던져 넣기로 한 것이니이다 그런즉 왕이여 원하건대 금령을 세우시고 그 조서에 왕의 도장을 찍어 메대와 바사의 고치지 아니하는 규례를 따라 그것을 다시 고치지 못하게 하옵소서 하매 이에 다리오 왕이 조서에 왕의 도장을 찍어 금령을 내리라 다니엘이 이 조서에 왕의 도장이 찍힌 것을 알고도 자기 집에 돌아가서는 윗방에 올라가 예루살렘으로 향한 창문을 열고 전에 하던 대로 하루 세 번씩 무릎을 꿇고 기도하며 그의 하나님께 감사하였더라" 단 6:7~10

다니엘은 하나님을 믿는 신앙 때문에 죽음의 함정에 빠지게 되었습니다. 충분히 하나님을 원망할 수도 있는 상황이었습니다. 그러나 다니엘은 이것 또한 하나님의 크신 주권 아래 있다고 믿으며 감사했습니다. 진짜 감사는 그런 것입니다. 도저히 감사할 수도, 이해할 수도 없을 때에도 하나님의 선하신 뜻을 믿고 감사하는 것입니다. 이렇듯 진짜 감사는 믿음으로 하는 것입니다.

10절 말미의 "그의 하나님께 감사하였더라"는 "그리고 그의 하나님 앞에 감사를 지속하고 있었다"라는 의미입니다. 여기서 '그의 하나님'은 이스라엘의 하나님이자 우주만물을 창조하신 절대 주권자 하나님이십니다. 다니엘은 바로 그 하나님을 '자신의 하나님', 즉 '다니엘의 하나님'으로 칭합니다. 이는 하나님과 다니엘 사이의 관계가 얼마나 친밀했는지를 암시합니다.

당시 '다니엘의 하나님'은 간악한 자들의 간계와 그토록 간절히 기도하는 다니엘이 얼마나 큰 위기에 처하였는지도 잘 알고 계셨습니다. 하지만 하나님께서는 모든 간계를 미리 막으시고, 모든 위험에서 건지실 능력을 소유하고 계심에도 불구하고 다니엘의 상황을 적극적으로 바꾸지 않으셨습니다. 중요한 것은 그런 컴컴한 상황에서도 다니엘은 변함없이 하나님께 감사하였다는 사실입니다.

다니엘의 기도의 최종 종착역은 '감사'였습니다. 바쁜 국정에 치이고 득달같이 달려드는 사악한 무리와의 힘겨운 씨름을 하면서 몸과 마음이 지친 상태였지만 하루 세 번씩 기도하고 나면 언제나 하나님을 향한 감사와 찬양으로 다시 충만해졌습니다. 이 감사기도의 힘으로 다니엘은 이방 땅에서의 모질고 거친 삶의 무게를 넉넉히 감당할 수 있었습니다. 진실로 다니엘은 기도 없이는 한순간도 살 수 없었던 기도의 사람이었습니다.

다니엘의 감사기도에는 몇 가지 특징이 있습니다. 먼저 '전에 행하던 대로' 기도하고 감사했습니다. 감사의 일상화입니다. 감사가 습관이자 성품이 된 것입니다. 이와 같이 감사는 체질이 되고 성품이 되어야 합니다. 오랫동안 같은 행위가 반복되면 습관이 되고, 습관이 오래 가면 성품이 됩니다.

또한 다니엘의 감사기도에는 자족함과 만족함이 있었습니다. 그는 지난 삶을 되돌아보면서 하나님의 은혜를 생각하면 지금 죽어도 감사할 수 있다고 고백합니다. 생명을 걸고 하나님을 믿으며 어떤 경우에도, 죽음을 앞두고도 감사하는 다니엘의 '순교적 감사'야말로 '감사의 최고봉'이라 할 수 있지 않을까요?

4) 히스기야의 기도

히스기야의 기도 특징은 무엇입니까?

솔로몬 사후 이스라엘은 남북으로 분단되었습니다. 북쪽 이스라엘은 9왕조, 19왕의 시대를 이어가다가 BC 722년에 앗수르에게 멸망당했습니다. 북 이스라엘이 멸망당할 즈음, 히스기야가 남쪽 유다의 왕으로 즉위했습니다. 히스기야의 아버지 아하스 왕은 영적으로 매우 타락한 왕이었습니다. 자기 아들을 불 가운데 지나가게 하는 잔인한 일을 행하였고(왕하 16:3), 이방 신상과 우상을 만들고(대하 28:4), 급기야 하나님께 예배드리는 성전의 문을 폐쇄해버렸습니다(대하 28:24). 아하스가 왕위에 있을 때, 유다의 영적 상태는 그야말로 최악이었습니다. 아하스는 한마디로 최대의 불순종, 집요한 반역, 철저한 불신앙으로 일관한 악한 왕이었습니다. 히스기야는 이런 불신앙이라는 시대적 환경에서 자라났습니다.

이런 영적으로 타락한 시대에 왕위를 계승한 히스기야가 한 행동은 무엇이었습니까? 바로 영적인 개혁을 시도한 것이었습니다. 그는 아버지의 망령됨과 사악함을 보았습니다. 히스기야는 그런 아버지 닮기를 단호히 거부했습니다. 히스기야가 일으킨 부흥은 이런 단호한 결단으로부터 시작됐습니다.

히스기야는 앗수르 제국이 중동지역을 압도하던 시기에 절체절명의 상태였던 유다를 구출했고, 유다에 뿌리 깊이 박힌 우상숭배를 척결했으며, 여호와를 믿는 신앙의 순수함을 회복한 종교개혁자였습니다. 구출자적인 면모를 지닌 히스기야는 영원한 구출자, 즉 죄와 사탄의 세력에서 우리를 구원한 주 예수 그리스도의 예표이기도 합니다. 이런 히스기야가 예수님의 족보에 기록되었던 것은 당연한 일입니다(마 1:9~10).

히스기야는 다윗같이 되기를 원했습니다(왕하 18:3). 다윗은 히스기야가 되고자 한 개혁자의 모델입니다. 히스기야는 다시는 우상숭배를 하지 않겠다고 다짐하는 기도를 드렸습니다(왕하 18:3~6).

히스기야가 살던 시대는 위기의 시대였습니다. 나라는 풍전등화의 위험에 노출되어 있었고 영적으로는 파탄 상태여서 온갖 시험과 환난이 줄을 이었습니다. 히스기야는 그 모든 도전을 기도로 물리쳤습니다. 온갖 시험을 기도로 이기는 과정에서 하나님의 영광을 만천하에 드러냈습니다. 히스기야는 기도를 통해 평화와 안전을 찾았고, 기도를 통해 하나님께 영광을 돌렸으며, 기도를 통해 마귀의 시도를 좌절시켰습니다. 결국 히스기야는 기도로 위대한 왕이 되었습니다. 히스기야의 기도는 첫째, 나라의 존망이 걸린 위기의 시대에 생명을 걸고 하나님의 구원을 이끌어 낸 기도입니다. 이는 공동체를 위한 지도자의 기도의 전형입니다. 둘째, 죽을병에 걸렸지만 면벽기도로 생명을 연장 받은 기적의 기도입니다. 이는 하나님께 부르짖어 개인의 난제를 해결하고 응답을 얻어낸 개인기도의 전형이라 할 수 있을 것입니다. 셋째, 응답하시는 하나님께 감사와 찬양의 기도를 올림으로써 하나님의 영광을 만천하에 드러내고 그런 역사를 자녀들에게 전하는 선교적 기도입니다.

<u>히스기야의 기도는 나라의 존망 위기에 생명을 걸고 기도함으로써 하나님의 구원을 이끌어낸 지도자의 기도였습니다.</u>

유다의 견고한 여러 성읍들을 점령한 앗수르의 산헤립 왕이 히스기야 왕이 있는 예루살렘까지 쳐들어왔습니다. 앗수르의 군인 18만 5천명이 예루살렘을 포위한 상황에서 히스기야가 할 수 있는 일은 아무것도 없었습니다. 아무리 둘러보아도 살길이 없어 보였기 때문입니다. 고대 전쟁에서의 패배란 남자는 죽임을 당하고 여자와 아이들은 모두 노예로 팔려가는 것을 의미했습니다. 민족 멸절의 위기에서 히스기야는 이렇게 탄식합니다.

"그들이 이사야에게 이르되 히스기야의 말씀에 오늘은 환난과 책벌과 능욕의 날이라 아이를 낳으려 하나 해산할 힘이 없음 같도다" 사 37:3

아이를 낳기는 낳아야겠는데, 아이를 살리기는 살려야겠는데 힘이 없습니다. 어찌할 방도가 없다는 것입니다. 하나님의 성전이 있는 예루살렘을 사수해야겠는데, 사수할 힘이 없다는 히스기야의 무력감이 표출된 말씀입니다. 앗수르의 군대는 예루살렘 성을 빙 둘러싼 다음에 천막을 치고 지구전을 준비했습니다. 앗수르 왕 산헤립은 히스기야에게 편지를 보냈습니다.

"너희는 유다의 왕 히스기야에게 이같이 말하여 이르기를 네가 믿는 네 하나님이 예루살렘을 앗수르 왕의 손에 넘기지 아니하겠다 하는 말에 속지 말라 앗수르의 여러 왕이 여러 나라에 행한 바 진멸한 일을 네가 들었나니 네가 어찌 구원을 얻겠느냐 내 조상들이 멸하신 여러 민족 곧 고산과 하란과 레셉과 들라살에 있는 에덴 족속을 그 나라들의 신들이 건졌느냐 하맛 왕과 아르밧 왕과 스발와임 성의 왕과 헤나와 아와의 왕들이 다 어디 있느냐 하라 하니라" 왕하 19:10~13

이는 "앗수르의 여러 왕이 다른 민족들과 나라들 그리고 북이스라엘까지 완전히 멸망시킨 일을 네가 듣지 않았느냐. 하나님이 예루살렘을 구원하실 거라는 이야기는 다 거짓말이다. 예루살렘은 곧 나의 차지가 될 것이니 어서 항복해라"는 말입니다. 그러나 히스기야는 이 엄청난 위기 앞에 좌절하지 않았습니다. 그 비결이 무엇입니까? 바로 기도입니다. 기도로 그는 절망하지 않았고 결국 모든 상황을 역전시킬 수 있었습니다. 히스기야는 산헤립이 보낸 항복하라는 편지를 들고 성전에 올라가 기도합니다.

"히스기야가 사자의 손에서 편지를 받아보고 여호와의 성전에 올라가서 히스기야가 그 편지를 여호와 앞에 펴 놓고 그 앞에서 히스기야가 기도하여 이르되 그룹들 위에 계신 이스라엘의 하나님 여호와여 주는 천하만국에 홀로 하나님이시라 주께서 천지를 만드셨나이다 여호와여 귀를 기울여 들으소서 여호와여 눈을 떠서 보시옵소서 산헤립이 살아 계신 하나님을 비방하러 보낸 말을 들으시옵소서 여호와여 앗수르 여러 왕이 과연 여러 민족과 그들의 땅을 황폐하게 하고 또 그들의 신들을 불에 던졌사오니 이는 그들이 신이 아니요 사람의 손으로 만든 것 곧 나무와 돌 뿐이므로 멸하였나이다 우리 하나님 여호와여 원하건대 이제 우리를 그의 손에서 구원하옵소서 그리하시면 천하만국이 주 여호와가 홀로 하나님이신 줄 알리이다 하니라" 왕하 19:14~19

히스기야는 이렇게 기도한 것입니다. "하나님, 산헤립이 쓴 편지를 한 번 보세요. 산헤립은 자신이 하나님보다 더 강하다고 이야기합니다. 하나님, 하나님께서 이 세상의 주인이심을 보여주세요. 이제 우리를 산헤립의 손에서 구원해 주세요. 하나님이 진짜 하나님이심을 보여주세요!"

히스기야가 하나님께 기도한 바로 그날 밤에 놀라운 일이 벌어집니다. 바로 하나님의 군대가 직접 앗수르의 군대를 치기 위해 하늘에서 내려온 것입니다. 하나님의 군대는 앗수르의 천막과 천막 사이를 돌아다니며 앗수르의 병사들을 공격했습니다. 다음 날 아침 날이 밝자 살아남은 앗수르의 군인들은 여호와의 군대가 밤새도록 행한 일을 보고 두려워하며 도망쳤습니다(왕하 19장 20~21, 32~35).

히스기야의 기도는 하나님의 군대까지 움직이게 했습니다. 히스기야의 기도로 누란의 위기에 처했던 예루살렘 성이 지켜졌습니다. 히스기야는 나라의 존망 위기에 생명을 걸고 기도하여 하나님의 구원을 이끌어낸 위대한 기도의 사람입니다.

성경은 히스기야가 기도로 승리한 사람이었지만 기도한 후에 저지른 그의 실수와 허물까지 솔직히 보여줍니다.

히스기야는 승리 이후 바벨론 사신에게 자신의 능력으로 승리를 이룬 것처럼 유다의 모든 보화를 보여주고 자랑하는 교만함을 보입니다. 그로 인해 장차 유다는 바벨론에 모든 것을 약탈당하고 나라까지 잃습니다. 기도하더라도 교만이 얼마나 치명적인 결과를 낳는지 보여주는 사례이며 기도 응답을 받은 이후 그리스도인의 자세가 어떠해야 하는지에 대한 강한 메시지를 줍니다.

"히스기야가 사자들로 말미암아 기뻐하여 그들에게 보물 창고 곧 은금과 향료와 보배로운 기름과 모든 무기고에 있는 것을 다 보여 주었으니 히스기야가 궁중의 소유와 전 국내의 소유를 보이지 아니한 것이 없는지라" 사 39:2

그러자 이사야 선지자는 히스기야에게 바벨론 사신에게 보여준 모든 것이 다 바벨론으로 옮겨지게 될 것이라고 말합니다.

"이사야가 히스기야에게 이르되 여호와의 말씀을 들으소서 여호와의 말씀이 날이 이르리니 왕궁의 모든 것과 왕의 조상들이 오늘까지 쌓아 두었던 것이 바벨론으로 옮긴바 되고 하나도 남지 아니할 것이요 또 왕의 몸에서 날 아들 중에서 사로잡혀 바벨론 왕궁의 환관이 되리라 하셨나이다 하니" 왕하 20:16~18

우리는 히스기야의 기도를 통해 미래를 위한 기도, 자녀를 위한 기도의 중요성을 배울 수 있습니다. 그는 이사야 선지자로부터 바벨론 왕의 사자에게 자랑한 모든 것이 바벨론으로 넘어가리라는 말을 듣지만 별 문제없다는 태도로 일관했습니다. 자신의 당대에 일어날 일이 아니기 때문이었습니다.

> "히스기야가 이사야에게 이르되 당신이 전한 바 여호와의 말씀이 선하니이다 하고 또 이르되 만일 내가 사는 날에 태평과 진실이 있을진대 어찌 선하지 아니하리요 하니라" 왕하 20:19

열왕기하 21장에는 히스기야 왕의 아들 므낫세와 손자 아몬에 관한 이야기가 나오지만 그들이 저지른 온갖 범죄 이야기뿐입니다. 거기에는 그들이 하나님을 배반하며 종국에는 심판받는 이야기로 가득 차 있습니다. 유대 전승에 따르면 므낫세는 이사야 선지자를 톱으로 켜서 죽였습니다. 12세에 왕위에 오른 므낫세는 55년이라는 긴 세월 동안 유다를 통치했습니다. 그는 아버지가 헐어버린 산당을 다시 지었으며(왕하 21:3) 심지어 아들을 불 가운데 지나게 했습니다(왕하 21:6). 또한 무죄한 사람들을 수없이 학살했습니다(왕하 21:16).

> "또 어떤 이들은 조롱과 채찍질뿐 아니라 결박과 옥에 갇히는 시련도 받았으며 돌로 치는 것과 톱으로 켜는 것과 시험과 칼로 죽임을 당하고 양과 염소의 가죽을 입고 유리하여 궁핍과 환난과 학대를 받았으니" 히 11:36~37

우리는 므낫세가 악행을 행한 이유를 아버지 히스기야에게서 찾아야 합니다. 그는 바벨론 사신에게 왕궁의 모든 금은보화를 보여주며 자랑한 바 있습니다. 또한 태평성대가 지속되자 기도를 잃어버렸습니다. 히스기야는 바벨론의 사신 앞에서 하나님만을 자랑했어야 했습니다. "하나님의 능력으로 앗수르의 군대 18만 5천을 물리쳤다"고 외쳤어야 했습니다. 그리고 하나님의 능력으로 병상에서 일어날 수 있었으며 생명을 연장 받았다는 사실을 증거했어야 했습니다.

그랬다면 바벨론 사신은 이렇게 생각했을 것입니다. '아, 이스라엘은 하나님이 함께하시는 나라구나. 나중에라도 이 나라를 건드리면 큰일나겠구나.' 그러나 히스기야는 그렇게 하지 않았습니다. 그 결과가 므낫세에 의해 적나라하게 나타난 것입니다. '교만은 패망의 선봉'이라는 말은 기도에도 그대로 적용됩니다. 기도할 때에도, 기도 이후에도 우리는 오직 예수 그리스도와 그분의 십자가만을 자랑해야 합니다.

<u>히스기야는 죽을병에 걸렸지만 면벽기도로 생명을 연장 받은 기도의 용장이었습니다.</u>

앗수르를 격파한 승리의 감격을 누린 것도 잠깐, 히스기야는 죽을

병에 걸렸음을 알게 되었습니다. 39세라는 한창 젊은 나이였고 대를 이을 왕자도 없습니다. 그런데도 하나님은 "죽을 준비를 하라"고 말씀하십니다. 청천벽력과 같은 이야기 아닙니까? 한 개인에 이보다 더 큰 고난과 고통, 위기가 있을까요?

> "그 때에 히스기야가 병들어 죽게 되매 아모스의 아들 선지자 이사야가 그에게 나아와서 그에게 이르되 여호와의 말씀이 너는 집을 정리하라 네가 죽고 살지 못하리라 하셨나이다" 왕하 20:1

보통 사람들 같았으면 그 자리에서 주저앉았을 것입니다. 그러나 히스기야 왕은 기도합니다. 기도로 개인적 난관을 돌파하기로 작정한 것입니다. 고난이 올 때 해야 할 일은 기도입니다.

> "너희 중에 고난 당하는 자가 있느냐 그는 기도할 것이요 즐거워하는 자가 있느냐 그는 찬송할지니라 너희 중에 병든 자가 있느냐 그는 교회의 장로들을 청할 것이요 그들은 주의 이름으로 기름을 바르며 그를 위하여 기도할지니라 믿음의 기도는 병든 자를 구원하리니 주께서 그를 일으키시리라 혹시 죄를 범하였을지라도 사하심을 받으리라 그러므로 너희 죄를 서로 고백하며 병이 낫기를 위하여 서로 기도하라 의인의 간구는 역사하는 힘이 큼이니라" 약 5:13~16

6. 성경 인물의 기도를 배우자

히스기야 왕은 '얼굴을 벽으로 향하고' 기도했습니다. 성경에 '면벽기도'는 여기에서 유일하게 나옵니다.

"히스기야가 낯을 벽으로 향하고 여호와께 기도하여 이르되 여호와여 구하오니 내가 진실과 전심으로 주 앞에 행하며 주께서 보시기에 선하게 행한 것을 기억하옵소서 하고 히스기야가 심히 통곡하더라" 왕하 20:2~3

이 면벽기도는 그의 절망적인 상황을 대변합니다. 벽처럼 꽉 막힌 인생길, 이것이 바로 히스기야가 느낀 절망의 실체입니다. 이는 "제겐 다른 의지할 것이 없습니다. 오직 주님밖에 없습니다"라는 절규입니다.

"나는 제비 같이, 학 같이 지저귀며 비둘기 같이 슬피 울며 내 눈이 쇠하도록 앙망하나이다 여호와여 내가 압제를 받사오니 나의 중보가 되옵소서" 사 38:14

히스기야는 나라의 위기를 겪고 죽음과 직면하면서 사명의 중요성을 깨달았습니다. 그에게는 할 일, 즉 사명이 있었습니다. 그는 나라의 구원을 위해 자신의 생명을 연장시켜 달라고 구했을 것입니다. 그에게는 '다윗의 혈통'으로서의 사명적 인식이 있었을 것입니다. 다윗의 혈통을 통해 장차 메시아가 오시리라는 믿음이 있었을 것입니다. 그런데 그때 그에게는 자식이 없었습니다. 히스기야가 세상을 떠나자 므낫세는 12세란 어린 나이에 왕위에 오릅니다(왕하 21:1). 그러니까 히스기야가 죽을병에 걸려 15년 생명 연장의 응답을 받은 지 3년 후에 므낫세를 낳은 셈입니다. 그의 생명 연장은 메시아의 계보를 잇는 중요한 일이었습니다.

하나님은 히스기야의 기도를 들으셨습니다. 그의 간절한 눈물의 기도에 응답하셨습니다. '치유하시는 하나님'께서 히스기야의 병을 치료하시고 그의 생명을 15년 연장시켜 주셨습니다. 그리고 구하지 않은 유다의 안전과 평화도 주셨습니다. 모든 위험으로부터 벗어나게 해주셨습니다. 그럼으로써 히스기야의 통치 기간에 평화가 찾아왔습니다.

히스기야는 죽을병에 걸렸을 때 하나님께 기도로 나아갔습니다. 히스기야 자신의 생명만을 위해 기도한 것이 아니라 사명의 계보가 이어지도록, 개혁적 정책이 중단되지 않도록, 무엇보다 하나님의 영광이 드러나도록 기도했습니다. 히스기야가 드린 기도는 개인의 차원을 뛰어 넘는 공동체적인 기도입니다. 우리에게도 이러한 기도가 필요합니다. 히스기야는 하나님의 응답을 받은 후, 자신을 성찰하고 감사하는 기도를 올렸습니다.

"보옵소서 내게 큰 고통을 더하신 것은 내게 평안을 주려 하심이라 주께서 내 영혼을 사랑하사 멸망의 구덩이에서 건지셨고 내 모든 죄를 주의 등 뒤에 던지셨나이다" 사 38:17

히스기야는 하나님이 큰 고통과 질병을 허락하신 이유는 평안을 주기 위함임을 깨달았습니다. 고난을 통해 하나님께서 자신을 '멸망의 구덩이에서 건지셨음'을 알게 되었습니다. '내 모든 죄를 주의 등 뒤에 던지셨다'는 것은 고난을 통해 발견한 내 안의 죄악과 교만을 주님의 등 뒤에 던지게 해주셨다는 것입니다. 히스기야는 이 성찰과 함께 자신을 치료하시고 생명을 연장해주신 하나님께 감사와 찬양의 기도를 올립니다.

"오직 산 자 곧 산 자는 오늘 내가 하는 것과 같이 주께 감사하며 주의 신실을 아버지가 그의 자녀에게 알게 하리이다 여호와께서 나를 구원하시리니 우리가 종신토록 여호와의 전에서 수금으로 나의 노래를 노래하리로다" 사 38:19~20

그리고 "주의 응답하시는 신실하심을 다음 세대에, 자녀에게 계속해서 알리겠습니다"라며 마지막 기도를 올립니다. 이는 복음을 증거 하는 증인의 삶, 선교적 삶을 살겠다고 이야기하는 것입니다. 우리의 기도는 간구하는 과정에서 나에게 주신 깨달음에 대한 성찰, 하나님의 은혜에 대한 감사, 그리고 그 은혜를 내 자녀와 이웃들에게 전하겠다는 선교적 다짐으로 이어져야 합니다. 이것이 바로 기도의 열매인 것입니다.

5) 아굴의 기도

아굴의 기도 특징은 무엇입니까?

아굴은 솔로몬 왕 옆에서 국사를 조언했으며 잠언을 가르치고 편집한 인물이었을 것으로 추정됩니다. 열왕기상 4장은 솔로몬의 주위에 많은 지혜자가 있었다는 사실을 보여줍니다. '모으는 자, 소집하는 자'란 뜻의 아굴은 이름처럼 솔로몬 시대의 현자로서 잠언을 수집, 정리해 백성들에게 가르쳤던 사람일 가능성이 큽니다. 잠언 30장에서 아굴은 겸손하고, 관찰력이 뛰어나고, 지혜를 얻고자 깊이 연구하는 성품의 소유자라는 것도 알 수 있습니다. 그래서 우리는 그의 기도를 주목할 필요가 있습니다. 아굴의 기도는 항상 죽음을 의식하며 사는 날 동안 하나님 앞에서 부끄럼 없기를 바라는 현자의 기도이고, 하나님의 이름에 욕되지 않는 삶을 살겠다는 진정한 성도의 기도입니다.

"내가 두 가지 일을 주께 구하였사오니 내가 죽기 전에 내게 거절하지 마시옵소서 곧 헛된 것과 거짓말을 내게서 멀리 하옵시며 나를 가난하게도 마옵시고 부하게도 마옵시고 오직 필요한 양식으로 나를 먹이시옵소서 혹 내가 배불러서 하나님을 모른다 여호와가 누구냐 할까 하오며 혹 내가 가난하여 도둑질하고 내 하나님의 이름을 욕되게 할까 두려워함이니이다." 잠 30:7~9

잠언 가운데 유일한 기도문이 바로 이 아굴의 기도입니다. 하나님을 경외하는 아굴이 '여호와를 경외하는 것이 지혜의 근본'이라는 잠언의 중심 주제에 맞춰 인생을 묵상하며 깨달은 지혜를 이 기도문에 담은 것입니다. 이 두 기도는 아굴의 평생소원, 곧 그의 버킷리스트입니다. 버킷리스트란 '자신이 죽기 전에 꼭 경험하거나 이루고 싶은 것들의 목록'을 의미합니다. "내가 죽기 전에 내게 거절하지 마시옵소서"라는 표현에는 그것이 자신이 평생 원하던 기도 제목이니 저버리지 마시고 꼭 응답해 달라는 간절한 마음이 담겨있습니다.

우리는 이 아굴의 평생 기도 제목에서 거룩한 삶을 향한 그의 간절한 소망을 발견하게 됩니다. 하나님을 경외하는 것이 지혜의 근본임을 아는 자로서 하나님을 삶 속에서 온전히 인정하고 자신의 기도 제목대로 살고자 하는 아굴의 진정한 마음이 느껴집니다. 그래서 그는 거룩하신 하나님을 경외하는 이런 소박하고 단순한 기도를 평생 드리며 자신이 죽기 전까지 기도의 내용이 삶 가운데 이뤄지게 해달라고 간구했던 것입니다.

아굴의 두 가지 기도는 "헛된 것과 거짓말을 내게서 멀리하옵시며"와 "나를 가난하게도 마옵시고 부하게도 마옵시고 오직 필요한 양식으로 나를 먹이시옵소서"입니다.

아굴은 "헛된 것과 거짓말을 내게서 멀리하게 해달라"고 기도합니다.

여기서 '헛된 것'이란 헛된 말을 뜻합니다. 아굴은 왜 헛된 말과 거짓말을 멀리하게 해달라는 것을 평생 기도제목으로 정했을까요? 바로 말에는 힘이 있기 때문입니다. 헛된 말과 거짓말은 입술을 통해 나옵니다. 인생에 대한 지혜로 가득한 잠언에는 입술과 혀에 관련된 말씀이 50회 이상 등장합니다. 왜냐하면 거룩한 하나님을 경외하고 닮아가려면, 거룩한 삶을 살려면 먼저 내 입이 헛된 말과 거짓말을 하지 않아야 하기 때문입니다. 내 입술이 헛된 말과 거짓말을 아무렇지도 않게 하게 되면, 내 마음이 그렇게 됩니다. 그러면 거룩한 삶을 살아갈 수 없습니다. 그렇다면 헛된 말은 무엇을 말합니까? 헛된 말을 뜻하는 단어 '샤부'는 시편 119편 36~37절에서 똑같이 사용됐습니다.

"내 마음을 주의 증거들에게 향하게 하시고 탐욕으로 향하지 말게 하소서 내 눈을 돌이켜 허탄한 것을 보지 말게 하시고 주의 길에서 나를 살아나게 하소서"

시편 기자 역시 허탄한 것, 곧 허탄한 말에서 나를 지켜달라고 구하고 있습니다. 여기서 허탄한 것과 헛된 말은 탐욕을 의미합니다. 탐욕이 있으면 그렇게 얻고 싶었지만 막상 얻고 나면 영원한 가치를 지니지 못한 것임을 깨닫고 허탈감을 느끼게 됩니다. 헛된 것, 허탄한 것은 우상입니다. 내 마음 속에 가장 소중하다고 생각하는 것, 곧 재물과 학벌, 명예와 권력, 자녀 등이 우상이 될 수 있습니다.

그렇다면 허탄한 말은 무엇일까요? 내 마음을 허탄한 것에 빠져들게 만들어 버리는 말입니다. 영원의 가치와는 아무런 상관없이 이 세상 만족을 위해 서로 나누는 이야기들이 허탄한 말입니다.

아굴은 우리가 이 땅에서 거룩한 하나님의 백성으로 살아가야 함에도 삶의 현실 속에서 탐욕에 빠져 허탄한 것과 헛된 것들이 삶의 목적과 의미인양 서로 말하고, 전파하며 그 안에 빠져든다는 것을 깨달았습니다. 그래서 허탄한 것에 빠지지 않기 위해선 먼저 허탄한 말, 헛된 말부터 하지 말아야 한다는 것을 알았습니다. 그러기에 그런 허탄한 것, 헛된 말에서 멀리하게 해달라고, 그래서 다시는 헛된 것에 내 마음을 빼앗기지 않게 내 입술을 지켜주시고 내 마음을 지켜달라고 기도한 것입니다.

헛된 것을 바라고, 헛된 말들을 하게 되면 정말 그렇게 살게 됩니다. 말에는 힘이 있기 때문입니다. 그러다보면 점차 거룩과는 거리가 멀어지게 됩니다. 스스로를 속이는 삶을 살게 됩니다. 그래서 아굴은 자신이 죽기 전에 하나님께서 응답해 주시길 원하는 기도 제목으로 입술에서 헛된 말을 멀리하게 해 달라고 했던 것입니다.

"누구든지 헛된 말로 너희를 속이지 못하게 하라 이로 말미암아 하나님의 진노가 불순종의 아들들에게 임하나니" 엡 5:6

우리는 거짓말의 홍수 속에서 살고 있습니다. 서로 속고, 속이며 삽니다. 그러다보면 모두의 판단이 흐려집니다. '하얀 거짓말'이라며 거짓말을 보편화하기도 합니다. 그런데 성경은 거짓말과 거짓에 대해 아주 과할 정도로 민감합니다. 잠언에서만 54개 구절에 걸쳐 거짓말과 거짓을 멀리하라고 강조합니다. 왜 성경은 거짓말에 대해 이토록 예민할까요? 그만큼 거짓말의 결과가 심각하기 때문입니다.

"너는 그의 말씀에 더하지 말라 그가 너를 책망하시겠고 너는 거짓말하는 자가 될까 두려우니라" 잠 30:6

6. 성경 인물의 기도를 배우자

거룩하신 하나님을 경외하고 인정하는 사람은 거짓말을 하지 않기 위해 혼신의 노력을 다합니다. 그러지 않으면 거짓말은 습관이 되게 되어 있습니다. 거짓말은 우리의 영성과 신앙을 뒤흔들고 삶을 이중적으로 살게 하는 치명적인 독소입니다.

"너희는 너희 아비 마귀에게서 났으니 너희 아비의 욕심대로 너희도 행하고자 하느니라 그는 처음부터 살인한 자요 진리가 그 속에 없으므로 진리에 서지 못하고 거짓을 말할 때마다 제 것으로 말하나니 이는 그가 거짓말쟁이요 거짓의 아비가 되었음이라 내가 진리를 말하므로 너희가 나를 믿지 아니하는도다" 요 8:44~45

성경은 마귀를 '거짓말의 아비'라고 칭합니다. 창세기 3장에 나온 아담과 하와가 범죄를 저질렀던 장면을 기억해 보십시오. 마귀의 거짓말에 아담과 하와는 하나님이 "먹지 말라. 먹으면 반드시 죽으리라"(창 2:17)고 말씀하셨던 선악과를 먹게 되었고 그 결과는 치명적이었습니다.

아굴은 일상의 거짓말이 우리의 거룩을 좀먹을 수 있음을, 하나님의 백성들을 이중적인 삶을 사는 위선자로 만들 수 있음을 간파하고 있었습니다. 일상의 거짓말이 작은 누룩같이 퍼져 자신의 신앙을 완전히 뒤흔들어 놓을 수 있을 만큼 큰 문제가 될 수 있음을 깨닫고 기도합니다. "하나님, 거룩하신 하나님의 참 백성이 되고 싶습니다. 그러기 위해 제 입술을 거짓말로부터 멀리하게 해주시옵소서. 제 입술을 지켜주옵소서." 이것이 아굴의 평생의 기도제목이 되었습니다.

허탄한 삶이 <u>스스로를 속이는 삶이라면 거짓의 삶은 남을 속이며 사는 삶을 말합니다.</u> 진리의 자녀인 하나님의 백성들은 스스로를 속이는 일뿐 아니라 남을 속여 미혹의 길로 인도하는 일도 결코 해서는 결코 안 될 것입니다.

<u>아굴은 또한 "나를 가난하게도 마옵시고 부하게도 마옵소서"라고 기도합니다. 그것이 그의 평생 기도제목이었습니다.</u>

> "나를 가난하게도 마옵시고 부하게도 마옵시고 오직 필요한 양식으로 나를 먹이시옵소서 혹 내가 배불러서 하나님을 모른다 여호와가 누구냐 할까 하오며 혹 내가 가난하여 도둑질하고 내 하나님의 이름을 욕되게 할까 두려워함이니이다" 잠 30:8-9

물질에 자유롭지 못한 이들에게는 물질은 적으면 적은 대로, 많으면 많은 대로 시험 거리가 됩니다. 인간은 물질의 도움 없이는 생존 자체가 불가능합니다. 우리는 육신의 몸을 입고 있기 때문에 먹어야 하고, 입어야 하며, 쉴 곳을 필요로 합니다. 그러나 재물이 지나친 의존의 대상이 될 때 그것은 탐심이 되며 인간의 품위와 인격을 동물의 수준으로까지 전락시켜 버립니다. 그래서 성경은 수없이 물질의 위험성에 대해 경고하고 있습니다. 솔로몬은 재물이 넘쳤기에 교만해져 하나님에 대한 경외감을 잃어버린 채 헛된 길로 걸어갔습니다. 부자 청년은 재물이 넘쳤음에도 여전히 재물에 대한 유혹을 이기지 못해 예수님을 따르지 못했습니다. 어리석은 부자는 내일을 위한 재물 때문에 영혼을 잃어버렸습니다. 라오디게아 교인들은 부요해서 신앙을 저버렸습니다. 그만큼 물질은 인간을 다스리는 힘이 큽니다. 오죽하면 주님께서도 재물을 하나님을 대적하는 신 '맘몬'mammon이라고까지 표현하셨겠습니까?

아굴은 물질의 힘에 대해 잘 알고 있었을 것입니다. 그러기에 그런 기도를 할 수 있었겠지요. 그가 물질의 축복을 누리고 있었을 때에는 교만했을 수 있습니다. 아마도 그런 모습을 스스로 발견했을 것입니다. 반대로 재물이 사라져 힘든 상황에도 처해보았을 수 있습니다. 그래서 아굴은 하나님께 그의 마음을 솔직히 고백할 수 있었습니다. "혹 제가 배불러서 하나님을 모른다고 할지 두렵고 혹 제가 가난하여 도둑질함으로써 하나님의 이름을 욕되게 할까 두렵습니다." 그래서 그는 "나를 가난하게도 마옵시고 부하게도 마옵시고 오직 필요한 양식으로 나를 먹이시옵소서"라고 기도했던 것입니다. 아굴은 재물이 아닌 하나님을 선택하기로 결정한 믿음의 사람이었습니다. 아굴은 다양한 인생 경험을 통해,

하나님을 경외하고 하나님 안에서 감사하며 평강을 누리는 삶이 가장 행복하다는 사실을 깨달았던 것입니다.

> "네가 이 세대에서 부한 자들을 명하여 마음을 높이지 말고 정함이 없는 재물에 소망을 두지 말고 오직 우리에게 모든 것을 후히 주사 누리게 하시는 하나님께 두며" 딤전 6:17

아굴의 필요한 양식만을 구하는 기도는 주기도문에서 일용할 양식을 구하는 것과 동일합니다. 일용할 양식을 구하는 것은 우리가 날마다 하나님의 은혜를 힘입어 살아야 하는 존재라는 사실을 알려줍니다.

출애굽 시대의 이스라엘 백성들을 기억해 보십시오. 하나님은 그들을 광야에서 만나로 먹이셨습니다. 하나님은 오직 하루 분량의 만나만 주셨습니다. 그럼으로써 욕심을 내서 많이 거둔 사람이나 적게 거둔 사람 모두 동일한 입장에 처했습니다. 더함도, 모자람도 없었습니다. 그들은 광야에서 오직 하나님만 바라보며 다음 날도 변함없이 하루 분량의 만나가 내리기를 소망했습니다. 매일 이 같은 일이 어김없이 이어지자 하나님에 대한 신뢰는 커져갔습니다. 물론 사람마다 필요한 일용할 양식의 분량은 다를 수 있습니다. 그러나 일용할 양식에 담긴 의미는 누구에게나 동일합니다. 하나님만 바라보고 의지하며 신뢰해야 한다는 것 말입니다.

우리는 재물을 복의 관점이 아니라 은사의 관점으로 바라보아야 합니다. 복은 자신이 누리는 것이지만 은사는 나 아닌 다른 이웃의 유익을 위해 내게 맡겨진 것입니다. 은사는 교회의 유익을 위해 성도들에게 주어진 하나님의 선물입니다. 그러므로 은사는 다른 이들을 위해 잘 사용되어져야 합니다. 하나님이 주신 은사인 물질을 자신과 가족만을 위한 수단으로 사용할 때, 그 물질은 은사가 아니라 우상이 되고 만다는 사실을 기억해야 합니다.

6) 하박국의 기도

하박국의 기도 특징은 무엇입니까?

하박국은 '포옹하다', '껴안은 자'라는 뜻입니다. 그는 12소선지서 중 8번째 선지서인 하박국서를 기록했습니다. 그 외에는 거의 알려진 것이 없지만 예루살렘 함락 전에 예루살렘 사람들에게 하나님의 말씀을 전한 선지자인 것은 분명합니다.

"선지자 하박국이 묵시로 받은 경고라" 합 1:1

하박국 3장은 '시기오놋'에 맞춘 하박국의 기도이자 찬송으로 되어 있습니다. '슬픔의 노래' 혹은 '만가輓歌'를 뜻하는 음악 용어인 '시기오놋'은 어떤 박자를 말하는 것 같기도 합니다. 19절에 "이 노래는 지휘하는 사람을 위하여 내 수금에 맞춘 것이니라"고 기록된 것으로 보아 하박국이 성전에서 찬양을 담당하던 레위인이었을 것이라는 추측이 가능합니다.

주전 600년경에 활동한 하박국은 예레미야와 에스겔, 다니엘, 스바냐 등과 동시대의 선지자입니다. 그는 앗수르 제국 말기와 새로운 패권국가인 바벨론이 부상할 즈음에 남 왕국 유다를 상대로 예언한 사람입니다.

요시아 왕 사망 이후 유다는 다시 우상숭배가 성행하고 공의가 사라지고 각종 폭력과 불의가 만연한 사회가 되었습니다. 이런 상황 속에서 하박국은 기도 가운데 하나님께 두 가지 질문을 했습니다. "하나님은 과연 살아 역사하십니까?"와 "그렇다면 세상에서 악인이 잘되고 의인이 고통 받는 이유는 무엇입니까?"입니다. 비단 그 당시뿐 아니라 지금도 얼마든지 제기되는 신앙적 질문입니다. 이에 대해 명쾌한 해답을 제시하는 책이 바로 하박국서입니다.

하박국은 그 해답으로 "의인은 그의 믿음으로 말미암아 살리라"(합 2:4)는 유명한 '이신득의以信得義' 사상을 제시했습니다. 사도 바울은 이 말씀에 근거하여 하나님의 구원 원리를 가르쳤고 (롬 1:17; 갈 3:11), 중세시대 마틴 루터M. Luther는 역시 이 말씀에 기초해 종교개혁의 기치를 높이 들었습니다. 하박국의 기도는 하나님의 응답을 간절히 간구하는 기도, 부흥을 위한 기도, 감사와 찬양의 기도입니다.

하박국의 기도는 하나님의 응답을 간절히 간구하는 기도였습니다.

하박국 선지자는 유다 사회에 불의가 판을 치는 것을 보고 하나님의 도움을 구하는 기도를 드렸습니다. 그러나 하박국의 기도는 응답되지 않았습니다.

"여호와여 내가 부르짖어도 주께서 듣지 아니하시니 어느 때까지리이까 내가 강포로 말미암아 외쳐도 주께서 구원하지 아니하시나이다 어찌하여 내게 죄악을 보게 하시며 패역을 눈으로 보게 하시나이까 겁탈과 강포가 내 앞에 있고 변론과 분쟁이 일어났나이다 이러므로 율법이 해이하고 정의가 전혀 시행되지 못하오니 이는 악인이 의인을 에워쌌으므로 정의가 굽게 행하여짐이니이다" 합 1:2~4

정의로운 선지자였던 하박국은 하나님의 도성 예루살렘에 폭력과 불의와 거짓이 횡행한 것을 직접 보며 이것을 고쳐달라고 하나님께 호소하고 있습니다. "변론과 분쟁이 일어났다"는 것은 서로가 끝까지 변명과 변론으로 각자의 옳음을 주장하는 상태를 말합니다. 하박국은 예루살렘에 이토록 불의가 많아진 것은 하나님의 책임이라고 생각했습니다. 즉 하나님께서 불의한 행위에 대해 그때그때 벌을 주시면 사람들이 함부로 죄를 짓지 못할 텐데도 그저 가만히 보고만 계시니까 사람들의 마음이 더욱더 강퍅해져서 죄가 사회 전체에 만연되었다는 것입니다. 하박국은 '공의가 제대로 시행되는 것이 정의'라고 생각했습니다. 여기서 '공의'는 악한 자는 불의에 대한 징계를 받고 선한 자는 인정을 받는 것을 말합니다. "악인이 의인을 에워쌌다"는 것은 악인의 수가 더 많고 그들의 주장이 더 설득력 있기에 의인의 주장이 이기지 못하는 것을 말합니다. 그래서 하박국은 왜 하나님께서 기도에 응답해 주지 않으신지, 그리고 앞으로 언제까지 응답해 주지 않으실 것인지 질문하는 기도를 드리고 있는 것입니다.

모든 것에는 다 하나님의 때가 있습니다. 모든 것은 다 기다림 속에서 이루어집니다. 그런데 우리는 잘 기다리지 못합니다. 하박국은 "어찌하여, 어찌하여" 하면서 하나님의 응답을 간절히 간구하고 있습니다.

> "주께서는 눈이 정결하시므로 악을 차마 보지 못하시며 패역을 차마 보지 못하시거늘 어찌하여 거짓된 자들을 방관하시며 악인이 자기보다 의로운 사람을 삼키는데도 잠잠하시나이까 주께서 어찌하여 사람을 바다의 고기 같게 하시며 다스리는 자 없는 벌레 같게 하시나이까" 합 1:13~14

그러다가 하박국은 돌연 질문을 멈추고 "그가 내게 무엇이라 말씀하실는지 기다리고 바라보며 나의 질문에 대하여 어떻게 대답하실는지 보리라(합 2:1)"고 결심합니다. 이는 응답하실지 안 하실지 모르는 막연한 기다림이 아니라 희망과 기대를 지닌 기다림입니다. 우리는 부르짖어 기도한 후에는 소망을 가지고 인내하며 기다릴 줄 알아야 합니다. 그러면 하나님께서는 선하신 뜻 가운데 우리를 만나 주시고 응답해 주십니다. 하나님은 선지자에게 이렇게 응답해 주셨습니다.

"이 묵시는 정한 때가 있나니 그 종말이 속히 이르겠고 결코 거짓되지 아니하리라 비록 더딜지라도 기다리라 지체되지 않고 반드시 응하리라" 합 2:3

하나님은 기다리라고 하십니다. 성경 인물들은 한결같이 기다리는 사람들입니다. 아브라함은 25년을 기다려 약속의 아들을 얻었고 요셉은 13년을 기다려 꿈을 이뤘습니다. 모세는 80년을 기다려 쓰임을 받았고 노아는 120년을 기다려 구원을 얻었습니다.

하박국은 부흥을 위한 기도를 드립니다.

하박국은 하나님께서 예루살렘의 악을 청산하시고 바벨론을 심판하셔서 온 세상이 하나님을 알게 하실 것을 알고 이스라엘의 부흥을 위해 기도합니다.

"시기오늣에 맞춘 선지자 하박국의 기도라 여호와여 내가 주께 대한 소문을 듣고 놀랐나이다 여호와여 주는 주의 일을 이 수년 내에 부흥하게 하옵소서 이 수년 내에 나타내시옵소서 진노 중에라도 긍휼을 잊지 마옵소서" 합 3:1~2

하박국 선지자는 "주께 대한 소문을 듣고 놀랐나이다"라는 말로 기도를 시작합니다. 하나님에 대한 어떤 소문을 들었기에 하박국이 놀랐다고 한 것입니까? 그것은 앞에서 하나님이 계시해 주신 내용, 곧 '바벨론에 의한 유다의 징계와 바벨론에 임할 심판'을 말합니다. '놀랐다'는 말은 '경외감을 갖게 되었다'는 뜻입니다. 하박국은 하나님이 유다와 바벨론의 미래에 대한 계시를 말씀하시는 것을 들었고 그것으로 인해 하나님의 섭리와 능력, 주권에 경외감을 가지게 되었습니다. 또한 그 경외감은 하나님을 체험할 때 자연스럽게 나타는 것입니다.

2절에 언급된 '주의 일'은 이미 하나님으로부터 들은 '유다의 징계와 바벨론의 심판'을 말하는 것으로 가까운 미래와 먼 미래에 일어날 미래적 사건입니다. 하박국 선지자는 "주의 일을 수년 내에 부흥하게 하옵소서"라고 기도합니다. 여기서 '부흥'이란 '거의 죽었던 것을 은혜로 소생시키다, 살려내다, 생명력이 넘치게 하다'라는 뜻입니다.

우리는 하박국의 기도를 잘 알고 있습니다. '부흥'이라는 단어 때문입니다. 그런데 우리가 흔히 아는 부흥과 여기 하박국 선지자가 기도할 때 사용하는 부흥은 전혀 다른 의미입니다. 우리는 부흥을 숫자가 늘어나는 것이라고 생각합니다. 열 명이 백 명이 되고, 백 명이 천 명이 되어 수많은 사람들이 예배드리는 것을 부흥이라고 생각합니다. 그래서 많은 교회와 교인들이 "하나님, 우리 교회가 부흥하게 해 주세요. 대형교회가 되게 해 주십시오"라고 기도했습니다. 지금도 그렇게 기도하고 있지 않습니까?

하지만 하박국이 말하는 진정한 부흥의 의미는 '하나님의 뜻이 이루어지는 것'입니다. "하나님, 주의 일을 수년 내에 부흥하게 하옵소서"라는 기도는 "하나님, 우리 민족을 심판하겠다고 말씀하셨습니다. 이 민족을 심판하십시오. 그것이 하나님의 뜻이라면 이루어 주시옵소서. 그런데 한 가지 부탁할 것이 있습니다. 진노 중에라도 긍휼을 잊지 말아 주십시오. 하나님께서 유다를 오래 내버려 두지 말고 수년 내에 새로운 생명의 부흥을 이루어 주십시오"라는 기도입니다.

여기에서 우리는 이제 하나님의 말씀을 온몸으로 받고 고난의 가시밭길을 걸어가겠다고 결단한 한 선지자의 거룩한 모습을 볼 수 있습니다. 하박국 선지자는 하나님의 뜻을 부흥이라 여기며 그 부흥이 속히 이뤄지기를 소망하고 있는 것입니다. 하박국 선지자는 거기서 한 걸음 더 나아갑니다.

"내가 들었으므로 내 창자가 흔들렸고 그 목소리로 말미암아 내 입술이 떨렸도다 무리가 우리를 치러 올라오는 환난 날을 내가 기다리므로 썩이는 것이 내 뼈에 들어왔으며 내 몸은 내 처소에서 떨리는도다" 합 3:16

"무리가 우리를 치러 올라오는 환난 날을 내가 기다린다"고 합니다. 바벨론이 칼을 들고 예루살렘 성을 치러 오는 그날을 기다린다는 것입니다. 사실 이렇게 말하지만 얼마나 두렵고 떨렸을까요? 그럼에도 하박국 선지자가 이렇게 말하는 이유는 하나님의 온전한 뜻을 깨달았기 때문입니다. 속히 하나님이 그 뜻을 이 땅에 이루시고 부흥을 주셔야 회복도 속히 올 것이기 때문입니다. 하박국은 크나큰 고난을 감내하더라도 이 나라가 심판을 받아야 부흥과 회복이 올 것을 깨닫고 그것을 위해 기도한 것입니다.

하박국은 하나님께 감사와 찬양의 기도를 드렸습니다.

하박국 선지자는 큰 어려움과 절망 가운데 감사와 찬양의 기도를 하나님께 드렸습니다. 그는 환경 가운데 어려움과 문제가 있더라도 하나님 안에서 거룩한 꿈과 희망을 갖고 담대히 나아가면 하나님으로 인해 기뻐할 것이라고 고백했습니다.

"비록 무화과나무가 무성하지 못하며 포도나무에 열매가 없으며 감람나무에 소출이 없으며 밭에 먹을 것이 없으며 우리에 양이 없으며 외양간에 소가 없을지라도 나는 여호와로 말미암아 즐거워하며 나의 구원의 하나님으로 말미암아 기뻐하리로다" 합 3:17~18

이것이 우리의 꿈과 희망입니다. 내가 지금 깊은 절망에 처했다 할지라도 주님께 소망을 두고 찬양해야 합니다. 이 세상에서 아무리 큰 어려움과 환난을 당한다 하더라도 하나님을 바로 알고 하나님의 백성이 되는 것이 얼마나 큰 복인지 깨닫고 하나님을 찬송하는 것입니다.

유다 백성이 가장 든든한 자산이요 축복으로 여기는 것이 농사와 목축입니다. 무화과나무와 포도나무, 감람나무의 열매, 우리의 양과 외양간의 소는 모두 유다 백성에게 너무도 중요한 재산이었습니다. 이런 상황에서 하박국은 놀라운 고백을 합니다. 무화과나무가 마르고, 포도나무에 열매가 없고, 감람나무에 소출이 없으며, 우리에 양이 없어도 하나님으로 즐거워하겠다고 합니다. 하박국이 나열한 이 목록은 이스라엘 사람들이 최저 생계라도 누리기 위해 필수적인 것들이었습니다. 그런데 그것들이 다 없어져도 하박국은 감사할 수 있다는 것입니다. 선지자는 이 모든 것을 잃는 한이 있더라도 하나님을 바로 믿는 것이 훨씬 더 큰 기쁨과 축복이 된다고 말하는 것입니다.

마음이 무너지면 몸이 무너지고, 몸이 무너지면 모든 것이 무너집니다. 문제와 어려움이 한꺼번에 임하게 되는 것입니다. 그러나 마음만 제대로 지킨다면 하나님께서 모든 환경의 어려움을 넘어설 수 있게 해 주십니다. 우리의 진정한 행복은 세상에서 어려움 없이 잘사는 것이 아니라 많은 고통과 환난을 겪더라도 하나님과 동행하며 구원을 얻는 것입니다. 하박국은 또한 "하나님은 나의 힘"이라고 고백합니다.

"주 여호와는 나의 힘이시라 나의 발을 사슴과 같게 하사 나를 나의 높은 곳으로 다니게 하시리로다 이 노래는 지휘하는 사람을 위하여 내 수금에 맞춘 것이니라" 합 3:19

하박국은 결국 하나님은 이스라엘을 구원하시며 그들을 놀랍게 변화시킬 것이라고 확신합니다. 그래서 이제부터 하박국은 눈앞의 사소한 일에 매이지 않고 사슴같이 높은 곳에서 모든 것을 소망 가운데 바라볼 것이라고 말하는 것입니다. 때때로 사람들이 비난하고 모함하며 어려움을 줄 때가 있습니다. 그럴 때면 절망에 빠지기 쉽습니다. 그러나 그때야말로 하나님의 큰 축복이 우리 앞에 예비되어 있는 순간이라는 사실을 잊지 말아야 합니다. 절망이 깊어질수록 희망의 시간은 더 가까이 와있다는 사실도 기억해야 합니다. 절망의 때에 주님을 붙잡는다면 하나님은 결국 우리를 위대하게 만들어 주실 것입니다.

우리의 기쁨과 감사는 이 세상 것으로 오지 않습니다. 오직 주님의 은혜와 사랑으로 인해 우리는 기뻐하고 감사할 수 있습니다. 주님은 당신의 때에 우리 발을 사슴처럼 만들어 주셔서 높은 산을 거침없이, 숨도 차지 않고 뛰어 올라가게 하실 것입니다. 이것이야말로 우리의 소망입니다.

> "너의 하나님 여호와가 너의 가운데에 계시니 그는 구원을 베푸실 전능자이시라 그가 너로 말미암아 기쁨을 이기지 못하시며 너를 잠잠히 사랑하시며 너로 말미암아 즐거이 부르며 기뻐하시리라 하리라" 습 3:17

그렇습니다. 하나님께서 역사 가운데 베푸신 놀라운 일들은 우리 인간의 상상을 초월합니다. 당시 사람들은 막강한 앗수르와 바벨론 제국이 영원할 것이라고 생각했지만 하나님은 결국 그 나라들을 모두 멸하셨습니다. 그리고 유다를 높이 드셔서 거기에서 메시아가 태어나게 하셨습니다. 그로 인해 모든 인류에게 구원의 문을 열어주셨습니다. 하나님의 생각과 우리의 생각은 다릅니다. 아무리 어려운 상황이더라도 하나님께 우리의 소망을 둔다면 믿을 수 없는 꿈만 같은 일이 현실화 되는 것을 경험하며 감사할 수 있습니다.

7) 스데반의 기도

스데반의 기도 특징은 무엇입니까?

스데반이란 이름은 '면류관'이라는 뜻입니다. 이방 출신의 헬라파 유대인 스데반은 기독교 최초의 순교자입니다. 그는 어떻게 기독교 최초의 순교자가 되었을까요?

스데반이 활동하던 주후 30년경의 시기는 예수님의 십자가 죽음과 부활, 승천하심이 수개월도 채 지나지 않은 때입니다. 그리고 오순절 사건과 함께 그리스도의 복음이 사도들에 의해 폭발적으로 전파됨에 따라 온 예루살렘이 떠들썩하게 된 때였습니다.

그러자 유대인들은 자신들이 십자가에 못 박은 예수가 바로 그리스도라고 전파하는 사도들과 다른 많은 제자들로 인해 자신들의 율법주의가 약화될 것을 우려했습니다. 1세기의 왕성한 '예수 운동'에 심각한 위협과 도전을 느끼게 된 것입니다. 그래서 정치적 기득권을 이용해 기독교인들에 대한 대대적인 핍박을 가했는데 스데반이 그 첫 번째 희생물이 되었던 것입니다.

이방 땅에서 출생한 스데반은 예루살렘으로 이주, 예루살렘 초대 교회의 신자가 됩니다. 그리고 열두 사도에 의해 예루살렘 초대 교회 최초의 일곱 집사 중 한 명으로 선택됩니다. 당시 예루살렘 초대 교회는 적어도 10여 개국 이상에서 이주한 사람들이 한데 모여 새로운 가족 공동체로 믿음 생활을 지속해 갔습니다.

성령과 지혜가 충만했던 스데반은 교회 안에서 구제 사역을 맡았습니다. 은혜와 권능이 충만해 기사와 표적을 많이 행했으며 회당에서 복음도 전했습니다. 지혜와 성령의 충만함으로 여러 사람들과의 변론에서 이겼습니다. 이로 인해 스데반은 유대 지도자들로부터 많은 공격을 받았습니다. 하지만 그들은 '지혜와 성령으로' 답변하는 스데반을 당해낼 수 없었습니다.

그러자 그들은 그를 모함하여 살해할 음모를 꾸몄습니다. 그들은 스데반을 재판하기 위한 산헤드린 공회를 소집했습니다. 스데반의 죄목은 하나님을 모독하고 모세의 율법을 경멸했으며 "나사렛 예수가 성전을 헐 것"이라고 말하고 다녔다는 것이었습니다. 이런 고소에 대해 스데반은 오히려 공회 앞에서 당당하게 복음을 변증하며 그들의 잘못을 조목조목 지적했습니다. 그는 요셉을 박해했던 조상들처럼 공회원들이 예수님을 핍박한 점, 조상들이 모세에게 했던 것처럼 예수님을 거역한 점, 참 성전이신 예수님을 모르는 죄 등을 거론했습니다. 나아가 스데반은 유대 지도자들을

"목이 곧고 마음과 귀에 할례를 받지 못한 사람들"이라고 불렀습니다.

결국 스데반은 유대 지도자들과 완악한 회중들에 의해 돌에 맞아 순교했습니다. 이들이 스데반을 향해 돌을 던진 것은 스데반의 설교로 인해 마음이 찔렸기 때문이었습니다. 설교에 대한 그들의 반응이 회개가 아닌 분노로 나타난 것입니다.

스데반의 기도는 성령 충만한 참 믿음의 기도이고, 죽음까지 담담히 받아들이며 원수들을 위해 간구한 기도이며, 성경 말씀에 따른 기도입니다.

스데반의 기도는 성령 충만한 참 믿음의 기도였습니다.

스데반이 극심한 어려움 속에서도 기도할 수 있었던 것은 그가 특별한 사람이어서가 아니라 오직 성령으로 충만해 있었기 때문입니다.

"스데반이 성령 충만하여 하늘을 우러러 주목하여 하나님의 영광과 및 예수께서 하나님 우편에 서신 것을 보고 말하되 보라 하늘이 열리고 인자가 하나님 우편에 서신 것을 보노라 한 대" 행 7:55~56

스데반이 성령 충만했던 이유는 그가 여호와의 영의 인도에 겸손하게 복종했기 때문입니다. 그는 자신의 재능과 능력에 의지하거나 우쭐하지 않고 겸손하게 모든 영광을 하나님께 돌렸습니다. 또한 자신의 말을 듣고 있는 사람들에게 깊은 관심을 나타냈습니다.

스데반의 기도는 은혜와 지혜, 권능이 넘친 성령 충만한 기도였습니다. 실로 이 같이 성령 충만한 기도야말로 오늘날 우리 성도들이 추구해야 할 기도의 모델이 아닐 수 없습니다. 주의 말씀으로 철저히 무장되어 있던 스데반은 모함을 받아 재판석에 선 상황에서도 "보라 하늘이 열리고 인자가 하나님 우편에 서신 것을 보노라"라며 하나님의 말씀을 담대히 증거할 수 있었습니다. 스데반은 돌에 맞아 죽어가면서도 자신을 건져달라고 하지 않고 오히려 돌을 던지는 그들을 위해 기도했습니다. 이는 그가 성령 충만했기 때문입니다.

"그들이 돌로 스데반을 치니 스데반이 부르짖어 이르되 주 예수여 내 영혼을 받으시옵소서 하고 무릎을 꿇고 크게 불러 이르되 주여 이 죄를 그들에게 돌리지 마옵소서 이 말을 하고 자니라" 행 7:59~60

스데반이 이렇게 기도할 수 있었던 것은 하나님의 도우심이 있었기 때문입니다. 이것이 가장 핵심적인 사항입니다. 죽음 앞에서도 이렇게 기도한다는 것 자체가 성령께서 역사하신다는 증거입니다. 하나님 말씀의 전신갑주를 입고 성령 충만한 성도만이 언제 어디에서나 담대히 복음을 증거하며 성령 충만한 기도를 드릴 수 있는 것입니다. 스데반이 마지막 기도를 드린 후에 '잔다'고 성경은 말하고 있습니다. '죽었다'라고 하지 않고 '잔다'라고 말한 것은 성령 충만한 스데반의 신앙이 지금도 살아서 계속 진행되고 있음을 강조하기 위함입니다. 성령 충만한 스데반의 신앙과 복음을 향한 열정이 오늘 우리에게도 이어지고 있는 것입니다.

그렇다면 예수 그리스도를 믿는 우리들은 어떤 소망을 가져야 할까요? 성령 충만한 스데반과 같이 예수님처럼 살다가 예수님처럼 마지막 순간을 맞는 것입니다. 하지만 우리 노력으로는 절대 그렇게 살 수 없습니다. 오직 성령 충만할 때 가능한 일입니다. 성령께서 우리가 작은 예수의 모습으로 살아가게 도와주실 것입니다. 성령 충만한 기도만이 이를 가능하게 할 것입니다.

스데반은 죽음을 담담히 받아들이고 원수들을 위해 기도했습니다 (행 7:57~60).

스데반의 기도 핵심은 두 가지로 "주 예수여 내 영혼을 받으시옵소서"와 "주여 이 죄를 그들에게 돌리지 마옵소서"입니다. 당시 스데반이 처한 상황을 생각하면 참으로 놀라운 기도가 아닐 수 없습니다. 스데반이 이 상황을 너무나 담담하게 받아들이고 있기 때문입니다.

스데반은 돌에 맞아 죽어가고 있는 상황에서 당황하거나 두려워하지 않았습니다. 전능하신 하나님께 "이 악한 무리의 손에서 건져주세요."라고 기도하지 않고 그저 날아오는 돌을 맞고 죽어갔습니다. 그러면서 "주 예수여 내 영혼을 받으시옵소서"라고 기도했습니다. 죽음을 담담하게 받아들이는 사람, 천국 소망이 있는 사람만이 할 수 있는 기도입니다. 그리고 더 이해가 가지 않는 일이 벌어집니다. 그 상황에서 그는 무릎까지 꿇고는 큰 소리로 "주여 이 죄를 그들에게 돌리지 마옵소서"라고 간구했습니다. 예수 그리스도를 죽인 유대인들이 자신까지 죽이려 하는데도 스데반은 그들의 죄를 용서해달라고 기도한 것입니다.

스데반의 기도를 통해서 우리는 그가 참으로 구원의 확신을 지닌 사람임을 알 수 있습니다. 구원의 확신이 없다면 죽음 앞에서 그렇게 기도를 할 수 없었을 것입니다.

> "나는 너희에게 이르노니 너희 원수를 사랑하며 너희를 박해하는 자를 위하여 기도하라" 마5:44

구원의 확신으로 충만한 참 그리스도인만이 참 기도를 할 수 있습니다. 스데반은 그 확신이 있었기 때문에 돌에 맞아 고통스럽게 죽어가는 최악의 상황에서도 말씀대로 기도하며 주님을 위해 목숨을 버리는 것을 담담히 받아들일 수 있었습니다. 돌에 맞아 죽어가면서도 자신을 죽이려는 무리를 위해 용서를 빌었던 스데반의 모습을 통해 그리스도인들의 참 사랑이 어떠해야 하는지를 깨닫습니다. 스데반의 기도를 통해 우리는 구원의 확신과 성령에 충만할 때 어떤 상황에서도 참 기도를 드릴 수 있다는 사실을 새삼 알 수 있습니다.

스데반은 복음의 증인으로서 성경 말씀대로 기도했습니다.

성경은 스데반을 '주의 증인'이라고 기록하고 있습니다.

"또 주의 증인 스데반이 피를 흘릴 때에 내가 곁에 서서 찬성하고 그 죽이는 사람들의 옷을 지킨 줄 그들도 아나이다" 행 22:20

스데반은 어떤 의미에서 순교자가 되었을까요? 순교자는 헬라어 '마르티스'로서 '증인', 곧 어떤 행동이나 사건을 목격한 사람을 의미합니다. 1세기 그리스도인들은 '주의 증인'으로 활동하다 많은 핍박을 받았습니다. 체포와 구타를 당하는 것은 물론 심지어 죽임을 당하기까지 했습니다. 그러다 보니 '마르티스'에는 '증인으로 활동한 결과를 감수하는 사람'이라는 의미가 더해졌습니다. 주의 증인으로 활동한 결과 죽임을 당했던 스데반은 '최초의 그리스도인 순교자'로 불리게 됐습니다.

스데반은 특별한 환상을 통해 시편 110편 1절에 예언된 대로 예수께서 승천하셔서 하나님 오른편에 계신 것을 보았다고 최초로 증언했습니다.

"스데반이 성령 충만하여 하늘을 우러러 주목하여 하나님의 영광과 및 예수께서 하나님 우편에 서신 것을 보고 말하되 보라 하늘이 열리고 인자가 하나님 우편에 서신 것을 보노라 한 대" 행 7:55~56

또한 스데반은 성경 말씀대로 기도했습니다(행 7:59~60). 스데반의 기도는 예수님께서 십자가에 달려 돌아가시기 전에 했던 마지막 기도와 똑같습니다.

"이에 예수께서 이르시되 아버지 저들을 사하여 주옵소서 자기들이 하는 것을 알지 못함이니이다 하시더라 그들이 그의 옷을 나눠 제비 뽑을 새; 예수께서 큰 소리로 불러 이르시되 아버지 내 영혼을 아버지 손에 부탁하나이다 하고 이 말씀을 하신 후 숨지시니라" 눅 23:34, 46

우리는 기도할 때 흔히 나의 뜻과 내가 하고 싶은 것을 구합니다. 그러나 하나님은 우리가 하나님의 뜻과 하나님 나라를 구하는 기도를 드리길 원하십니다. 하나님은 전지전능하신 분으로 우리의 구하지 않은 기도까지 아시는 분이십니다. 기도는 모든 것을 아시고, 행하실 수 있는 하나님께 전적으로 맡기는 것입니다. 내 뜻이 아니라 하나님의 뜻이 이뤄지기를 소망하며 하나님이 일하실 때까지 기다리는 것이 참 기도자의 자세입니다.

8) 바울의 기도

바울의 기도 특징은 무엇입니까?

바울이라는 이름은 '작은 자' 혹은 '작음'이란 뜻입니다. 그는 혈통적으로는 아브라함의 씨에서 난 자요 베냐민 지파 출신으로서 순수 히브리인이며, 난지 8일 만에 할례를 받고 유대교와 유대 전통에 정통했던 자입니다.

> "나는 팔일 만에 할례를 받고 이스라엘 족속이요 베냐민 지파요 히브리인 중의 히브리인이요 율법으로는 바리새인이요 열심으로는 교회를 박해하고 율법의 의로는 흠이 없는 자라" 빌 3:5~6

길리기아의 다소에서 태어난 바울은 로마 시민권자였습니다. 히브리 본명은 '사울'이고 '바울'은 로마 명입니다. 그는 천막 만드는 일을 생업으로 하면서 선교 사역을 펼친 자비량 선교사였습니다. 회심 전에는 모세의 율법에 열심이었던 자로 당대 최고의 유대 학자인 랍비 가말리엘 문하에서 수학했습니다. 매우 엄격하게 랍비 교육을 받은 철저한 바리새인이요, 광적인 유대교 신자였습니다. 스데반의 재판에도 입회해 증인 역할을 했던 그는 스데반의 처형을 마땅하다고 여겼습니다.

당시 바울은 유대 사회에서 실력과 유대교의 영성을 겸비한 30세 전후의 젊은 지도층 인사로 촉망받았을 것입니다. 그런 그가 교회와 그리스도인들을 박해하는 데 앞장섰던 것은 충분히 이해됩니다. 그는 기독교도들의 집에 들어가 남녀무론하고 끌어내어 옥에 갇히게 하는 등 교회를 진멸하는데 최선봉에 섰습니다.

바울은 예루살렘 교회를 핍박하는데 그치지 않고 다메섹 성도들을 체포하기 위해 대제사장의 공문을 받아 다메섹으로 가던 도중 밝은 대낮에 노상에서 부활하신 주님을 만나 극적으로 회심했습니다. 이때 바울은 자신이 그렇게도 핍박하던 예수님 앞에서 무너졌습니다. 그리고 이방인을 위한 사도로서의 사명을 부여받았습니다.

"사울이 주의 제자들에 대하여 여전히 위협과 살기가 등등하여 대제사장에게 가서 다메섹 여러 회당에 가져갈 공문을 청하니 이는 만일 그 도를 따르는 사람을 만나면 남녀를 막론하고 결박하여 예루살렘으로 잡아오려 함이라 사울이 길을 가다가 다메섹에 가까이 이르더니 홀연히 하늘로부터 빛이 그를 둘러 비추는지라 땅에 엎드러져 들으매 소리가 있어 이르시되 사울아 사울아 네가 어찌하여 나를 박해하느냐 하시거늘 대답하되 주여 누구시니이까 이르시되 나는 네가 박해하는 예수라"

행 9:1~5

3년 후, 바울은 예루살렘으로 올라가서 베드로와 주의 형제 야고보를 만납니다. 그 후 바나바의 부름을 받아 안디옥 교회에서 공동 사역하게 됩니다. 그리고 바나바와 마가와 더불어 안디옥 교회로부터 선교사로 파송 받아 3차에 걸쳐 선교여행에 나섭니다. 예루살렘으로 귀환한 그는 유대인들에게 체포되었으며 가이사랴 빌립보에 이송되었다가 황제에게 재판받기 위해 로마로 향합니다. 2년간의 로마 옥중 생활을 마친 뒤 주후 63년경 잠시 석방되었습니다. 그리고 주후 64년경 로마 대화재로 인한 네로 황제의 기독교 박해가 극에 달한 때에 재차 체포되어 주후 67년경 로마 인근 오스티안 가도에서 순교를 당한 것으로 전해집니다.

극적으로 회심한 이후 오직 하나님께 사로잡혔던 바울은 기도의 초점을 하나님을 더 깊이 알아가는 것에 맞췄습니다. 하나님을 더 깊이 아는 것이야말로 바울의 기도 가운데 핵심이었습니다. 하나님을 아는 지식이 자라가게 하기 위해서는 매일 기도로 하나님께 나아가야 합니다. 그분을 더 잘 알 수 있도록 지혜와 계시의 영을 달라고 간구해야 합니다. 바울은 그렇게 했습니다. 바울의 기도는 교회와 성도를 위한 중보기도였으며 자신보다는 남을 위한, 이방인을 위한 기도였고 감사기도였습니다.

바울의 기도는 성도와 교회를 위한 중보기도입니다.

바울은 불편한 로마 감옥 안에서 빌립보 교회와 성도들을 위해 기도했습니다.

"내가 기도하노라 너희 사랑을 지식과 모든 총명으로 점점 더 풍성하게 하사 너희로 지극히 선한 것을 분별하며 또 진실하여 허물없이 그리스도의 날까지 이르고 예수 그리스도로 말미암아 의의 열매가 가득하여 하나님의 영광과 찬송이 되기를 원하노라" 빌 1:9-11

그는 먼저 빌립보 교회 성도들의 사랑이 더욱 더 풍성하기를 기원합니다. 지혜로우면서 분별력 있는 사랑이 교회 내에 넘치기를 기도한 것입니다. 다음으로 지극히 선한 것을 분별할 수 있도록 기도합니다. 바울은 정말로 중요한 것이 무엇인지를 깨닫고 그것을 삶에 적용할 수 있는 통찰력과 지각을 위해 간구했습니다. 그리고 그들이 진실하고 허물없이 그리스도의 날까지 이르기를 기도합니다. 바울은 무엇보다 빌립보 성도들이 순결한 자들이 되기를 원했습니다. 빌립보 교회를 향한 바울의 소망은 모든 성도들이 성실하고 정결하며 정직한 삶을 사는 것입니다. 마지막으로 그리스도로 인한 의의 열매가 가득해 그들의 삶 자체가 하나님의 영광과 찬송이 되기를 기도합니다. 바울은 또한 골로새 교회를 위해서도 끊임없이 기도했습니다.

"이로써 우리도 듣던 날부터 너희를 위하여 기도하기를 그치지 아니하고 구하노니 너희로 하여금 모든 신령한 지혜와 총명에 하나님의 뜻을 아는 것으로 채우게 하시고 주께 합당하게 행하여 범사에 기쁘시게 하고 모든 선한 일에 열매를 맺게 하시며 하나님을 아는 것에 자라게 하시고 그의 영광의 힘을 따라 모든 능력으로 능하게 하시며 기쁨으로 모든 견딤과 오래 참음에 이르게 하시고 우리로 하여금 빛 가운데서 성도의 기업의 부분을 얻기에 합당하게 하신 아버지께 감사하게 하시기를 원하노라" 골 1:9~12

바울은 골로새 교인들의 소식을 들은 이후 그들을 위한 기도를 그치지 않았습니다. 골로새 교회를 위해 지속적으로 중보해야 할 기도의 제목들이 있었기 때문입니다. 첫 번째 기도 제목은 골로새 교회 성도들이 '하나님의 뜻을 아는 것'으로 채워지는 것입니다. 여기서 하나님의 뜻은 '그리스도 안에서 성취된 하나님의 구속의 역사'입니다. 우리를 향한 하나님의 뜻은 '우리의 거룩함'(살전 4:3)이요, '항상 기뻐하고 쉬지 말고 기도하며 범사에 감사하는 것'(살전 5:16~18)이며, '하나님께 헌신하는 것'(고후 8:5)입니다. 바울은 성도들이 이 하나님의 뜻을 실천할 수 있기를 기도한 것입니다.

두 번째 기도 제목은 '주께 합당히 행해 범사에 하나님을 기쁘시게 하는 것'입니다. 하나님을 기쁘시게 해드릴 수 있는 네 가지 방법은 선한 일에 열매 맺는 것, 하나님을 아는 지식이 증가되는 것, 기쁨으로 모든 것을 견디고 오래 참는 것, 하나님 아버지께 감사하는 것입니다.

바울이 활동할 당시 데살로니가 교회는 박해와 환난으로 고통을 당하고 있었습니다. 바울은 환난의 터널을 통과하고 있는 성도들을 향해 "너희를 위해 기도하고 있다"는 말로 위로합니다.

"이러므로 우리도 항상 너희를 위하여 기도함은 우리 하나님이 너희를 그 부르심에 합당한 자로 여기시고 모든 선을 기뻐함과 믿음의 역사를 능력으로 이루게 하시고 우리 하나님과 주 예수 그리스도의 은혜대로 우리 주 예수의 이름이 너희 가운데서 영광을 받으시고 너희도 그 안에서 영광을 받게 하려 함이라" 살후 1:11~12

먼저 바울은 데살로니가 교회 성도들이 부르심에 합당한 자들이 되도록 기도합니다. 여기서 '부르심'이란 복음과 구원으로의 부르심을 말합니다. 바울은 이들이 부르심에 응답하는 가치 있는 자들이 되도록 기도합니다. 다음으로 하나님의 일이 능력 가운데 이뤄지기를 기도합니다. 복음 전파와 봉사의 일들이 능력 있게 이 땅에 펼쳐지기를 간구한 것입니다. 바울은 또한 모든 이들이 예수님 안에서 영광을 얻도록 기도합니다. 여기서 영광이란 구원을 말합니다.

우리는 바울을 '이방인의 사도'라고 부릅니다. 그래서인지 바울의 기도에는 타인은 물론 이방인들을 위한 중보기도가 특히 많습니다.

물론 바울은 자신을 위해서도 기도했습니다. 자신을 괴롭히던 육체의 가시를 떠나가게 해달라고 세 번씩이나 기도했습니다. 그러나 역시 바울 기도의 핵심은 이방인과 남을 위한 중보기도이며 감사의 기도입니다. 그것이 바울의 기도를 돋보이게 합니다.

"이러므로 내가 하늘과 땅에 있는 각 족속에게 이름을 주신 아버지 앞에 무릎을 꿇고 비노니 그의 영광의 풍성함을 따라 그의 성령으로 말미암아 너희 속사람을 능력으로 강건하게 하시오며 믿음으로 말미암아 그리스도께서 너희 마음에 계시게 하시옵고 너희가 사랑 가운데서 뿌리가 박히고 터가 굳어져서 능히 모든 성도와 함께 지식에 넘치는 그리스도의 사랑을 알고 그 너비와 길이와 높이와 깊이가 어떠함을 깨달아 하나님의 모든 충만하신 것으로 너희에게 충만하게 하시기를 구하노라 우리 가운데서 역사하시는 능력대로 우리가 구하거나 생각하는 모든 것에 더 넘치도록 능히 하실 이에게 교회 안에서와 그리스도 예수 안에서 영광이 대대로 영원무궁하기를 원하노라 아멘" 엡 3:14~21

바울은 하늘과 땅에 있는 모든 사람에게 이름을 주신 하나님께 기도하고 있습니다. 사람들로 하여금 자신의 이름을 부르도록 하신 분이 하나님이시라는 말입니다. '이름을 준다'는 의미는 무엇입니까? 누가 우리에게 이름을 주십니까? 부모입니다. 하나님은 모든 사람의 부모가 되신다는 뜻입니다. 이는 우리 기도의 대상이 누구이신가를 명확히 밝히는 대목입니다. 그래서 우리는 온 우주의 창조주이신 하나님을 아버지로 부르며 겸손히 무릎을 꿇고 기도하는 것입니다.

바울은 먼저 속사람의 강건함을 위해 기도합니다(16절). 속사람은 성령께서 성도 안에 내주하실 때 창조됩니다. 이 속사람은 하나님의 법을 즐거워하고, 하나님의 마음과 자신의 마음을 일치시키며, 겉사람과 대조적으로 날마다 새롭게 되어갑니다(고후 4:16). 바울은 이런 속사람이 성령의 능력으로 말미암아 더 강건해지기를 간구하고 있습니다.

둘째로 성도 안에 그리스도가 거하시기를 위해 기도합니다(17

절 상반절). 바울은 하나님께서 은혜로 주신 믿음으로 인해 성도 안에 그리스도가 내주하시기를 간구하고 있는 것입니다.

셋째로 그들 가운데 사랑의 뿌리가 깊이 내리도록 기도합니다(17절 하반절).

넷째로 그리스도의 넘치는 사랑의 모든 것을 총체적으로 알도록 기도합니다(18절, 19절 상반절). 그리스도의 사랑은 절대적이고 완전하며, 영원하고 포괄적이어서 우리는 도저히 그 사랑의 전모를 알 수 없습니다. 그럼에도 불구하고 바울은 성도들이 그리스도의 사랑의 전모를 경험적으로 알게 되기를 간구했습니다.

다섯째로 그들이 하나님의 충만을 맛볼 수 있기를 기도합니다(19절). 여기서 '충만'은 하나님과 우리 사이에 부족한 것이 아무것도 없다는 뜻입니다. 하나님은 모든 것으로 충만하신 분입니다. 바울은 그 하나님의 충만하심으로 성도들이 충만하게 되기를 간구했습니다.

바울 사도의 이 기도는 자신을 위한 기도가 아니었습니다. 이름도 알 수 없는 수많은 이방인을 위한 기도였습니다. 바울 서신에는 특히 남을 위한, 이방인을 위한 기도가 많이 나옵니다.

"먼저 내가 예수 그리스도로 말미암아 너희 모든 사람에 관하여 내 하나님께 감사함은 너희 믿음이 온 세상에 전파됨이로다 내가 그의 아들의 복음 안에서 내 심령으로 섬기는 하나님이 나의 증인이 되시거니와 항상 내 기도에 쉬지 않고 너희를 말하며 어떻게 하든지 이제 하나님의 뜻 안에서 너희에게로 나아갈 좋은 길 얻기를 구하노라" 롬 1:8~10

바울의 기도에는 항상 하나님의 사람들로 인한 감사가 넘쳐납니다. 그의 기도 생활에서 감사는 너무나도 중요하기 때문입니다.

"그러므로 너희가 주 안에 굳게 선즉 우리가 이제는 살리라 우리가 우리 하나님 앞에서 너희로 말미암아 모든 기쁨으로 기뻐하니 너희를 위하여 능히 어떠한 감사로 하나님께 보답할까" 살전 3:8~9

바울은 데살로니가 교인들로 인해 하나님께 감사하다고 고백하고 있습니다. 그들의 삶에 은혜를 베푸시는 하나님께 감사함으로써 다시금 그들이 하나님 앞에 정직하고 신실한 삶을 살 수 있도록 격려하고 있는 것입니다. 바울은 주님이야말로 어떤 경우에도 기뻐할 수 있는 '기쁨의 원천'임을 깨달은 사람입니다. 그래서 아무리 절망적인 상황이더라도 염려 대신 감사로 기도할 수 있었습니다.

"아무 것도 염려하지 말고 다만 모든 일에 기도와 간구로, 너희 구할 것을 감사함으로 하나님께 아뢰라 그리하면 모든 지각에 뛰어난 하나님의 평강이 그리스도 예수 안에서 너희 마음과 생각을 지키시리라"

빌 4:6~7

바울은 로마 감옥에서 빌립보 교회 성도들에게 이 편지를 썼습니다. 옥에 갇혀 있는 상태인데도 감옥 밖에 있는 사람들에게 "아무것도 염려하지 말라"고 말합니다. 그의 이 말은 단순한 권면 정도가 아닙니다. 걱정을 중단하라는 하나님의 명령입니다. 바울은 염려 대신에 하나님께 감사함으로 기도하라고 합니다. 그렇습니다. 고난을 당할 때, "왜 나만 겪는 고난입니까"라며 자기 연민에 빠지거나 불평하지 말아야 합니다. '고난의 뒤편'에 계신 주님이 주실 복을 미리 보면서 감사하는 습관을 길러야 합니다. 사실 이같이 범사에 감사하는 행동은 하나님을 제대로 믿는 사람만이 할 수 있습니다. 믿음이 힘입니다. 믿음이 있어야만 염려 가운데에서도 하나님께 감사하며 기도할 수 있는 것입니다.

그렇게 믿음으로 감사하며 기도드리면 모든 것을 초월하는 하나님의 평강이 우리 마음 가운데 거하게 됩니다. 우리의 상황과는 전혀 상관없이 임하는 하나님의 평강이야말로 은혜이며 기쁨입니다. 하나님의 평강이 우리 마음과 생각에 거하면 염려와 근심, 걱정은 아침 안개와 같이 사라지게 됩니다. 결국 염려는 염려한다고 해결되는 것이 아닙니다. 염려는 염려만 더하게 합니다. 염려 대신 모든 것을 합력하여 선을 이루실 하나님을 믿고 감사하며 기도하십시오. 그러면 하나님의 평강이 임할 것이며 그때 염려의 원인이 된 문제가 해결되는 기적을 덤으로 경험할 것입니다. 바울은 또한 에베소 교회 성도들의 믿음과 사랑에 대해 감사의 기도를 드립니다.

> "이로 말미암아 주 예수 안에서 너희 믿음과 모든 성도를 향한 사랑을 나도 듣고 내가 기도할 때에 기억하며 너희로 말미암아 감사하기를 그치지 아니하고" 엡 1:15~16

15절의 "이로 말미암아"는 앞 구절들에 나타난 삼위일체 하나님의 사역 전체를 가리키는 말입니다. 우리를 구원하시는 삼위일체 하나님의 역사로 말미암아 에베소 교회 성도들은 믿음을 갖게 되었으며 사랑을 실천할 수 있었습니다. 여기서 믿음은 예수 그리스도에 대한 믿음이고 사랑은 성도들에 대한 사랑입니다. 바울은 성도들에게 임한 믿음과 사랑으로 인해 하나님께 감사의 기도를 드리고 있습니다. 자신을 위한 기도보다 다른 이들을 위한 기도를 드리는 바울이야말로 참 중보기도자라고 할 수 있습니다. 우리 모두 '바울처럼' 모든 상황을 뛰어넘는 기쁨과 감사함으로 타인을 위해 기도하는 넉넉한 크리스천이 되기를 소망합시다.

행복한 기도

초판 1쇄 2021년 10월 15일

지 은 이 _ 최학선
펴 낸 이 _ 이태형
펴 낸 곳 _ 국민북스
편   집 _ 김태현
디 자 인 _ 페이지엔(page_n@naver.com)
등록번호 _ 제406-2015-000064호
등록일자 _ 2015년 4월 30일
주   소 _ 경기도 파주시 와석순환로 307, 1106~601 우편번호 10892
전   화 _ 031-943-0701
팩   스 _ 031-942-0701
이 메 일 _ kirok21@naver.com
I S B N _ 979-11-88125-40-1 (03230)